Research on Traffic Signs

交通标志研究

魏中华　孙立山　张　伟　著

人民交通出版社股份有限公司
北　京

内 容 提 要

交通标志的研究成果对道路交通安全有着重要的影响。本书共十一部分,内容包括:绪论、基于理解性的道路交通标志优化设计研究、道路指路标志版面内容设计优化研究、基于视认特性的京津冀平交口指路标志设计研究、车道行驶方向标志合理前置距离设置研究、旅游交通标志连续性设置研究、基于认知心理学的城市道路交通标志动静态视认研究、复杂环境中交通标志的醒目性研究、基于驾驶人视认性的 LED 主动发光标志研究、VMS 交通信息下驾驶人路径选择行为研究、驾驶模拟器视认特性的有效性研究。

本书可供交通领域工程技术人员及管理部门专业人员使用,也可供高等学校交通工程专业本科生、研究生作为教材使用。

图书在版编目(CIP)数据

交通标志研究/魏中华,孙立山,张伟著. —北京:人民交通出版社股份有限公司,2021.6

ISBN 978-7-114-17255-7

Ⅰ.①交… Ⅱ.①魏…②孙…③张… Ⅲ.①交通标志—研究 Ⅳ.①U491.5

中国版本图书馆 CIP 数据核字(2021)第 073810 号

Jiaotong Biaozhi Yanjiu

书　　名:交通标志研究

著 作 者:魏中华　孙立山　张　伟

责任编辑:戴慧莉

责任校对:赵媛媛

责任印制:张　凯

出版发行:人民交通出版社股份有限公司

地　　址:(100011)北京市朝阳区安定门外外馆斜街 3 号

网　　址:http://www.ccpcl.com.cn

销售电话:(010)59757973

总 经 销:人民交通出版社股份有限公司发行部

经　　销:各地新华书店

印　　刷:北京交通印务有限公司

开　　本:787 × 1092　1/16

印　　张:13.5

字　　数:307 千

版　　次:2021 年 6 月　第 1 版

印　　次:2021 年 6 月　第 1 次印刷

书　　号:ISBN 978-7-114-17255-7

定　　价:54.00 元

序

魏中华博士邀我给他的专著《交通标志研究》写个序，很高兴，乐见他又有新的成果问世。可是冷静一想，老朽八十六岁了，退休多年，疏于学习，恐难成命。再一想，中华是交通工程专业科班出身，本科毕业于河北工业大学道路工程专业，2000年考入北京工业大学交通研究中心，硕博连读，取得学位后，去西班牙马德里工业大学做博士后研究，出站回国，到北京工业大学任教，授课和科研兼顾，专业教学和行政管理双肩挑。前些天，中华被评为国家级一流课程负责人，现又见专著问世，双喜临门。中华受过系统的专业教育，基础理论扎实，为人勤奋，长于思考，该书一定多有创见。若能先睹，岂不快哉。于此，就勉为其难了。

交通标志被称为交通语言。语言讲究艺术，在什么场合，怎么说，方能被对方正确理解，得以沟通。道路交通标志讲究科学，在什么地点设标志，设什么标志，怎么设计标志，方可指引出行者顺畅安全地到达出行终点，学问很深。交通标志信息量少，不足以表达指令；信息过载，开车人在消失时间内，读不完信息，不能去理解指令，标志形同虚设。因此，交通标志是很值得研究的选题。

《交通标志研究》一书，记述了根据人的生理心理特性、理解性、视认性分析、现场测试、模拟筛选，探求一套道路交通指路标志优化设计方法。交通枢纽范围内，交通环境复杂，交通标志的醒目性至关重要，作者通过研究，对如何设计醒目的交通标志，给出解答。同时，对旅游交通标志连续性设计方法，京津冀路网平交路口指路标志如何设置，在VMS交通信息下驾驶人路径选择行为等多项命题，都做了卓有成效的研究，成果满满。

该书内容丰富，录有大量实验数据，研究思路正确，所得结论客观，值得有关人员阅读。

谢谢作者的辛劳，为交通标志研究提供新成果，为交通工程书库增添砖瓦，令老朽学到新知识。

拉杂地写了上面这些文字，是为序。

任福田

2020年12月16日于北京磨房南里

前　言

近年来，我国交通基础设施建设快速发展，截止至2019年末，全国公路总里程已达501.25万km，城市道路总里程已达45.9万km，基本形成了相对完善的路网结构。交通标志作为重要的交通管理设施，无论是在路网上的指路功能，还是标志版面的视认性、可读性和可理解性，都有着不尽人意之处，其在位置设置、版面内容设计等方面，还有较大的提升空间。

良好的交通标志，对规范交通秩序和保障安全水平具有重要作用。一方面，交通标志具有基本的指示引导功能，将交通信息传递给交通出行者，指引驾驶人选择合适的出行路线；另一方面，在特殊环境中合理设置交通标志，给人以适当警告、警示，提醒驾驶人谨慎驾驶，确保相对安全。

本书是在总结多年科研成果的基础上撰写，内容围绕道路交通标志的设计和设置这两个关键性问题，从人机工程学和认知心理学等理论出发，通过与交通标志相关的实地实验、模拟驾驶、主观问卷等手段，对交通标志的设计和设置进行了全面系统研究。

本书由魏中华、孙立山和张伟撰写，由魏中华统稿，参与各章节编写的人员还有曹佳、龚鸣、郭瑞利、王柯文、王蔚、李志、张晓楠、许继超、刘涅等。本书成书过程中，历届研究生王琳、雷鸣等均有重要贡献。

在本书的撰写过程中，作者参阅了大量参考文献，引述文献尽量予以标注，但难免存在疏漏，在此对文献作者一并表示谢意！限于学识和经验，书中难免存在不足之处，恳请读者指正并提出改进的意见和建议。

魏中华

2020年12月

目　录

绪　论

交通标志是用文字或符号传递引导、限制、警告或指示信息的交通设施。设置安全、醒目、清晰、明亮的交通标志是实施交通管理、保证道路交通安全及顺畅的重要措施。交通标志按作用分为主标志和辅助标志两大类。主标志包括警告标志、禁令标志、指示标志、指路标志、旅游区标志、作业区标志和告示标志七种。辅助标志是附设在主标志下，起辅助说明作用的标志。交通标志按光学特性分为逆反射式、照明式和发光式三种，其中照明式又分为内部照明式和外部照明式。

随着城市经济的迅速发展，城市建成区规模与道路交通网络规模迅速扩大，促进交通标志不断丰富和更新。汽车快速进入家庭导致驾驶人群日益多样化，驾驶人技能日趋非专业化、大众化。交通标志的推广应用很大程度上取决于如何有效地将交通信息传递给道路使用者，以便道路使用者进行选择和驾驶操作。而合理的交通标志设计与设置能够使道路使用者高效地视认、识别交通标志内容，保障其在道路上安全、规范、高效地通行。

一、交通标志设计

交通标志的基本功能是为车辆和行人提供完善和清晰的情报。交通标志的设计水平对道路上车辆和行人造成很大的影响。对于交通标志设计，主要从其颜色、形状、图符文字、版面尺寸和反光与照明五个方面进行研究。

（一）交通标志颜色的设计要求

交通标志的颜色，一方面，要确保交通标志的视认性，交通标志良好的视认性能确保驾驶人有效得到道路交通信息；另一方面，还应考虑颜色所表达的抽象概念。

根据颜色视觉规律，交通标志多采用红、黄、绿、蓝、棕、白、黑等标准色，而不采用中间色。其中，红色表示禁止、停止、危险；黄色表示警告；蓝色表示指令、遵循，也可表示地名、路线、方向等行车信息；绿色表示地名、路线、方向等通行信息；棕色表示旅游区及景点项目的指示；黑色和白色具有较好的对比度，用于标志的边框。

（二）交通标志形状的设计要求

交通标志的形状，一般包括圆形、三角形、八角形、叉形和矩形。其中，圆形用于禁令标志和指示标志；正三角形用于警告标志；倒三角形用于“减速让行”禁止标志；八角形用于“停车让行”禁令标志；叉形用于“铁道平交道口叉形符号”警告标志；矩形用于指路标志，部分警告、禁令和指示标志，旅游区标志，辅助标志，告示标志等。

（三）交通标志图符文字的设计要求

图形符号可直接表达交通标志的内容。在视觉条件受限制时，图形符号要优于文字，且不受国家、民族、语言文字的影响。交通标志的图符、文字应具有较强的直观性和醒目性，必须简练、清晰、形象，不能产生歧义，并尽可能采用国际通用的图符，具体要求如下。

交通标志的图符应严格按标准制作，不得任意修改图案；交通标志的汉字、拉丁字母和阿拉伯数字应采用标准规定的字体；指路标志采用中英文对照时，汉字应置于英文之上，英文字母的高度为汉字高度的1/2，小写字母的高度为其大写字母高度的3/4。

（四）交通标志版面尺寸的设计要求

警告标志、禁令标志、指示标志的版面尺寸根据计算行车速度确定；对于指路标志，通过行车速度计算标志文字高度，根据字数、间隔、行距等确定版面尺寸；此外，应进行交通标志版面美化设计，确保视认性。

（五）交通标志反光与照明的设计要求

1.反光的设计要求

道路上所有交通标志，原则上其牌面都应采用反光材料制作。

（1）高速公路及背景复杂的城市道路上的交通标志，应采用三级以上的反光标志膜，四级、五级反光膜可用于四级公路和交通量很小的低等级公路；

（2）高速公路、城市快速路上的曲线段及城市地区的多路交叉路口标志，宜选用广角性能优良的反光标志膜；

（3）高速公路、城市快速路上的门架标志和悬臂标志，为获得与路侧标志相当的反光效果，宜选用比路侧标志所用反光膜等级更高的反光材料，或把门架标志和悬臂标志上的字符改用反射器，以改善其夜间的视认性。

2.照明的设计要求

交通标志的照明分为内部照明和外部照明两种方式。

（1）内部照明标志采用半透明材料制作交通标志面板，有单面显示和双面显示两种。内部照明标志应保证标志面照度均匀，在夜间具有150m的视认距离；标志强度足够；灯箱结构合理；防腐、防雨、防尘。

（2）外部照明标志依靠外部光源照亮标志牌面，应保证标志牌面上光照均匀，不造成驾驶人炫目，确保在夜间具有150m的视认距离。

二、交通标志设置

交通标志应根据设置地点的实际情况，按照相关国家标准的规定来设置，同时应遵守以下的原则。

（一）可见性原则

交通标志应设置得清晰可见、醒目分明。

为保证交通标志设置的可见性，应注意以下几点：

（1）交通标志应设置在车辆行进方向最容易看到的地点，可根据具体情况设置在道路的右侧、中央分隔带或者行车道上方；

(2)交通标志的设置环境要合理,牌面位置突出,注意不要被树木、建筑物、广告牌等遮挡,还应避免因背景色彩而减弱交通标志的显示效果;

(3)注意路侧标志的设置角度,避免标志牌使驾驶人产生眩目;

(4)合理选择标志的牌面材料,改善照明条件,确保其在夜间具有良好的视认性。

(二)简单性原则

尽量采用最少的交通标志将必要的信息显示出来。可设可不设的标志,一律不设。为保证交通标志设置的简单性,应注意以下几点:

(1)交通标志的设置方案应追求简洁,在特定的区域内,为了给驾驶人某种警告、禁令、指示或指路等信息,如有若干不同的设置方案,应选择其中最简单的方案;

(2)避免信息过载,同一地点需要设置两种以上标志时,可以安装在一根标志柱上,但最多不能超过四种;

(3)限制速度标志、禁止超车标志、干路先行标志、停车让行标志、减速让行标志、会车先行标志、会车让行标志等,应单独设置;

(4)信息传递有序,在一根标志柱上并设多个标志牌时,应按警告标志、禁令标志、指示标志的顺序,先上后下、先左后右排列。

(三)完整性原则

交通标志的设置应系统完整。为保证交通标志设置的完整性,应做到以下几点:

(1)全面系统地规划和制订交通标志设置方案,要考虑到总体布局,避免交通标志的遗漏和重复设置等现象;

(2)在同一地点设置多种交通标志,应保证标志所传递的信息是协调和完整的。

(四)一致性原则

交通标志及其他各种交通设施传递的信息应协调一致。为保证交通标志设置的一致性,应做到以下几点:

(1)交通标志的规划与设置应符合交通管制方案的总体要求;

(2)交通标志所传递的信息,应与其他交通设施保持协调,不能相互矛盾;

(3)在特定区域内设置的所有交通标志的内容,应协调一致,不能相互矛盾。

三、新型交通标志

随着我国公路建设的飞速发展,驾驶人对道路交通附属设施的要求也在逐渐提高,而传统的交通标志已经不能完全满足驾驶人的行车需求。在道路的极端天气条件下,交通标志需要及时、高效地把前方道路行车信息准确告知驾驶人,使其有充足的时间采取措施,应对前方的突发情况,保证行车安全。

目前,我国的新型交通标志以主动发光交通标志为主,《城市道路主动发光交通标志设置指南》(GB/T 1548—2019)规定了城市道路主动发光交通标志的设置要求、施工、验收、检查及维护等,为市政建设部门提供参考。主动发光标志采用 LED 光源和逆反射材料制作版面,其自身的光源能够满足全天候环境条件下的标志信息识别。该标志又分为点阵显示发光标志和面板显示发光标志,其中,点阵显示发光标志又分为外置式和内置式;面板显示发光标志又分为全透式和半透式 。主动发光交通标志是道路交通标志的一次技术创新,其将微米级反光材料、太阳能等新能源应用、固体蓄电池或锂电池、电路压降光控技术、LED 光电技术、物联网应用技术结合于一体,使道路交通安全管理水平得到提升。

四、交通标志研究方法

交通标志作为一种交通安全设施,其相关研究需要通过科学实验来获取与驾驶人行为有关的数据。然而,人、车、道路和环境的不断变化,使得历史安全数据和交通基础数据难以满足当前研究需求。在真实道路环境中研究驾驶人的行为是危险的,道路环境影响因素对实验结论的影响又是复杂的。

随着计算机处理器运算能力的高速增长、图形计算和处理速度的加快,模拟道路交通环境的有效性也越来越高,将驾驶模拟作为一种新的研究方法和手段引入交通安全研究领域成为一种必然。

在驾驶模拟器中进行实验研究,可以保证实验过程的安全性,同时,可以灵活设置道路场景模型,控制实验结论影响因素和影响程度,进行多次重复实验。基于驾驶模拟平台,可以从驾驶人的微观角度分析道路环境对驾驶人行为的影响。基于数据接口技术,容易获取反映驾驶行为的多种数据。驾驶模拟器可以模拟“临界”状态,进而通过虚拟空间实验验证由理论推导得到的相关结论。

已有研究表明,在虚拟和实地场景中所得到的实验结论之间有一定的差异,即虚拟空间场景模型不具有真实性。为了确保在实验过程中驾驶模拟这类方法对真实场景模拟的有效性,有必要对驾驶模拟这类方法进行有效性验证。

此外,在交通标志研究中常用的方法还有问卷调查法、模糊分析法、PPT 播放法、实地视认实验等。

第一章　基于理解性的道路交通标志优化设计研究

交通标志是图标设计的一个重要分支。图标用户界面是一个典型的人机交互界面。图标传递信息的有效性与图标的设计、使用者的感知能力和记忆能力等有很大关系。因此，好的图标设计必须容易被使用者发现并传递正确的信息，满足使用者的需求。我国对图标设计研究主要集中在信息模式、设计影响因素、图标效果评价三个方面。其中，设计影响因素分析和图标效果评价在实验设计和分析中存在紧密联系。对交通标志的研究则主要集中在交通标志图形设计、交通标志的识别理解性、交通标志理解性评价方法三个方面。

第一节　交通标志的理解性

一、驾驶人对交通标志的认知理解过程

1. 人机工程学分析

驾驶人对交通标志的认知理解是一个人机交互的过程。驾驶人，特别是对区域道路环境不熟悉的驾驶人，在驾车行驶中主要依靠标志的信息指引来选择行驶方向。驾驶人对交通标志的认知过程如图 1-1 所示。

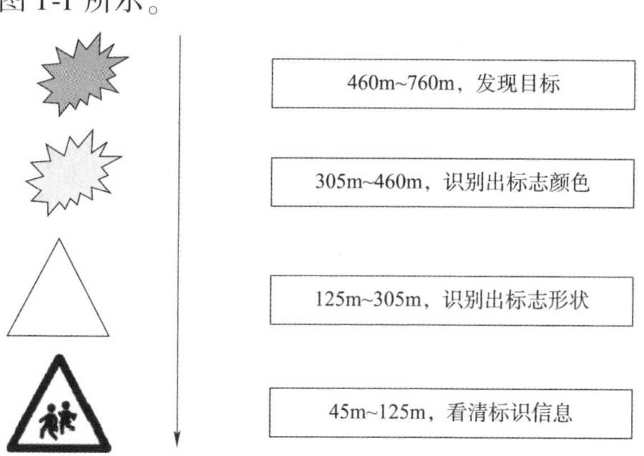

图 1-1　驾驶人对交通标志的识别过程

交通标志为驾驶人提供静态道路信息，用于实现保证交通安全、维护交通秩序的目的。从驾驶人角度而言，虽然标志不随车辆移动，但是标志在恰当的地点和时机为驾驶人提供路况信息以影响驾驶人决策和对车辆的操作，这属于驾驶人对标志信息接收与反应的人机工程学范畴。驾驶人在驾车行驶过程中不断接收到交通标志信息，对交通标志进行识别、理

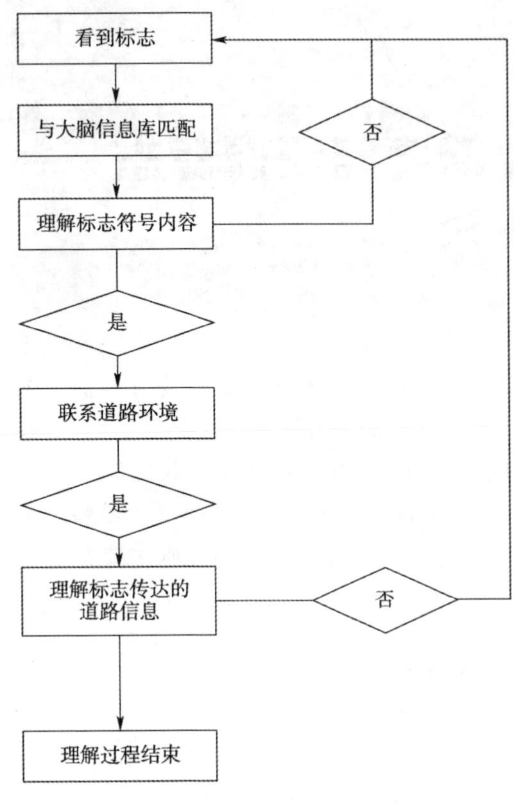

图 1-2　驾驶人对交通标志的理解过程

解,根据信息处理结果进行决策并将最终结果反映到驾驶操作行为上。

人是人机交互系统中的主导因素,然而,我们只能控制交通标志的设计与设置,而难以改变或者几乎不能改变驾驶人的驾驶属性。因此,优化交通标志设计与设置以提高交通标志的效用,必须充分考虑驾驶人的生理因素和心理因素。

2. 驾驶人对交通标志的理解过程

驾驶人对交通标志的理解是个循环反复的过程,反映到驾驶行为上是对交通标志的不断回视,如图 1-2 所示。驾驶人感知到交通标志以后,对交通标志进行理解。标志符号与实际事物表征的含义之间有一定的相连性,驾驶人根据这种相连性基础将标志符号信息与以往积累的大脑信息库进行匹配、联想、推理性判断,最后产生对交通标志的理解结果。因此,交通标志优化设计,应以正确的创意和关键的细节设计来实现标志符号和标志信息含义之间的最大相似性,使驾驶人对其更容易识别理解。

二、交通标志理解性实验

对于交通标志的理解性研究,主要集中在评价方法研究、驾驶人个体特征与理解性研究等方面。

1. 驾驶人个性特征与交通标志理解性的关系分析

在驾驶人个性特征方面,1991 年,美国德州农工大学德州交通研究所(TTI)的 JohnM. Mounce,H. G. Hawkins 等对整个德州范围内 46 种交通安全设施的理解水平进行评价,并简要分析不同性别、年龄、种族、语言、教育背景和驾驶经验的驾驶人对交通标志理解水平的差异。

2002 年,巴林大学的 Hashim Al-Madani 等人对 28 个警告标志和禁令标志的识别理解性进行评价。他们从年龄、性别、国籍、婚姻状况、教育背景和月收入等方面分析驾驶人个体特征对理解能力的影响。

此外,已有研究考虑了发生事故率对驾驶人理解交通标志产生的影响,结果认为:年龄、婚姻状态、驾驶经验、事故发生率对驾驶人理解交通标志没有显著性影响。

2. 交通标志理解性实验方法

在研究方法方面,2004 年,TTI 对几种评价交通标志理解性的方法进行了对比,结果表明,限制交通标志出现时间的 PPT 放映方法与驾驶模拟方法、视频放映的方法理解水平相近。其中,限制交通标志出现时间的 PPT 放映方法是最为经济和可靠的方法。

(1)国内的相关研究。2010 年,长安大学的陈阳利用实车实验和调查问卷的方法在城市道路真实环境中考察驾驶人对指定交通标志的理解情况，结果表明，熟练驾驶人和非熟练驾驶人对警告标志的理解水平存在显著性差异，二者对禁令标志的理解水平相当。

2011 年，清华大学的王培在室内驾驶模拟条件下分析不同脑力负荷下驾驶人对交通标志的视认时间、识别率、决策率、决策时间、决策正确率和标志理解程度的影响，结果表明，脑力负荷的大小对驾驶人理解交通标志有显著性影响。

(2)国外的相关研究。国外学者从交通标志文字符号理解性、驾驶人个性特征、研究方法等方面对交通标志理解性进行评价，取得了显著结果，这对交通标志的评价和改善有很大意义。然而，以前的研究存在两个方面的问题。

第一，在对交通标志理解性进行驾驶人个体特征分析时，忽略交通标志本身是否对理解水平造成显著性影响的检验，缺乏对列入研究对象的交通标志进行同质性分析，这时进行结果分析时不能确定交通理解水平的差异是由驾驶人个性特征等因素引起，还是由标志本身引起的，导致分析结果失真甚至得出谬误。

第二，缺乏交通标志改善设计的依据，通过实验研究得到交通标志理解性方面的缺陷，并没有提出合理的方法对交通标志进行优化设计，无法真正完善交通标志系统。

三、交通标志理解性研究的发展趋势

交通标志的理解性作为其重要的特性越来越被重视，并成为交通标志研究的新领域。交通标志的图符设计是影响交通标志理解性的关键因素。随着时代的发展、事物工具等的更换，标志上的许多图形符号已不能匹配道路使用者的事物认知习惯，并且交通标志图符的设计是一个复杂系统，标志设计较差的情况不可规避。交通标志是道路的语言，明晰易懂的标志才能有效地传递道路信息，指引驾驶人安全正确地行驶。因此，对交通标志的认知理解研究是交通标志领域的重点和方向。

第二节　交通标志理解性评价

对交通标志的理解性评价，最直接有效的方法是问卷调查。从指标——理解水平(正确理解标志含义的驾驶人占总体驾驶人的比例)、运用数学统计方法评价交通标志的理解性。本节运用问卷调查方法对《道路交通标志和标线　第二部分：道路交通标志》(GB 5768.2—2009)(以下简称《道路交通标志和标线　第 2 部分》)的四类交通标志进行理解性评价。调查现状交通标志是否能够满足驾驶人等道路使用者的理解需求是此次评价的目的。

一、交通标志理解性评价目的

根据我国近年来交通标志的发展新形势、结合国内外的研究成果，《道路交通标志和标线　第 2 部分》进行了多达 44 处的修订，是我国最权威的道路交通标志标准。然而，标准中的一些标志不能很好地被驾驶人理解，例如，如图 1-3 所示，注意前方车辆排队、禁止长时停车等标志。随着时代的发展，一些标志图形符号已不能满足现代驾驶人的认知习惯和需求。道路交通标志是以颜色、形状、字符、图形等向道路使用者传递特定信息，用于管理交通的设

施，驾驶人对交通标志的正确理解是确保交通标志发挥作用的关键所在。目前，我国并没有对交通标志的理解性进行整体而全面的评价。

在此背景下，对《道路交通标志和标线　第2部分》中的56类警告标志、28个禁令标志、8个指示标志、10个指路标志进行理解性的全面评价。

a)注意前方车辆排队　　b)禁止长时停车

图1-3　驾驶人不易理解的交通标志示例

二、评价指标选择和评价方法

测试交通标志理解性一般用问卷调查的方法。美国汽车联盟开展两次驾驶人对交通控制设施理解性的调查，分别对16个、19个交通标志采用移动的图片代替驾驶环境的方法，考察驾驶人对交通标志的认知。美国TTI开展了两次交通控制设施理解性的调查，分别将27个、63个交通控制设施的图片印刷在纸质小册子上，问题设置成多项选择形式，被试者选择交通标志正确含义的选项。狄胜德、唐琤琤等人对我国相关标准和联合国《道路标志与信号公约》进行对比，并将交通标志做成卡片，选择云南省100余名客货车驾驶人对交通标志进行易理解性的调查。

基于前人的研究，驾驶人对《道路交通标志和标线　第2部分》中规定的交通标志的理解程度进行调查。运用问卷调查的方法，将交通标志的图片印刷在A4纸上，采取1～3三个级别对102个交通标志进行理解性评分。选择正确理解交通标志的被试比例，即理解水平作为交通标志理解性评价的指标。

三、交通标志理解性调查方案

1. 调查目的

通过研究达到以下目的：

(1)统计分析驾驶人对不同警告标志的理解水平；

(2)对交通标志进行分类；

(3)分析驾驶人对交通标志理解水平在不同个性特征上的差异。

2. 调查问卷

评价标志范围：警告标志(56种)、禁令标志(28种)、部分指路标志(10种)、部分指示标志(8种)。

调查采用多项选择调查问卷形式，将理解水平分为1～3三级，分别表示对交通标志完全理解、模糊不清、完全不理解三个水平，要求被试者以第一反应对交通标志进行认知并填写对应选项，不允许较长时间的思考。调查结束后，对不易理解的交通标志重新询问被试者，确保调查质量。

3. 调查方案

为了更好地评价驾驶人对四类交通标志的理解水平，选择调查对象为拥有机动车驾驶证的人，主要为小汽车驾驶者；调查地点选择在学校、大型购物中心附近，以提高被调查者的配合率；调查时间选择周末休闲时间，以保证被调查者样本的多样性。

第三节　交通标志优化设计方法

交通标志的设计要素包括颜色、形状、图符,而其中图符是影响交通标志,尤其是禁令、警告标志等以图符为主的交通标志理解性的关键因素。本节从标志符号设计理论出发,结合交通标志特有的属性要求,探讨交通标志优化设计方法。

一、标志符号概述

1. 标志符号的概念和特点

标志是一种记号,它以各种精练的语言(文字、图形、颜色、时空等信息)来表达特定的含义,传达明确的信息,实现信息传播。道路交通标志是典型的标志符号。标志符号具有以下特征。

(1)功用性。标志符号不是用来观赏的,而是为了使用,如提示前方道路情况的交通标志、指示公共场所的公共信息标志和企业商标等。标志符号要将关键的信息以清晰、概况的方式在相对狭小的空间表现出来,同时让道路参与者在较短的时间内理解其含义。这就是标志的功用性。

(2)识别性。识别性是使标志符号便于识别、记忆和传播的重要因素,识别性并非指简单化,而是用最为关键的因素表达图形含义。识别性强的标志一般具有公众认同面大、通俗简单的特点。

(3)独特性。独特性是标志符号设计的基本要求。标志的形式法则和特殊性要求标志具备各自独特的个性,不允许有丝毫的雷同。因此,标志的设计必须做到独特别致、简明突出。

(4)多样性。标志符号的多样性主要体现在构成形式和应用形式。标志的构成形式有文字类、具象类、抽象类或几种基本形式的组合类。标志符号的应用形式有二维平面式、三维立体式,另外,还有浮雕、圆雕等特殊式样。

(5)准确性。标志符号信息传达的决定性因素是使用者对符号的理解,而准确性则是避免标志符号被误解,这一特点正是标志符号优于语言、快于语言的关键所在。

(6)持久性。与其他宣传品不同,标志一般具有长期使用价值,不轻易改动。

2. 标志符号的构成形态分类

在视觉信息传递中标志能够以最简洁、最直接的传递方法有效地促进其所代表事物的发展,它不需要用冗长的说明就能够传达其所指目标的含义。

按照标志的形态,即标志的构成形式,将标志分为以下五类。

(1)表音类。表音类标志表示语音因素及其拼合语言的视觉化符号组成。对于拼音文字而言,是指大小写字母或其组合,其优点是简单明了,缺点是过于普通、印象不突出、可记忆性差、标识能力弱。

表音类标志分为连字类和组字类两种。其中,连字类是指由字母或汉字连成词语或句子;组字类是指由字母组合(一个或两个字母)来代表词语,从而表达词语含义。表音类示例见表1-1。

表音类标志示例　　表1-1

连字类标志		组字类标志	
几何形状	含义	几何形状	含义
DRAW BRIDGE	开合桥标志(美国)	慢	减速慢行
RAMP METERED WHEN FLASHING	信号灯闪烁时,匝道车流汇入主线标志(美国)	P	停车标志
NO PARKING EXCEPT ON SHOULDER	禁止停车,路肩除外(美国)	P	禁止停车(美国)

(2)表形类。表形类标志是借助几何图形和象形图案来表现的标志。由于没有表音符号,使用者只能从形象上来辨别,不容易了解标志的真实含义,通常要辅以文字加以说明。表形类标志分为抽象类和具象类两种。其中,抽象类(象征符号)以一定的形象抽象暗示某些特定含义,具象类是图画(实物)的图案画,贴近图画本身,具体示例见表1-2。

表形类标志示例　　表1-2

抽象类标志		具象类标志	
几何形状	含义	几何形状	含义
	禁止停车标志		前方障碍物,注意绕行
	叉形符号标志,用以警示车辆驾驶人注意慢行		禁止超车
	医院标志	W11-20(Elk)	注意野生动物(美国)

具象类标志的优点是生动活泼,含义清楚,较少有歧义。例如用一种动物的图案化来表

达动物园。在设计此类标志时，应选择人们熟悉的象形对象，且要抓住其主要形态特征进行图案化。

抽象类标志来源于具象图形的抽象延伸，如用十字表示医疗机构，粗大的色块表示重工业。这种图形的抽象延伸有些是表达一种感觉和意念，有些则是人们已习惯的定型化图形的引伸，有些是象形图案的高度抽象和再加工。这类标志图案化极强，表现意义不明确、不具象，易产生歧义，有时也很难为人们所理解。

(3)音形结合类。音形结合类标志是把表音类和表形类相结合的符号，具体示例见表1-3。表形的要素可以是抽象的，也可以是具象的；表音的要素可以连字，也可以组字。音形结合类标志一般以组字类和抽象类、具象类结合的为多，基于这一点，综合考虑标志的独特性与可识别性、理性与感性、个性与共性等方面，是成功设计标志的有效途径。

音形结合类标志示例　　表1-3

几何形状	含　　义	几何形状	含　　义
 检 查	停车检查	 DO NOT ENTER R5-1	禁止驶入(美国)
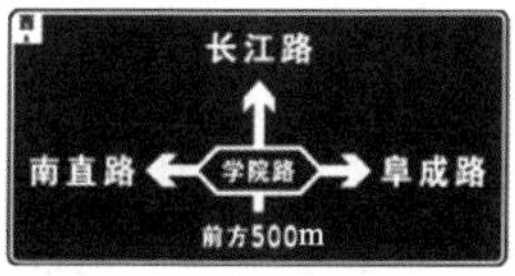 长江路 南直路 学院路 阜成路 前方500m	指路标志	—	—

音形结合类兼具表音类和表形类的优点，表述含义较为完整，识别性和准确性较高。然而，这类标志设计难度较大，有时很难兼顾字与形的双重特点，结合不好时形成的图案会使人觉得花哨和冗繁。

(4)形征类。形征标志是介于抽象和形象之间的标志。形征类标志将抽象符号和具象符号配合使用，使人容易理解。具象符号的直观性强，不易使人产生误解，加入抽象符号后使它更显得生动。

(5)图画类。在有些对符号的定义及分类中，并没有将图画列入符号中。然而，图画是标志的重要形式之一。图画类标志在早期设计时较为常用，以卡通画、漫画、版画、剪影等来表现，直接刻画事物。因其难以说明标志的含义，常需要与文字并用来加以补充。

图画类标志的优点是形象生动，歧义性小，对少年儿童吸引力大。其缺点是画面复杂，细节繁多。

3.道路交通标志符号

道路交通标志是典型的标志符号，其通过颜色、形状和图符向道路参与者传达道路信息。道路交通标志更注重安全、统一原则，因此，道路交通标志设计应更多地考虑统一性、准确性等特点。

道路交通标志不同于一般的标志符号。驾驶人对交通标志的视认是一个动态的、多次回视的且时间较短的过程。因此，道路交通标志的设计应具备以下特点。

(1)简洁性。在标志设计时选择对符号理解起关键作用的重要细节,避免标志符号信息的冗余,增加驾驶人的视认负担;

(2)统一性。同一交通标志在不同区域表达信息的形式应该是统一的,从而增强标志的识别性;

(3)功用性。道路交通标志除了向使用者传达标志符号含义外,还应该有效传达道路信息,指引驾驶人安全正确行驶。

二、影响交通标志理解性的设计因素分析

人们对标志的理解过程是人机交互的过程。标志符号设计的优劣,直接影响人们对标志的理解程度。电脑图标在初始阶段只需满足交流功能,因此,需要易记忆和易理解。然而,随着互联网的不断发展,电脑图标的商业需求不断扩大,其不仅要满足交流功能,还应与使用者的喜好相匹配。在以往的研究中,一般用诸如富有意义、可辨别性、简明性、可联想性和容易记忆等客观指标来评价电脑图标设计的合理性。

交通标志图形设计是图标设计的一个重要方面。使用者对交通标志的识别不同于电脑图标的识别等,即道路交通标志的识别具有特殊性,具体表现为以下两个方面。

(1)驾驶人对交通标志的识别和理解是一个动态的过程,即相对于驾驶人,交通标志是不断变化的,其呈现时间较短并且迅速消失。

(2)交通标志强调统一性。电脑图标等由于适用人群的不同,其设计风格也不同,并且随着时代的发展,图标设计越趋个性化、多样化,对时尚、现代等特点要求较高,图标个性化设计也成为图标发展的一个重要方面。而交通标志图符设计则重点考虑统一性,因为交通标志更强调安全、快速识别、可靠等因素。如果不同地区、不同道路的交通标志颜色、形状、设计风格、隐喻设计不统一,那么会增加驾驶人的认知负荷,从而降低交通标志的可理解性。

从交通标志的设计角度讲,交通标志的三要素包括形状、颜色、图符,如图 1-4 所示。每个组成部分都有特定的含义。

图 1-4　交通标志三要素

1. 交通标志的形状分析

根据国内外研究,通常驾驶人先看到标志的颜色和形状并对其进行视认,其次才看到标志图符,对其进行视认理解。交通运输部公路科学研究院认为,驾驶人在驾驶过程中,先识别到标志的颜色,其次是形状,最后是图符。

根据《道路交通标志和标线　第 2 部分》规定,交通标志的形状有正等边三角形、圆形、倒等边三角形、八角形、叉形和矩形 6 种,不同形状代表不同的含义。交通标志形状的一般使用规则如下。

(1)正等边三角形:用于警告标志。

(2)圆形:用于禁令和指示标志。

(3)倒等边三角形:用于“减速让行”禁令标志。

(4)八角形:用于“停车让行”禁令标志。

(5)叉形:用于“铁路平交道口叉形符号”警告标志。

(6)矩形:用于指路标志,部分警告、禁令和指示标志,旅游区标志,辅助标志及告示标志等。

不同形状的标志,其显著性不同。研究发现,锐角三角形比钝角三角形更容易被发现。《道路交通标志和标线　第2部分》给出标志形状容易识别的顺序,从易到难分别是:三角形、菱形、方形、圆形、八角形。根据形状设计理论,倒三角形比正三角形更适合警告标志,因为倒三角给人不稳定的感觉,用于道路交通标志则给驾驶人一种危险的信号,引起驾驶人的注意。

西南交通大学的张南对交通标志设计的人类工效学因素进行研究,实验调查图片如图1-5所示(图中轮廓和图符为黑色,填充部分为黄色),结果发现,96.5%的人认为图1-5b)所示方案更适合警告标志。

a)　　b)

图1-5　注意儿童警告标志设计方案图

关于标志的形状,不同国家有着不同的用法。在决定交通标志形状时,除了考虑其可辨性外,还应考虑标志版面可利用面积的大小(即可容纳的信息量的多少)。根据1968年的《道路标志与信号公约》及之后的《欧洲协定》,缔约方的警告标志形状为正三角形,我国警告标志与联合国规定相符。少数国家(如美国、日本、澳大利亚、加拿大等)警告标志的形状为菱形,其原因是他们认为三角形不能有效地容纳信息。从标志的可辨性看,菱形和三角形醒目程度相当。联合国和欧洲的标准中也把菱形作为警告标志的可选形状。我国规定警告标志的形状为三角形是为了和《图形符号　安全色和安全标志　第1部分:安全标志和安全标记的设计原则》(GB/T 2893.1—2013)的规定相一致,也是为了和其他国家趋于一致。

2. 交通标志的颜色分析

交通标志的颜色包括四部分:安全色、图案颜色、边框颜色和衬边颜色。例如,图1-5a)中注意儿童警告标志方案图,其安全色是黄色,图案颜色是黑色,边框颜色是黑色,衬边颜色是黄色。

(1)安全色和图案颜色比例。《图形符号　安全色和安全标志　第1部分:安全标志和安全标记的设计原则》(GB/T 2893.1—2013)中规定,安全色(即背景色)是指被赋予安全意义而具有特殊属性的颜色。安全标志是通过颜色与几何形状的组合表达通用的安全信息,并且通过附加图形符号表达特定安全信息的标志。安全标志除了道路交通标志外,还包括消防安全标志等公共标识。常用安全标志的一般规定见表1-4。

安全标志颜色、形状及安全色面积比例　　表1-4

几何形状	含义	安全色	安全色面积比例	图符色	边框色	衬边
带有斜杠的圆形 (轮廓为红色,内部为白色)	禁止	红色	≥35%	黑色	—	白色

续上表

几何形状	含义	安全色	安全色面积比例	图符色	边框色	衬边
圆形 （外框为白色，内部为蓝色）	指令	蓝色	≥50%	白色	—	白色
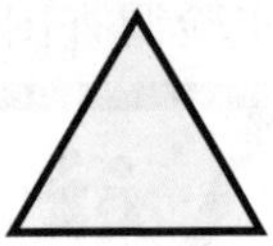 等边三角形 （外框为黑色，内部为黄色）	警告	黄色	≥50%	黑色	黑色	黄色
方形 （外框为白色，内部为绿色）	指示	绿色	≥50%	白色	白色	绿色

合理设置安全色面积比例才能确保交通标志设计形象性的效果显现。然而，我国交通标志的安全色面积比合理比例偏小。《道路交通标志和标线　第 2 部分》规定的标志中，29% 的警告标志安全色比例小于 50%，甚至个别警告标志的安全色比例小于 30%，如傍山险路、注意落石标志。通过直观分析发现，造成这种现象的重要原因之一是标志的边框较大。我国在设计速度为 80km/h 下设计的警告标志尺寸，黑色边框的面积占整个标志面积的 16%，而美国的仅占 8%。图 1-6 所示为我国安全色设置不合理标志，图 1-7 所示为美国交通标志设计示例。

a)傍山险路　b)注意落石　c)堤坝路

图 1-6　我国安全色设置不合理标志示例

a)易滑　b)注意农用车　c)窄路肩

图 1-7　美国交通标志设计示例

通过图 1-6、图 1-7 对比可知，我国交通标志的安全色并不突出，且边框比例过大，由于安全色比例较小,造成标志整体不够形象,难易识别和理解。

(2)安全色和标志信息的一致性。交通标志设计中较为重要的一个原则是标志信息和安全色的统一,在图标设计中,同样需要遵循这样的原则。PG Zimbardo 在《Psychology of Life》书中举出图标信息和颜色不一致的示例:将词汇"red"写在绿色的背景上,容易视认迷惑,即文字信息和运用的颜色不一致。这样的问题在交通标志的设计中同样出现。例如,解除禁止超车标志,是禁令标志,然而其表达的含义是允许驾驶人在此超车。从交通标志理解水平调查来看,禁止超车的理解水平明显高于解除禁止超车标志,故驾驶人对此类标志理解存在一定困难。与禁止超车标志类似的还有限速、区域禁止停车、解除区域限速等标志。这类标志在所隶属的标志种类存在不同的理解含义。

3.交通标志的图符分析

交通标志的图形符号是影响理解性的最重要方面。交通标志的图符包括两种类型:抽象符号(象征符号)和具象符号。交通标志的图符设计是一个复杂的系统工程,必须全面考虑并经过实验测试,才能得出较易理解的交通标志。

(1)图符的形象性。抽象符号是经过隐喻设计,用一个图形符号来比喻想表达的含义,如图 1-8a)所示,注意危险警告标志用感叹号来传达注意危险的信息,象征符号的隐喻设计必须形象生动,使交通标志传达给驾驶人的含义与实际含义之间尽量接近。图 1-8b) 所示为分离式道路的十字路口,两个方向相反的箭头表示分离路基的双幅道路,用中间的竖线表示一条道路与分离路基的双幅道路相交,通过调查发现,此标志的可理解水平仅有 21%,说明此标志不能够被驾驶人理解,对此图片直观观察发现,隐喻设计不够形象,图片传达的信息与交通标志实际想表达的含义差距很大。

a)注意危险

b)分离式道路的十字路口

图 1-8　抽象符号标志设计示例

(2)图形符号的简明性。标志设计时应明确图形符号要素、图形符号细节、图形符号重点细节。图形符号要素是指图形符号要素构成图像内容的,相对独立的组成部分,符号可由一个或若干个要素组成。图形符号细节是构成图形符号要素的,可辨别的最小单元,它由线、面等组成。图形符号重要细节是符号图像内容中对符号的理解或对符号图像的完整起关键作用的细节。图形符号细节、图形符号要素示例如图 1-9 所示。

图 1-9　图形符号要素、符号细节示例

图标设计时要规避两个极端:过于简单和过于复杂。因此,在进行交通标志图符设计时,为了简化设计、节约空间,必须先研究图片对象(即现实中事物)的符号细节,并将其保留,其他的细节则可以舍去。

(3)选择图形的熟悉性(示能性、可联想性)。根据人机交互原理,驾驶人对图形标志进行识别时,图形与驾驶人之间的知识积累、记忆信息等进行匹配。因此,交通标志的图符应尽量能够直接让驾驶人想起生活中熟悉的事物,快速完成对图符的信息匹配过程,实现对图符的正确认知。因此,交通标志的图符设计应具有熟悉性。例如,注意牲畜和野生动物标志,选择熟悉的动物作为图形符号,警告驾驶人在道路行驶时注意可能有动物的横穿和出入,理解水平相对较高,见表 1-5。由于在图形设计时鹿的关键元素并没有完全挖掘出来,无法形象体现鹿的特点,最终导致一部分驾驶人对此标志不理解。

交通标志图符选择示例 表 1-5

标志含义	注意牲畜标志	注意野生动物标志
标志几何形状		
交通标志的可理解水平	89%	72%

(4)语义接近性。语义接近性是衡量图符设计最为重要的指标。图符传递的信息应尽量与实际信息相一致。2010 年,香港城市大学的 Annie W. Y. Ng, Alan H. S. Chan 在标志的可猜测性影响因素分析中指出,驾驶经验和标志识别经验对标志的可猜测性没有显著影响;影响可猜测性的最主要的五个设计特点是熟悉度、具体性、简单性、含义明确性、语义接近性,其中,语义接近性是影响猜测得分的最大因素。

根据交通运输部公路科学研究院对交通标志设计因素的研究,认为对比颜色和形状,图符是影响交通标志理解性的最重要因素。图符的设计和交通标志整体效果具有密切联系。在交通标志设计中,只有全面考虑各个设计细节,才能使图符更加形象直观,简单易懂,达到正确而有效地传达道路信息的目的。

三、基于理解性的交通标志优化设计方法

基于影响交通标志理解性的设计因素体系,在进行交通标志优化设计时应依次从含义明确性、布局合理性、形象性、外形风格四个方面进行考虑。在具体设计时,当一些因素之间发生冲突时,应根据以上四个因素的重要度次序进行选择。

交通标志优化设计包括以下几个方面的内容:

(1)分析已有标志的症结所在;

(2)明确交通标志优化的内容;

(3)确定交通标志优化设计程序。

1. 交通标志症结分析

具有良好理解性的交通标志必须考虑多方面的因素,如象征符号选择的正确性、关键细节选择的合理性、标志整体布局的协调平衡等。在标志设计时要综合考虑各方面因素,任何一个方面出现问题将会降低交通标志的理解性。将影响交通标志理解性的设计因素归纳为四个方面,分别为含义明确性、布局合理性、形象性和外形设计风格。通过实验设计和问卷调查,从含义明确性、布局合理性、形象性、外形设计风格四个方面进行问题分析,归纳已有

问题标志的症结所在。

2. 标志优化内容

交通标志设计时应确定以下内容。

(1)标志的含义。明确交通标志预期传达的含义是进行交通标志优化设计的基础。交通标志图形符号应该从各个层面表达完整的标志含义。

(2)标志功能及采用的形状、边框、颜色。交通标志的功能、形状、边框符合国家相关标准的规定,应明确标志图像、背景等各个部分的颜色并符合相关规定。

(3)正确的图形符号。交通标志应该选择正确的图形符号来传达道路信息。在进行标志设计时决不能随意拼凑,作为一种"视觉语言和形象",所涉及的图形或符号应让使用者认识和理解。标志设计能否达到预期的目的与效果主要取决于标志设计的优劣,而标志设计的优劣又取决于创意的优劣。好的标志设计以高度准确性为前提,最大限度地符合其设计的目的。

(4)图形符号的关键细节。交通标志设计应遵循简明性原则。在进行交通标志优化设计时,应明确标志选择图形符号的关键细节,关键细节包括必要元素和有用元素两部分:①必要元素,指这些元素有很好的视觉显著性;②有用元素,指这些元素能够有效表述事物的功能。

3. 交通标志优化设计程序

(1)交通标志设计时应遵循以下原则:

①遵循《图形符号　安全色和安全标志　第1部分:安全标志和安全标记的设计原则》(GB/T 2893.1—2013)、《道路交通标志和标线　第2部分》中规定的原则;

②符号设计必须清晰醒目;

③符号要由对表达信息起关键作用的要素构成,要素的个数尽可能少;

④要素应由对表达信息起关键作用的细节构成,并应避免其他不必要的细节;

⑤避免采用随时间而变化以及外形有可能改变的物体作为符号的要素和细节;

⑥选择组成符号的要素时,应尽量选取通用的图像,如果没有必要不应选用专用图像;

⑦符号图像应采用大面积、粗线条的形式,有清晰的轮廓边界;

⑧同一类型和领域设计的所有符号应保持一致风格。

(2)交通标志进行优化设计时应遵循下列程序:

①论证客观上确实需要用图形符号来传递信息;

②为图形符号的设计和规范化收集必要的信息;

③清晰地描述图形符号所表示的对象及其方向因素;

④分析环境和应用因素;

⑤在相同或相关领域中查找已经存在的图形符号;

⑥进行图形符号的形状设计;

⑦测试图形符号的清晰度,理解性。

(3)最终确定的标志图形符号的构形应达到如下要求:

①清晰简洁,图形符号细节数量少,即容易看清楚;

②易于区分,易与可能同时使用的其他图形符号相区别;

③易懂易记,易与其要表达的含义相联系,即容易看懂或学习记忆。

第二章　道路指路标志版面内容设计优化研究

第一节　指路标志视认性分析

道路交通标志是用图形、符号、文字向驾驶人及行人传递法定信息，用以管制、警告及引导交通的交通语言。它向交通参与者传达道路相关信息，是其在道路上正确安全行驶的向导，在道路交通的安全、畅通、有序方面起到了积极的作用。

道路交通标志的视认性是指在规定的时间内，道路交通标志能被道路使用者正确识别并被理解的能力。它受多种因素影响，包括交通标志、驾驶行为和道路交通环境等。从交通标志自身来考虑，合理设置交通标志的目的是使驾驶人能安全、顺畅、舒适地在道路上行驶，故应充分考虑其理解性、信息内容及信息量等。

为避免驾驶人产生过长的标志视认及理解时间，影响出行效率乃至行车安全，指路标志排版形式应合理、整洁、美观，符合人的视认流程和认知心理，能够准确传导信息，具备较好的理解性；同时，指路标志应向道路使用者提供最重要的道路或地点信息，分层次、搭配使用，兼顾近点信息与远点信息、主要信息与辅助信息，及时、准确、最大限度地满足道路使用者的信息需求；并且标志版面需合理控制信息量，突出重点，防止信息过载，使驾驶人能够在安全时间内阅读完标志上的信息，同时节约标志的制造和维护成本。

第二节　指路标志评价指标体系

一、评价指标的选取

根据对指路标志视认性的分析，通常选用理解性、信息需求度和信息量作为标志评价指标，建立三维评价指标体系(CRI)，以此衡量指路标志版面设计的优劣。

1. 理解性

理解性定义为用于衡量指路标志中指引的道路或地点信息易于理解的程度，它通过道路使用者能否正确理解标志上提示的各个道路或地点信息在实际路网中对应位置的概率进行表征，用 C 表示，单位无量纲。

2. 信息需求度

信息需求度定义为用于衡量道路使用者在道路交叉口处进行路径期望选择时，对各个道路或地点信息的需求程度，它通过道路交叉口处衔接、相邻的各个主要道路或地点信息在路径期望选择时被道路使用者选择的概率进行表征，用 R 表示，单位无量纲。其中，路径期望选择表示道路使用者在进行路径选择时期望或想要了解的道路或地点信息的情况。

3. 信息量

信息量定义为用于衡量指路标志中道路或地点信息数量的合理程度，它通过指路标志上道路或地点信息的个数进行表征，用 I 表示，单位无量纲。由于本章重点对指路标志上道路和地点信息的设计进行优化，故信息量定义为指路标志中道路或地点信息的数量。

二、评价体系的构建

指路标志评价体系（CRI）以道路交叉口指路标志版面内容理解性为基础，引入道路或地点信息的信息需求度为理解性计算权重，并以道路或地点信息量对评价体系进行修正。

有研究认为，标志版面的路名数为 5 个时最合理，在汉字字数少于 18 字，路名数少于 7 个时，驾驶人对标志的认知时间增长趋势相对均匀。故我们认定信息量为 5 个时最优，此时，修正系数取 1。同时，认定信息量 6 个比信息量 4 个略优。虽然信息量 6 个视认时间稍有增长，但仍处于均匀增长趋势下，时间长度也在大多数人可接受范围内，且它可以多提供一条信息，更大程度地满足出行者的信息需求。

因此，假定当信息量 $I_k \leqslant 5$ 时，修正系数为 $I_k/5$；当信息量 $I_k > 5$ 时，修正系数为 $5/I_k$，最终，建立评价体系如下。

当 $I_k \leqslant 5$ 时，指路标志 k 版面设计优劣程度的评价体系如下：

$$CRI_k = \frac{\sum_{j=1}^{m} \frac{\sum_{i=1}^{n} R_{ijk}}{n} \cdot \frac{\sum_{i=1}^{n} C_{ijk}}{n}}{m} \cdot \frac{I_k}{5} = \frac{I_k}{5mn^2} \cdot \sum_{j=1}^{m} \sum_{i=1}^{n} R_{ijk} \sum_{i=1}^{n} C_{ijk} \tag{2-1}$$

当 $I_k > 5$ 时，指路标志 k 版面设计优劣程度的评价体系如下：

$$CRI_k = \frac{\sum_{j=1}^{m} \frac{\sum_{i=1}^{n} R_{ijk}}{n} \cdot \frac{\sum_{i=1}^{n} C_{ijk}}{n}}{m} \cdot \frac{5}{I_k} = \frac{5}{I_k mn^2} \cdot \sum_{j=1}^{m} \sum_{i=1}^{n} R_{ijk} \sum_{i=1}^{n} C_{ijk} \tag{2-2}$$

式中：CRI_k——指路标志 k 版面设计的优劣程度；

C_{ijk}——道路使用者 i 正确理解指路标志 k 中道路或地点信息 j 在实际路网中对应位置的概率；

R_{ijk}——道路使用者 i 在指路标志 k 中进行路径期望选择时，选择道路或地点信息 j 的概率；

I_k——指路标志 k 中道路或地点信息的数量；

n——道路使用者（被试者）人数；

m——道路交叉口处衔接、相邻主要道路或地点信息的数量。

同时，$1 \leqslant i \leqslant n$，$1 \leqslant j \leqslant m$，$1 \leqslant k \leqslant p$，且 $i, j, k, n, m \in Z^*$ 其中，p 为待评价的道路指路标志的数量。

第三节　指路标志视认实验

一、实验准备

本次指路标志理解性实验,以城市道路主干道平面十字交叉口指路标志为例,旨在对比、分析不同版面内容设计形式的指路标志理解性现状,包括英国、美国等国家标准中的指路标志及我国北京、上海、南京、武汉等主要城市现行指路标志,探究各类设计的优劣。

1. 实验材料准备

(1)确定路网结构。在进行路网结构选取时,主要考虑以下四点:

①明确基本路网结构为横4纵5的正交网格,保证此路网中包含的道路信息足以满足各个道路使用者对信息的需求,且路网格局清晰明确;

②明确路网中心所标注的交叉口为城市道路主干道平面交叉口,以确定各地现行指路标志版面内容信息选取方式;

③明确路网中各道路均为城市主、次干道,符合主干道交叉口指路标志可能提供的道路信息等级,排除支路的干扰;

④明确路网中所有道路名、地点名使用的文字常用易识,避免文字生涩、笔画繁多而分散实验人员太多注意力,影响其对指路标志的理解。

路网结构示意如图2-1所示。

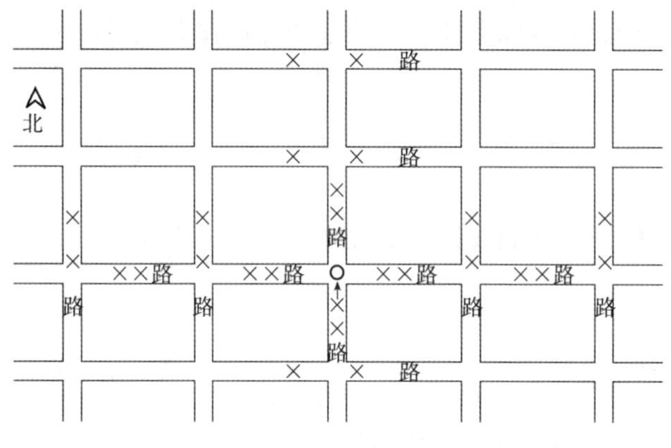

图2-1　路网结构示意图

(2)绘制指路标志。

①实验选取具有代表性的七类不同版面设计的道路交叉口指路标志,分别为中国、美国、英国等国家标准中规定的版面设计形式的指路标志,以及我国北京、上海、南京、武汉典型大城市实际使用的版面设计形式的指路标志。

其中,美国、英国标志依据各自国家标准中有关版面设计的规定(包括信息选取、颜色和形状的使用等)进行设计,但将标志的英文字母信息均调整为中国汉字,同时,去除我国各标志上的英文,避免不同语言类别对标志视认实验产生影响,干扰实验结果准确性。

②对照基本路网结构图,确定路网中各道路信息(或地点信息)的确切名称,依据各地有关规范中的相应规定绘制各指路标志。同时,考虑到需进行多次重复实验,为避免被试者视

认惯性，确保实验结果的准确性，各指路标志所对应的路网结构相同，但道路名称或地点名称不同。

③绘制图纸。绘制只标注当前交叉口所在位置及指路标志设置位置、不标注其他任何具体道路信息的空白路网结构图 7 张，如图 2-2 所示，详见附录 A。

a. 在空白路网结构图基础上，绘制包含交叉口周围临近处详细道路或地点信息的完整路网结构图 1 张，如图 2-3 所示。

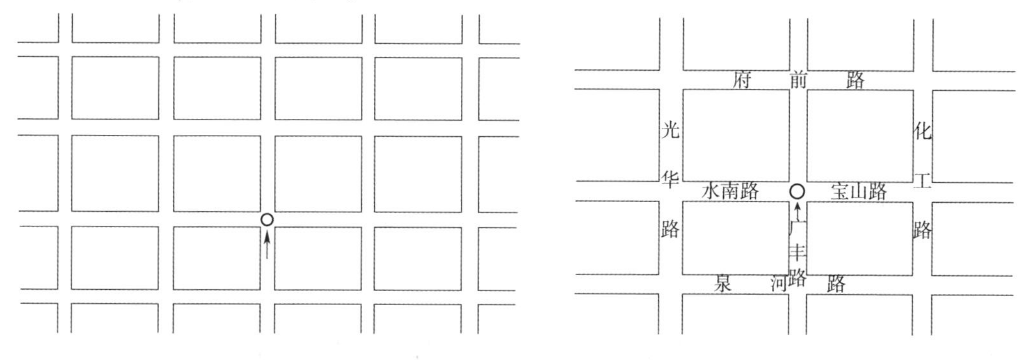

图 2-2　空白路网结构图　　图 2-3　完整路网结构图

b. 在基本路网结构图基础上，根据各地指路标志信息选取方式，绘制明确道路信息的不同实验组路网图 7 张，如图 2-4、图 2-5 所示。

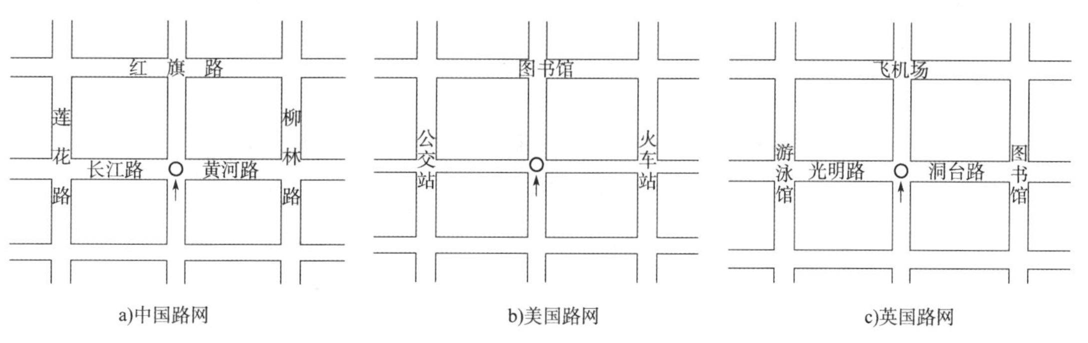

a)中国路网　b)美国路网　c)英国路网

图 2-4　不同国家的路网图

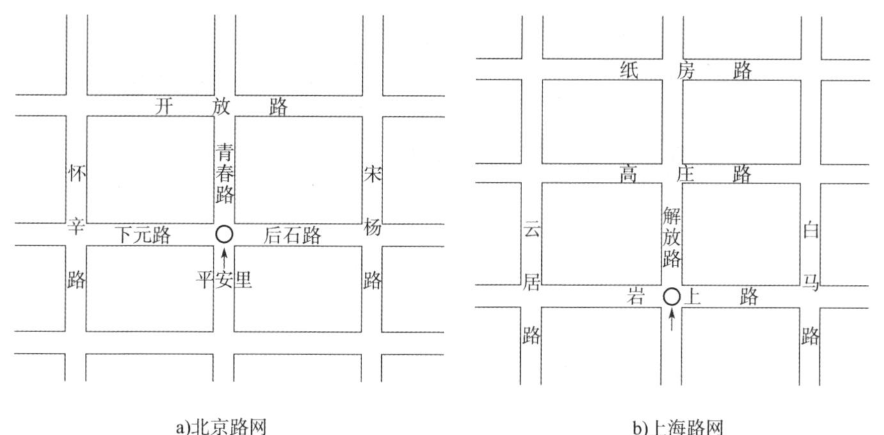

a)北京路网　b)上海路网

图　2-5

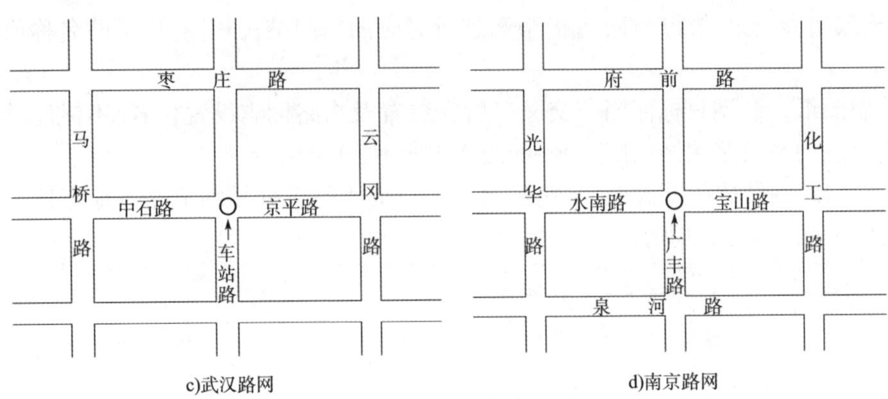

c)武汉路网　　d)南京路网

图 2-5　我国不同城市的路网图

c. 根据 7 张实验组路网图的具体道路信息，绘制中国、美国、英国各国国标规定的及我国各典型大城市现行设计的城市道路主干道平面交叉口指路标志，共 7 张，如图 2-6 所示，分别编号为实验组别 1 ~ 实验组别 7。

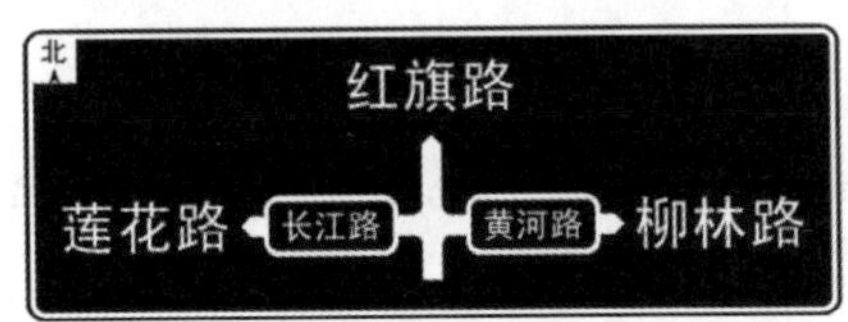

a)实验组别1：中国指路标志

b)实验组别2：美国指路标志

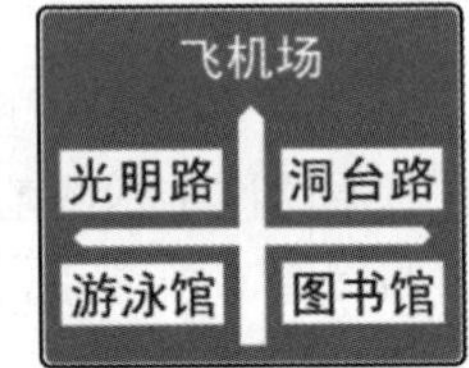

c)实验组别3：英国指路标志

d)实验组别4：北京指路标志

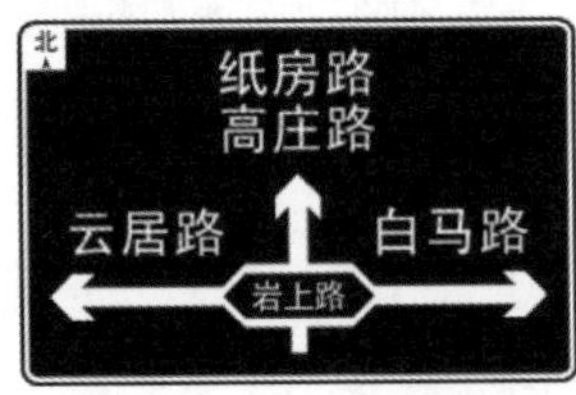

e)实验组别5：上海指路标志

f)实验组别6：武汉指路标志

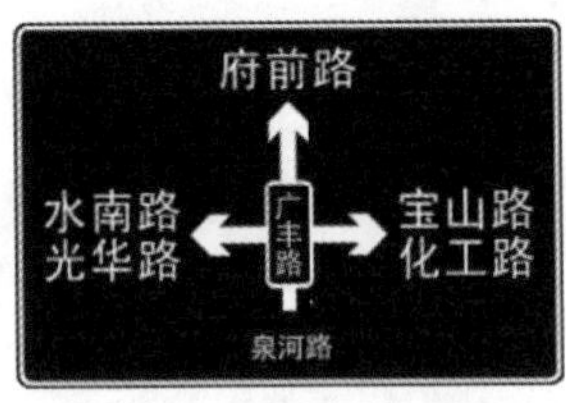

g)实验组别7：南京指路标志

图 2-6　不同国家及我国典型城市的指路标志

2. 实验人员选取

(1) 确定实验样本量。

定量研究的抽样量计算公式为：

$$n \approx \frac{(z_{\alpha/2})^2 \sigma^2}{E^2} \tag{2-3}$$

式中：$z_{\alpha/2}$——置信水平的统计量，置信度为90%时，$z_{\alpha/2}=1.645$；

σ——总体标准差，一般取0.5；

E——容许误差，这里取15%；

n——样本量，通过计算为30。

经计算得到最小样本量为30，为进一步保证结果可靠性及准确性，适当扩大样本容量至42人。

(2)被试者特性分析及样本量分布。

已有研究表明，年龄、婚姻状态、驾驶经验、发生事故率对驾驶人理解交通标志没有显著性影响，但女性劣于男性。

为降低被试者自身特性对标志视认实验的影响，实验中将被试者自身特性作为控制变量，不同个性特征被试者样本量分布见表2-1。其中，为避免性别对实验的影响，实验选取男女被试者各21人；为提高开放性设计实验结果的可靠度，被试者全部有交通或建筑相关专业背景；为避免学习经验干扰标志理解性实验结果的可靠度，被试者全部选用空白样本，即无驾照；为避免被试者生活背景对实验的影响，被试者尽量从我国多个地区选取。

不同个性特征被试者样本量分布表　　表2-1

个性特征	类别	样本量	个性特征	类别	样本量
性别	男	21	城市	河南	3
	女	21		山东	2
专业	交通相关	39		山西	1
	建筑相关	3		河北	1
有无驾照	无	42		宁夏	1
	有	0		安徽	1
城市	北京	32		云南	1

二、实验设计

1.理解性实验

(1)实验安排。

①每组预计所需实验时间：30～40min。

②每组安排实验人数：7人。

③每人所需实验材料：7个各地现行指路标志+7张空白路网。

④实验地点：配有PPT投影设备的报告厅。

⑤实验要求：认真对待，态度端正，真实、独立地完成实验，不互相参照。

(2)实验步骤。

①实验人员需要先填写一份“实验人员信息表”，得到自己的实验人员编号(01～42)。实验过程中实验材料较多，依次填写姓名较烦琐，只需填写两位数字编号即可。

②给出实验组别1的指路标志，并给出1张空白路网，如图2-7所示。

③由实验人员按照空白路网实验材料上的题意，依据该指路标志版面内容，在空白路网上相应位置填写正确信息；标志上可能提示道路名、地点名、方向等信息，均需填写到空白路网上。

④对实验组别2～实验组别7进行同样的实验。

⑤实验人员需检查好各组材料，保证未遗漏信息，则实验完成，上交全部实验材料。

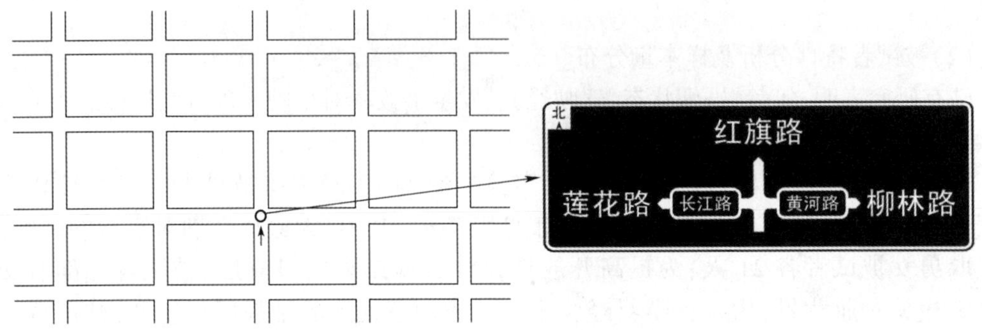

图2-7　实验组别1的指路标志及空白路网示意图

2. 开放式设计实验

本实验旨在了解道路使用者的实际信息需求及其在版面设计形式上的想法。与给出标志、填写路网信息的理解性实验恰恰相反，这次给出某城市主干道平面交叉口周围详细的路网结构图和1个空白标志牌，让实验者从中选取自己所需的主要道路、地点、方向信息，并用其认为最易理解的版面组合形式，为该交叉口设计一个新的道路指路标志，如图2-8所示。

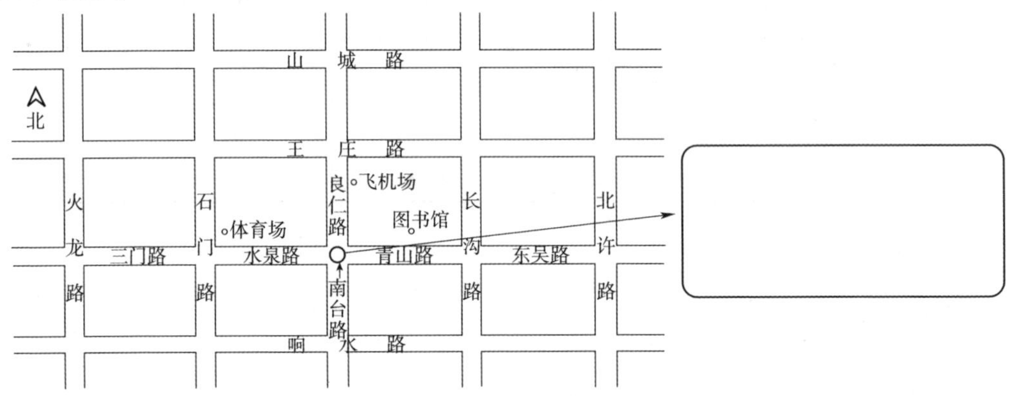

图2-8　某城市主干道交叉口附近路网结构图及空白标志牌

三、数据整理及分析

1. 理解性

(1)总体理解性。

以各指路标志对应完整路网为参考图，分别统计各实验人员在实验组别1～7的空白路网中填写信息的正确率，以此作为判断各指路标志理解性水平的指标。

由于仅部分标志设置方向信息，且一般方向信息理解上不存在问题，故此次统计不考虑方向信息，数据统计见表2-2。

指路标志总体理解性数据统计 表 2-2

实验人员编号	标志编号						
	1	2	3	4	5	6	7
	总体信息填写正确个数						
01	2	3	5	4	1	3	3
02	2	3	4	4	1	1	0
03	4	3	5	2	3	3	5
04	2	0	5	4	1	3	3
05	2	3	5	4	0	1	3
…	…	…	…	…	…	…	…
42	2	3	5	4	0	3	4
平均正确个数	2.333	2.548	3.762	3.786	0.952	2.690	2.643
标志信息总个数	5	3	5	7	5	6	7
正确率(%)	46.7	84.9	75.2	54.1	19.0	44.8	37.8

由此,我们可以得到7组指路标志的总体理解性水平如图2-9所示。

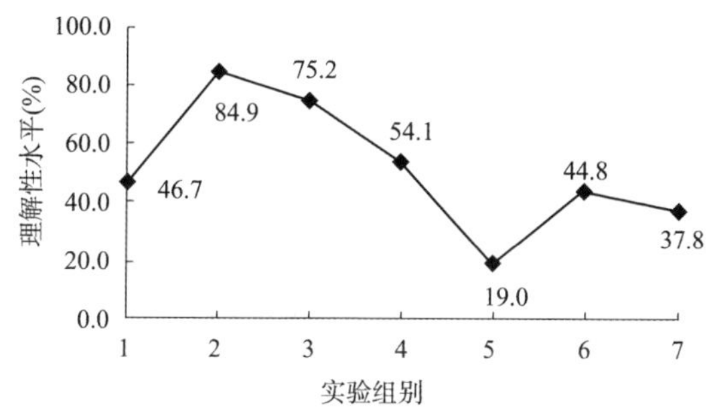

图2-9 7组指路标志理解性水平

由实验结果可知,理解性较好的前三组指路标志依次为实验组别2～实验组别4的标志,分别对应美国、英国、中国指路标志,如图2-10所示。

a)美国指路标志

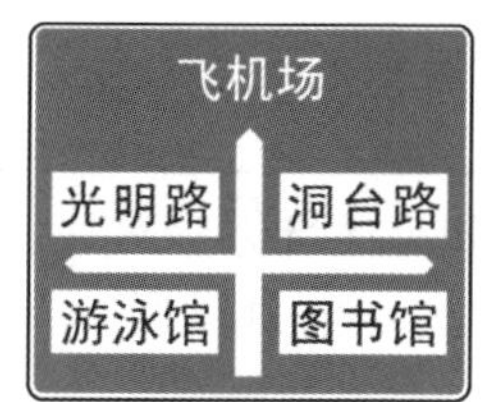

b)英国指路标志

c)北京指路标志

图2-10 理解性较好的前三组指路标志

(2)近点信息、远点信息及总体理解性对比分析。

统计过程中发现,指路标志版面中近点信息较远点信息理解性明显偏高。为更加深入、全面地了解各指路标志理解性现状并下一步优化设计工作提供参考,分别统计直接衔接的近点信息和前方可达的远点信息各自的理解性。

特别注意的是，实验组别2中标志版面信息全部为地点信息，直接进行总体统计；实验组别3中标志版面为道路与地点信息混杂，不按近点信息与远点信息来统计，而是分别按照道路信息和地点信息来统计。

最终共有五组指路标志按照近点信息和远点信息进行统计，即实验组别1和实验组别4～实验组别7，数据统计见表2-3。

指路标志近点远点信息理解性数据统计 表2-3

实验人员编号	标志编号									
	1-中国		4-北京		5-上海		6-武汉		7-南京	
	近点	远点	近点	远点	近点	远点	近点	远点	近点	远点
01	2	0	4	0	1	0	3	0	3	0
02	2	0	4	0	1	0	1	0	0	0
03	2	2	2	0	1	2	1	2	2	3
04	2	0	4	0	1	0	3	0	3	0
05	2	0	4	0	0	0	1	0	3	0
…	…	…	…	…	…	…	…	…	…	…
42	2	0	4	0	0	0	3	0	3	1
平均正确个数	1.905	0.429	3.524	0.262	0.500	0.452	2.214	0.476	2.095	0.548
标志信息个数	2	3	4	3	1	4	3	3	3	4
正确率(%)	95.2	14.3	88.1	8.7	50.0	11.3	73.8	15.9	69.8	13.7

将近点信息、远点信息和总体的理解性指标进行对比，并与三个系列的平均理解水平进行比较，见表2-4。

近点信息远点信息及总体的理解性水平对比 表2-4

标志编号	1	4	5	6	7	平均值
近点信息理解性水平(%)	95.2	88.1	50.0	73.8	69.8	75.4
远点信息理解性水平(%)	14.3	8.7	11.3	15.9	13.7	12.8
总体理解性水平(%)	46.7	54.1	19.0	44.8	37.8	40.5

由图2-11所示为近点信息、远点信息和总体理解性对比，可以明显看出，近点信息理解性普遍较高，而远点信息理解性较差，因此远点信息是影响指路标志理解性水平的主要因素，应对此进行重点优化。

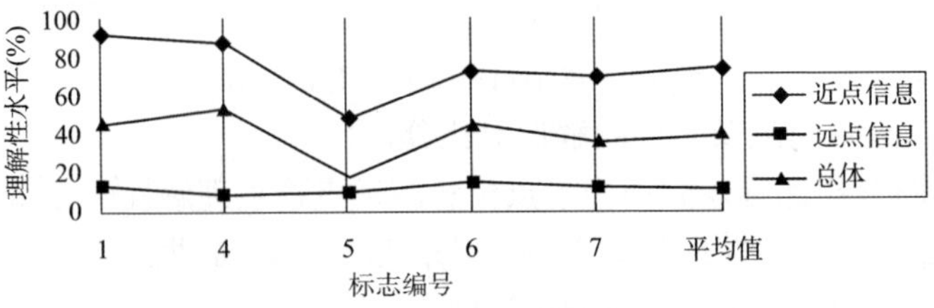

图2-11 近点信息、远点信息和总体理解性对比

(3) C_{ijk} 指标数据统计。

分别按照各指路标志版面上每个单一信息的位置统计各信息的理解性，作为评价体系CRI中理解性指标 C_{ijk} 的数据，以实验组别1（中国国标）标志为例，其数据统计见表2-5。

实验组别1单一信息理解性统计　　表2-5

实验人员编号	位置		
	近点	远点	
	左右	上	左右
1	1	—	—
2	1	—	—
3	1	—	1
4	1	—	—
5	1	—	—
…	…	…	…
42	1	—	—
正确人数	40	4	6
正确率（%）	95.2	9.5	14.3

2. 信息需求度

在开放式设计实验中，为实验者提供一份包含道路、地点、方向信息的完整路网，让其自己选取所需信息，确定版面设计形式，设计一个新的标志，以此深入了解道路使用者在交叉口处的实际出行信息需求以及在版面设计形式上的想法。

根据42位实验者的最新设计，分别统计所给路网中每条信息的需求度见表2-6。

信息需求度统计表　　表2-6

实验人员编号	路名					
	良仁路	水泉路/青山路	南台路	王庄路	…	响水路
	需求量					
01	1	1	1		…	
02	1	1			…	
03	1	1		1	…	1
04	1	1	1		…	1
05	1	1	1	1	…	
…	…	…	…	…	…	…
42	1	1		1	…	1
总需求人数	37	41	26	17	…	25
需求度（%）	88.1	97.6	61.9	40.5	…	59.5

虽然各实验组别指路标志版面上的道路信息名称与上述完整路网中道路信息名称不同，但是它们所对应的路网结构却是一致的。根据各指路标志版面上信息对应路网结构中

的位置，即可确定指路标志评价体系 CRI 中信息需求度指标 R_{ijk} 的数据。

3. 信息量

通过统计各指路标志版面信息量，确定各标志信息量修正系数，当信息量 $I_k \leq 5$ 时，修正系数为 $I_k/5$；当信息量 $I_k > 5$ 时，修正系数为 $5/I_k$。指路标志信息量修正系数见表 2-7。

指路标志信息量修正系数 表 2-7

标志编号	1	2	3	4	5	6	7
信息量	5	3	5	7	5	6	7
修正系数	1	0.6	1	0.714	1	0.833	0.714

4. CRI 评价

通过指路标志理解性实验及开放式设计实验，可以确定评价体系 CRI 中各指标数据［式(2-1)、式(2-2)］，针对各指路标志版面内容设计情况，即可分析得到在充分考虑理解性、信息需求度、信息量情况下，指路标志 k 版面设计的优劣程度 CRI_k。由于该数据较小，普遍处于 0 ~ 0.200 分之间，差异不明显，故假设 0.200 分为最优，定为满分 100 分，将各数据折算为百分制分数，则各指路标志相应折算分数见表 2-8。

指路标志版面设计优劣评价 表 2-8

标志编号	CRI_k	折算分数
1	0.125	62.3
2	0.054	27.2
3	0.178	89.0
4	0.139	69.6
5	0.039	19.7
6	0.104	51.9
7	0.087	43.7

根据该评价体系计算结果，可以从各类现行指路标志中甄选出版面内容整体设计较好的几个标志，如图 2-12 所示。

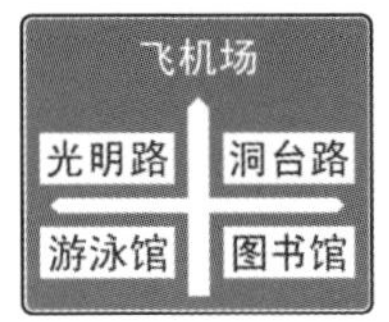

a)英国指路标志

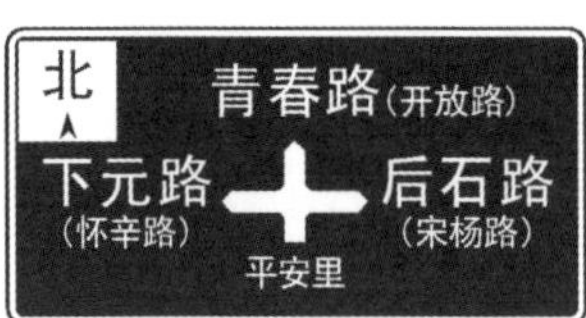

b)北京指路标志

c)中国国标中指路标志

图 2-12　版面内容整体设计较好的指路标志

本节通过开展指路标志理解性实验，得到现行各类指路标志版面内容的总体理解性水平，并进一步分析得出，近点信息的版面设计所对应的理解性普遍较好，远点信息的版面设计存在较大歧义，需进行重点优化。同时，对版面上每个单一信息理解性进行统计，即可获得评价体系 CRI 中理解性指标 C_{ijk} 的数据，然后进行开放式设计实验，以确定信息需求度指标 R_{ijk} 的数据。最后，应用评价体系 CRI 对指路标志设计优劣进行评价。

第四节　指路标志版面优化设计方案

一、设计理念

1. 易理解

指路标志向道路使用者传递了道路名、地点、方向等信息，提供最准确的出行导向服务，其引导作用的发挥，直接取决于版面内容设计的理解性水平。若版面设计形式不合理，理解性较差，引导信息就无法快速且准确地被传达，指路标志也就形同虚设。

2. 满足出行信息需求

指路标志的功能是通过其版面上的指示信息来发挥的，因此，指示信息的选取是指路标志设置的关键步骤。根据信息需求度统计，确定标志版面上最应提供的信息，突出重点信息，最大限度地满足道路使用者的出行信息需求，快速、准确地指导其到达目的地。路网中需求度较高的几点信息见表2-9。

路网中需求度较高的信息　　表2-9

位置	直接衔接小“十”字			前方可达小“田”字	
	①上	②左右	③下	④上	⑤左右
信息需求度（%）	88.1	97.6	61.9	40.5	33.3

3. 信息量合理

标志版面内容应具有良好的易读性和广泛的公认性。驾驶人读取标志信息要经历发现、认读、理解和行动的过程，这个过程需要花费一定的时间，而用时长短取决于版面内容信息量的大小。对于行车过程中的驾驶人，只能在保证驾驶操作安全的前提下，分散部分注意力解读标志；车辆本身又一直处于行进之中，可供驾驶人使用的理解时间非常有限。为了使驾驶人能在有效的视读距离内看全标志所要传递的交通信息，需要合理控制版面内容信息量，即版面内容简明扼要。如果交通标志的信息量超过驾驶人信息负荷，就会导致驾驶人对交通标志信息的忽略或是困惑，甚至导致驾驶人精神紧张。

同时，标志的信息量直接影响标志牌面的大小，一旦信息量过载，还会额外增加不必要的标志制作和维护成本，不符合经济节约的设计理念。

二、方案设计

1. 信息量最优方案

在理解性方面，指路标志版面上远点道路信息的理解性相比近点道路信息的理解性差很多，需要进行重点优化，且对于远点信息的误判，大多是由于版面上文字横向排布，将前方可达的纵向道路信息理解为横向道路信息。因此，可以按照道路走向设置文字排版，将左右转向可达的纵向道路信息名称直接纵向排布。

进一步考虑信息需求度和信息量指标，认为指路标志最优信息量为5个。标志版面应具备基本的对称性，且应遵照近点信息与远点信息相互配合设计原则，方案设计所选信息及需求度见表2-10。参照表2-10进行指路标志版面内容优化设计。

方案设计所选信息及其需求度 表 2-10

位置	直接衔接小“十”字		前方可达小“田”字
	上	左右	左右
信息需求度	88.1%	97.6%	33.3%

确定以信息量最优为标准进行考量时，优化设计方案如图 2-13 所示。

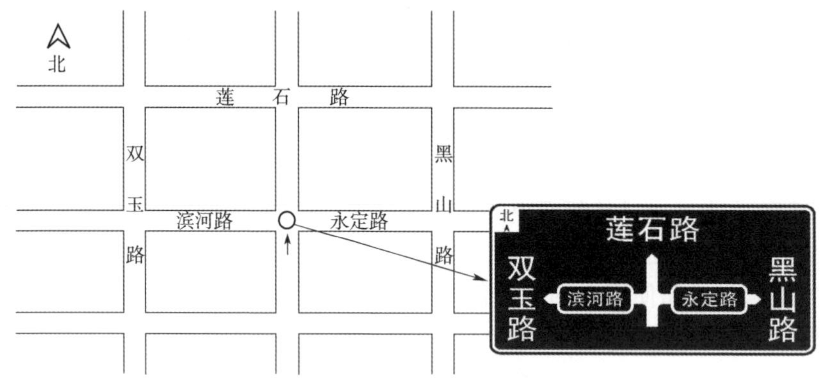

图 2-13 信息量最优优化设计方案

2. 信息需求度最优方案

有研究认为，在汉字字数少于 18 字、路名数少于 7 个时，认知时间增长趋势相对均匀，由此可知 6 条信息也处于合理信息量范围内。直行方向直接衔接的近点信息需求度也较高，已达到 88.1%，故在上一方案基础上增加此条近点信息。

同时，考虑到人的心理特性，需求度较高的信息一般会得到更多的关注，应该设置得更为醒目，故按照信息需求度调整版面文字大小，将需求度较高的近点信息字体加大，将信息需求度较低的远点信息字体缩小。以信息需求度为最优进行考量后的优化设计方案如图 2-14 所示。

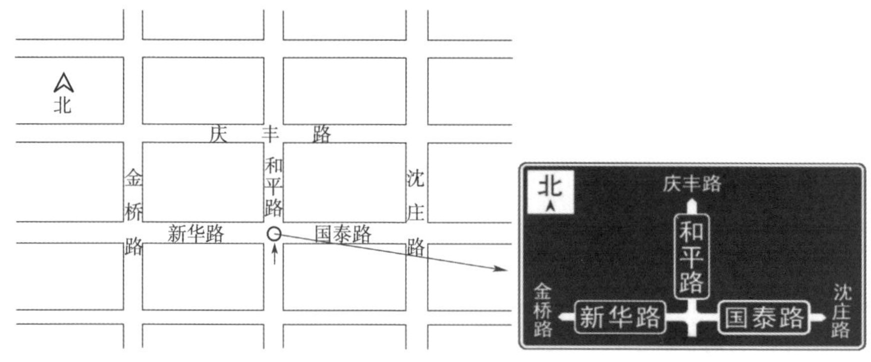

图 2-14 信息需求度最优优化设计方案

三、方案验证

1. 理解性验证

分别将两个优化设计方案编为实验组别 8、实验组别 9，按照前期指路标志理解性实验进行验证，统计近点信息、远点信息及总体理解性(表 2-11)。

优化设计方案理解性统计　　表 2-11

实验人员编号	标志编号					
	实验组别 8-优化设计方案一			实验组别 9-优化设计方案二		
	近点	远点	总体	近点	远点	总体
01	2	2	4	3	3	6
02	2	0	2	3	0	3
03	2	2	4	3	3	6
04	2	0	2	3	3	6
05	2	0	2	3	0	3
…	…	…	…	…	…	…
42	2	2	4	3	2	5
平均正确个数	2.000	1.524	3.524	3.000	2.000	5.000
标志信息个数	2	3	5	3	3	6
正确率(%)	100.0	50.8	70.5	100.0	66.7	83.3

与现行指路标志及其平均水平进行对比如图 2-15 所示。从图 2-15 可以看出，现行设计指路标志理解性平均水平仅处于 40% 左右，而优化设计方案版面内容总体理解性有明显提升，均大于 70%。其中，远点信息理解性均已达到 100%；近点信息理解性提升最为显著，由现状平均理解水平 12.8%，分别提升至 50.8% 和 66.7%，优化效果明显，且优化设计方案二较优化设计方案一更优。

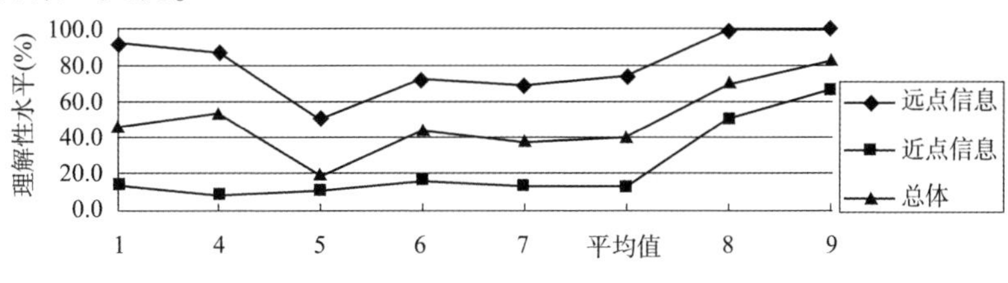

图 2-15　优化设计方案与现行指路标志对比

2. 评价体系验证

根据优化设计方案标志理解性实验，统计标志版面单一信息的理解性(表 2-12)。

优化设计方案单一信息理解性　　表 2-12

实验人员编号	标志编号						
	实验组别 8-优化设计方案一			实验组别 9-优化设计方案二			
	近点	远点		直接衔接		前方可达	
	左右	上	左右	上	左右	上	左右
1	1	—	1	1	1	1	1
2	1	—	—	1	1	—	—
3	1	—	1	1	1	1	1
4	1	—	—	1	1	—	—
5	1	—	—	1	1	—	—
…	…	…	…	…	…	…	…
42	1	—	1	1	1	—	1

续上表

实验人员编号	标志编号						
	实验组别 8-优化设计方案一			实验组别 9-优化设计方案二			
	近点	远点		直接衔接		前方可达	
	左右	上	左右	上	左右	上	左右
填写正确人数	42	6	29	42	42	23	29
总人数	42						
正确率(%)	100.0	14.3	69.0	100.0	100.0	54.8	69.0

应用三维评价体系 CRI,考虑不同版面内容设计形式的理解性,版面上提供的各指引信息的需求度及版面整体信息量这三项因素,将所有标志版面设计优劣程度进行对比,评价结果见表 2-13。

指路标志版面设计优劣评价 表 2-13

标志编号	CRI_k	折算分数	排序
1	0.125	62.3	5
2	0.054	27.2	8
3	0.178	89.0	2
4	0.139	69.6	4
5	0.039	19.7	9
6	0.104	51.9	6
7	0.087	43.7	7
8	0.154	77.2	3
9	0.183	91.5	1

通过评价体系 CRI 验证,证实优化设计方案二即信息需求度最优设计方案整体情况最好,与前期理解性验证结果一致,将其确定为最终优化设计方案,如图 2-16 所示。

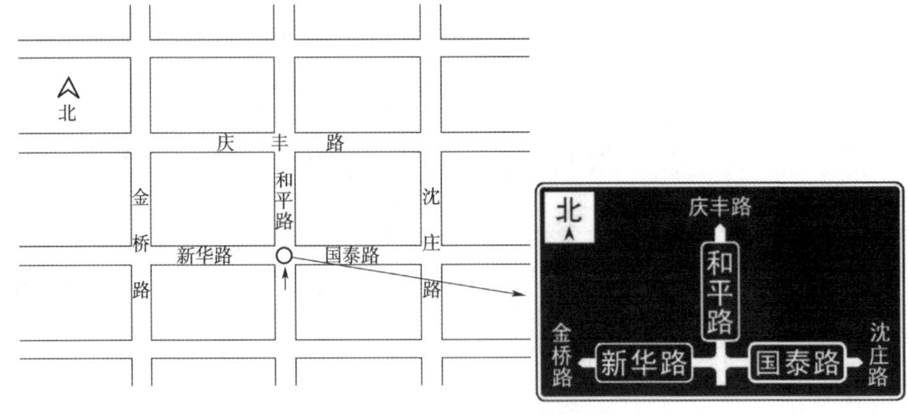

图 2-16 最终优化设计方案

本节根据指路标志应遵循的基本设计理念,即最易理解、可满足出行信息需求、信息量合理,进行指路标志版面优化设计,分别重点考虑信息量和信息需求度,得出两套优化设计方案。通过视认实验,看其理解性是否提升,并应用评价体系 CRI,对方案优化程度进行验证,确定最终优化设计方案。

第三章　基于视认特性的京津冀平交口指路标志设计研究

第一节　指路标志版面形式分析和设计要素提取

一、京津冀地区平交口指路标志版面形式

本章的研究对象为京津冀区域的城市道路平交口指路标志，对北京市、天津市、保定市、石家庄市4个京津冀城市的道路平交口指路标志进行实地调研，分析各城市平交口指路标志的版面形式。根据京津冀地区平交口指路标志现状分析，对平交口指路标志进行设计要素提取，对指路标志版面进行功能区划分。

1. 北京市

北京地区平交口指路标志设计，参考的标准为北京市地方标准《道路交通管理设施设置规范　第1部分：道路交通标志》(DB11/T 493. 1—2007)，标志版面内指向信息单元分为主要信息和辅助信息，如图3-1所示。每个指路标志版面由三组指向信息单元构成，每组指向信息单元分别由主要信息和辅助信息组成。

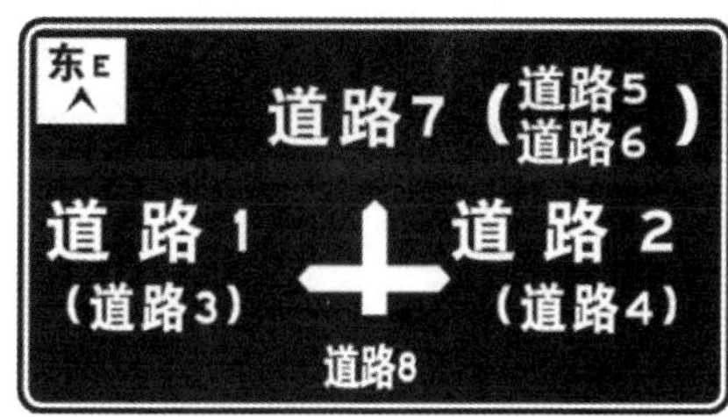

a)指路标志版面

b)标志实景

图3-1　北京市平交口指路标志

(1)主要信息。主要信息指示前方将要进入的道路名称，是指向信息单元中的基本信息，位于指向信息单元的上方。

(2)辅助信息。辅助信息指示通过前方道路可到达的重要地点或道路名称，是指向信息单元中提供行进方向的信息，位于指向信息单元的下方或右侧，并加注括号。指路标志版面还提供了行驶道路信息名称，其位于中央图形的下方。标志版面左上角提供行驶方向信息，指示驾驶人的行驶方向。

2. 天津市

天津地区平交口指路标志版面形式按照天津现行地方标准《城市道路交通指引标志设

置规范》(DB12/T 947—2020)进行设计,版面设计如图 3-2 所示。在符合《道路交通标志和标线 第 2 部分》的前提下,指引标志的形状一般为长方形,尺寸应根据版面字数、文字高度及排列情况综合确定,并且版面尺寸应与字符数量、图形符号、其他文字及版面美化等因素相协调,版面样式应符合标志的具体规定。

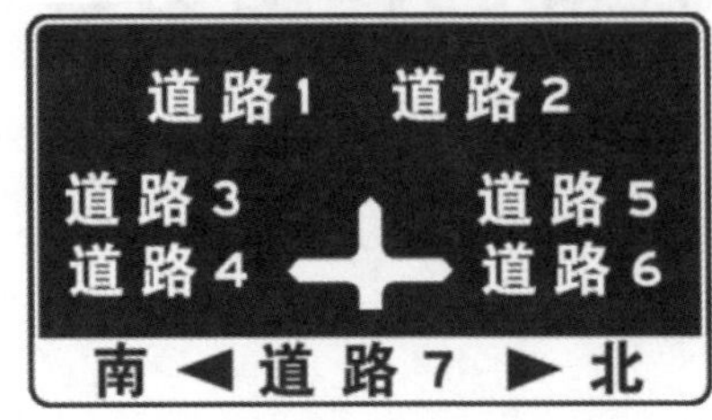

a)指路标志版面

b)标志实景

图 3-2 天津市平交口指路标志

3. 河北省

本章选取了河北省保定市和石家庄市的平交口指路标志作为研究对象,对目前两个城市中现使用的平交口指路标志进行了现状调研。

(1)保定市。

保定市的平交口指路标志版面主要由三组指向信息单元组成,如图 3-3 所示。指向信息单元中指路信息按照信息由近到远的顺序,呈由左至右或由上至下排列,且指示的道路均为与即将行驶道路垂直相交。中央图形内嵌有三个路名,分别为直行道路信息、左转道路信息与右转道路信息。

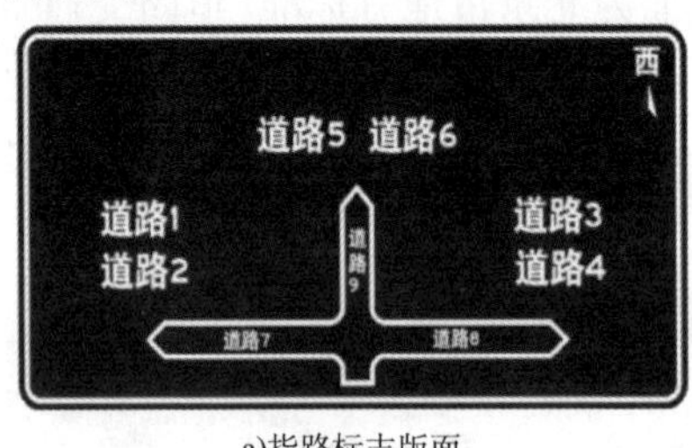

a)指路标志版面

b)标志实景

图 3-3 保定市平交口指路标志

(2)石家庄市。

石家庄市的平交口指路标志版面信息在组成上与保定市类似,如图 3-4 所示。中央图形内嵌有一个指路信息,该信息为交叉口的左右转道路信息。标志版面左上角标志有行驶方向信息。

4.《道路交通标志和标线 第 2 部分》规定

《道路交通标志和标线 第 2 部分》对指路标志版面设计提供技术依据,并规定了指路标志的信息层级以及信息排列原则。对于平交口指路标志,标志版面信息量要适中,各方向指示的目的地信息数量之和不宜超过六个;一般道路交叉口同一方向指示的目的地信息数量不应超过两个,同一方向需选取两个信息时,应按照信息由近到远的顺序,在一行或两行内,由左至右或由上到下排列。本章针对此规定,设计了两类标志版面,分别用《国标》A、《国标》B 表示,如图 3-5 所示。

a)指路标志版面

b)标志实景

图 3-4　石家庄市平交口指路标志

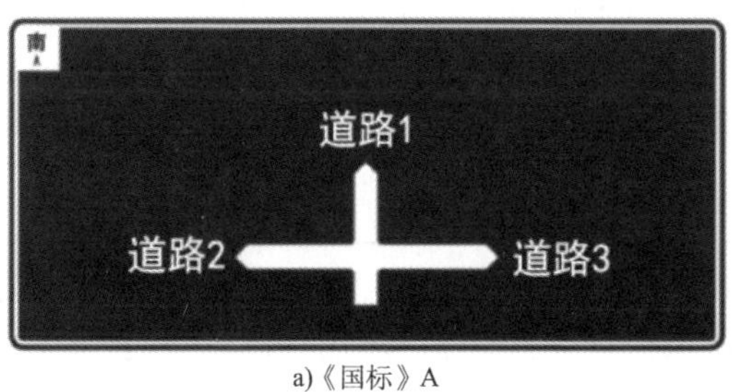

a)《国标》A

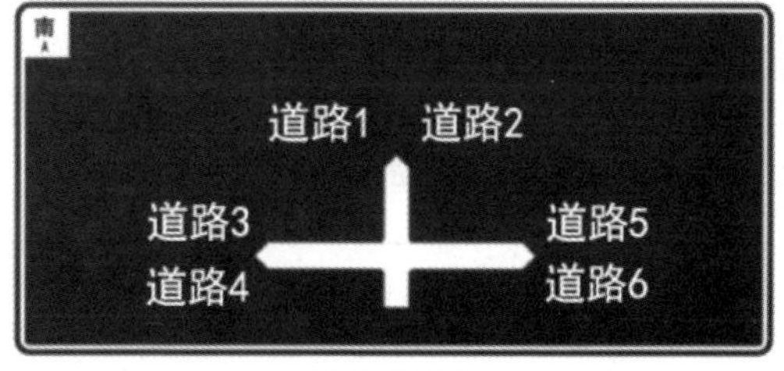

b)《国标》B

图 3-5　《道路交通标志和标线　第 2 部分》平交口指路标志

二、京津冀地区平交口指路标志设计要素提取

通过对京津冀城市以及《道路交通标志和标线　第 2 部分》中规定的平交口指路标志的现状进行调研分析，各平交口指路标志版面主要由指示信息单元、中央图形以及其他辅助信息构成，且各指路标志版面均可分为四个设计区域，本章将该四个设计区域分为前方路名区、左右侧路名区以及中央图形区，如图 3-6 所示。各地区平交口指路标志设计单位并未统一，因此不同地区的平交口指路标志在字体大小、图形选择等设计因素方面表现出较大的差异性，本文为了实现控制统一变量，选取具有强制性质的《道路交通标志和标线　第 2 部分》中规定的参数进行京津冀地区平交口指路标志设计要素提取。标志版面尺寸为 350cm × 775cm，主要指路信息字高为 50cm，内嵌指路信息字高为 25cm，中央图形根据《道路交通标志和标线　第 2 部分》规定的格式，按照简洁、清晰、明了的原则进行设计，字体使用交通标志专用字体。

图 3-6　标志版面设计区域图

1. 前方路名区

前方路名区位于标志版面中上方，标注的指示信息为前方道路名称或重要地点信息，本文所研究的六个地区中，共有两种设计形式，见表 3-1。

前方路名区设计形式　　表 3-1

版 面 形 式	指示信息分布规律	代 表 地 区
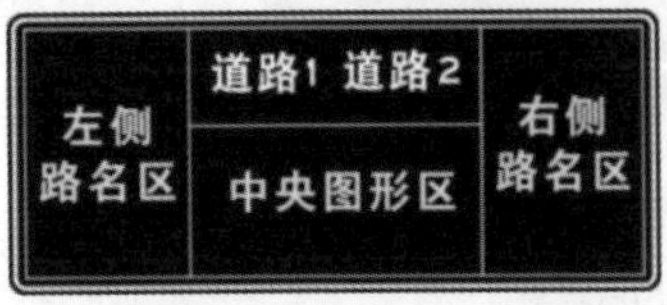 左侧路名区 道路1 道路2 中央图形区 右侧路名区	路名按照信息由近到远，由左到右排列	天津市、石家庄市、保定市
 左侧路名区 道路7（道路5 道路6） 中央图形区 右侧路名区	道路 7 为即将行驶道路，括号内路名按照信息由近到远，由左到右排列	北京市

2. 左右侧路名区

左右侧路名区位于标志版面两侧，标注的指示信息为左转和右转的道路名称或重要地点信息，共有两种形式，见表 3-2。

左右侧路名区设计形式　　表 3-2

版 面 形 式	指示信息分布规律	代 表 地 区
 道路3 道路4 前方路名区 中央图形区 道路5 道路6	路名按照信息由近到远，由上到下排列	天津市、石家庄市、保定市
 道路1（道路3） 前方路名区 中央图形区 道路2（道路4）	上方路名为即将行驶道路，下方带括号的路名道路与即将行驶道路垂直相交	北京市

3. 中央图形区

中央图形区位于标志版面的中下方，用于标注交叉口形式和目前行驶道路信息，一般组成形式为简单图形或图形与路名组合。根据现状调研结果，可将中央图形区分为两类，即分离式中央图形以及内嵌式中央图形，见表 3-3。

中央图形区设计形式　　表 3-3

中央图形类别	指示信息分布规律	代 表 地 区
分离式	 左侧路名区 前方路名区 道路9 右侧路名区	北京市、天津市

续上表

中央图形类别		指示信息分布规律	代表地区
内嵌式	简单路网	前方路名区 左侧路名区 路名区 道路9	石家庄市
	复杂路网	前方路名区 左侧路名区 右侧路名区 道路8　道路9	石家庄市
		前方路名区 左侧路名区 右侧路名区 道路10 道路8　道路9	保定市

分离式中央图形中的中央图形符号与道路信息呈上下分布，中央图形符号在上，道路行驶信息在下。内嵌式中央图形是道路信息内嵌在中央图形符号内的组合形式，内嵌路名数从一个到三个不等。按照左、右转道路信息是否相同，内嵌式中央图形分为简单路网中央图形和复杂路网中央图形。当左、右转道路名称相同时的，对应的路网形式称为简单路网，反之，则为复杂路网。

第二节　基于理解性的平交口指路标志优化设计

本节通过对京津冀地区现状平交口指路标志与指路标志设计要素提取，并进行驾驶人理解性实验，将驾驶人的理解水平进行量化研究，评价平交口指路标志的理解性，并量化对比指路标志设计要素的理解性水平。根据实验结果对平交口指路标志版面进行标志版面优化设计，并对设计方案进行验证。

一、指路标志理解性实验

1. 实验设计思路

“理解性”一词为定性词汇，如何将理解性进行量化研究是本研究的关键。通过对现有交通标志理解性研究成果的梳理，发现最常用的交通标志理解性量化研究方法为问卷调查法和模拟实验法。本实验采用模拟实验的方法对平交口指路标志进行理解性量化研究。本章第一节对目前京津冀四个主要城市平交口指路标志的版面形式进行了分析，并提取了标志版面的设计要素。驾驶人理解性实验是通过模拟实验的方法，统计各平交口指路标志指路信息和设计要素的理解正确率，判断驾驶人对平交口指路标志的指路信息是否理解。

本实验所需实验仪器为：安静教室一间、投影仪一台、电脑一台、实验路网若干份、实验组织者一名。本实验研究分为两部分：第一部分是对京津冀地区城市道路平交口指路标志的现状理解性进行研究;第二部分是对京津冀地区平交口指路标志设计要素的理解性进行研究,具体流程如图 3-7 所示。实验过程中,驾驶人根据指路标志上的指路信息,将道路信息(道路名称)标注在试验路网中,实验路网如图 3-8 所示。实验目的是根据实验结果,重新对平交口指路标志版面进行优化设计。

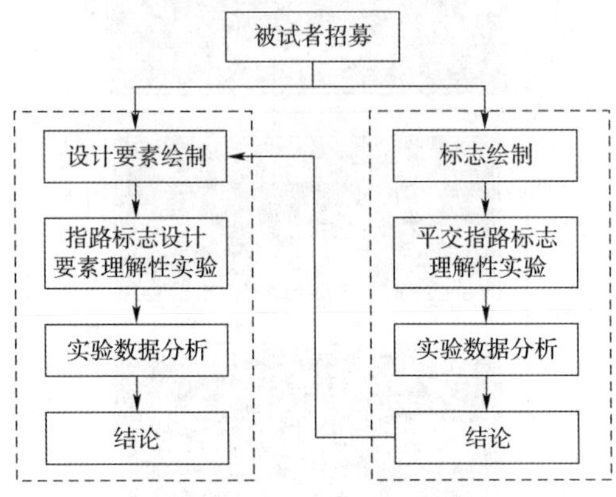

图 3-7　理解性实验总体流程

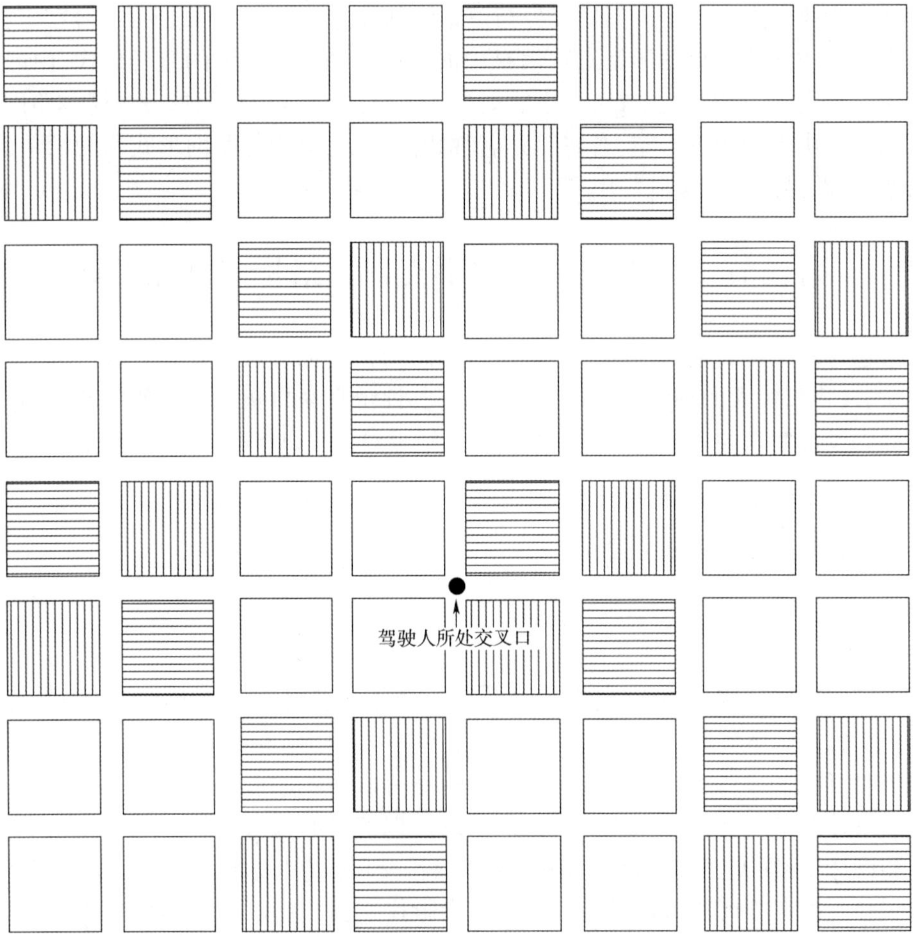

驾驶人所处交叉口

图 3-8　理解性实验路网(8＊8 路网)

2. 实验者招募

本次平交口指路标志理解性实验采用随机抽样的方法选择被试者，根据中心极限定理，当 $N>30$ 时，呈正态分布。在95%的置信水平下，本实验随机选取60名驾驶人作为本实验的被试者，其中，男性驾驶人30人，女性驾驶人30人，驾驶人属性统计见表3-4。

被试者情况统计　　表3-4

性　别	人数(人)	百分比(%)	年龄均值(岁)	驾龄均值(年)
男	30	50	24.64 ±1.27	3.42 ±1.36
女	30	50	24.87 ±1.35	2.01 ±1.29
总计	60	100	25.76 ±1.34	2.81 ±1.32

3. 实验过程

(1)实验准备工作。将一个安静的教室作为实验场所，以避免外界干扰对驾驶人理解的影响。采用Power Point制作理解性实验程序，将驾驶人在驾驶车辆时的标志最小视认时间(1.5s)作为一个路名的视认时间，根据各个平交口指路标志最大路名数的不同，选择相应的视认时间作为该指路标志的播放时间。各指路标志的播放视认时间见表3-5。同理，根据内含路名数量的不同计算平交口指路标志各设计要素的播放时间。每两个标志播放间隙，会插播30s的风景图片，以消除被试者的视觉记忆和视觉疲劳。实验正式开始前，将实验内容对被试者进行讲解，并告诫被试者在实验前和试验中均禁止服用精神活性物质，包括咖啡因、尼古丁、茶和啤酒。对实验各仪器(电脑、投影仪、幻灯片等)进行调试。

实验标志路名信息数量　　表3-5

标志来源	北京市	天津市	石家庄市	保定市	《国标》A	《国标》B
数量(个)	8	7	7	9	7	6
视认时间(s)	12	10.5	10.5	13.5	10.5	9

(2)实验过程。实验开始时，被试者端坐在大屏幕前，在正式实验之前，随机播放几种指路标志供被试者人实验练习，待被试者完全理解实验内容后，开始正式实验。正式实验开始后，被试者根据大屏幕中播放的平交口指路标志，通过自身理解，将平交口指路标志的路名均标注在空白路网中(使用A4纸打印)，每个指路标志使用一张空白路网，并进行编号，以便后期统计数据。为了避免具体路名对实验时间的影响，各路名信息均使用道路X的形式出现在指路标志中。实验过程和具体实验流程分别如图3-9、图3-10所示，实验标志见表3-6。

a)实验现场照片

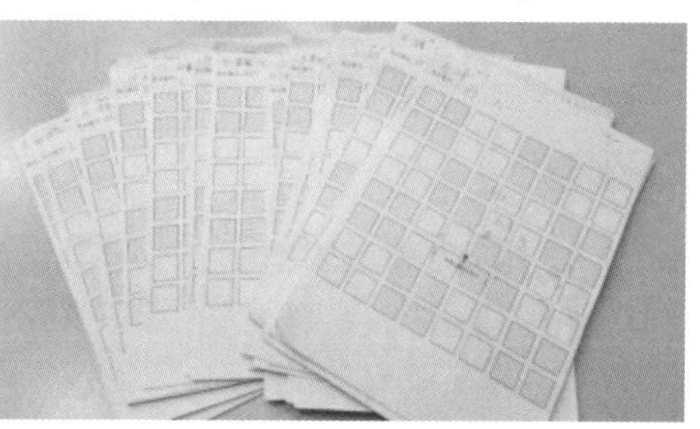

b)实验标注路网

图3-9　实验过程

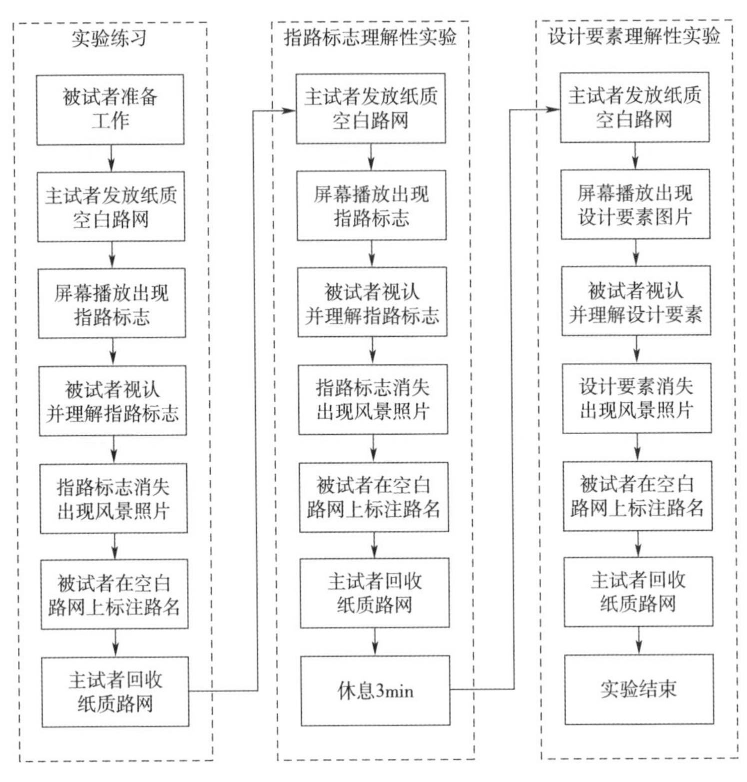

图 3-10　具体实验流程

实 验 标 志　　表 3-6

地　　区	指路标志实例	设计要素	设计要素实例
北京市	东 E 道路7（道路5 道路6） 道 路 1（道路3）　道 路 2（道路4） 道路8	前方路名区	左侧路名区　道路1 道路2　中央图形区　右侧路名区
天津市	道路1　道路2 道路3　道路5 道路4　道路6 南 ◀ 道路7 ▶ 北		左侧路名区　道路7（道路5 道路6）　中央图形区　右侧路名区
保定市	西 道路5 道路6 道路1 道路2　道路3 道路4 道路7　道路8	左右侧路名区	道路3 道路4　前方路名区　中央图形区　道路5 道路6

续上表

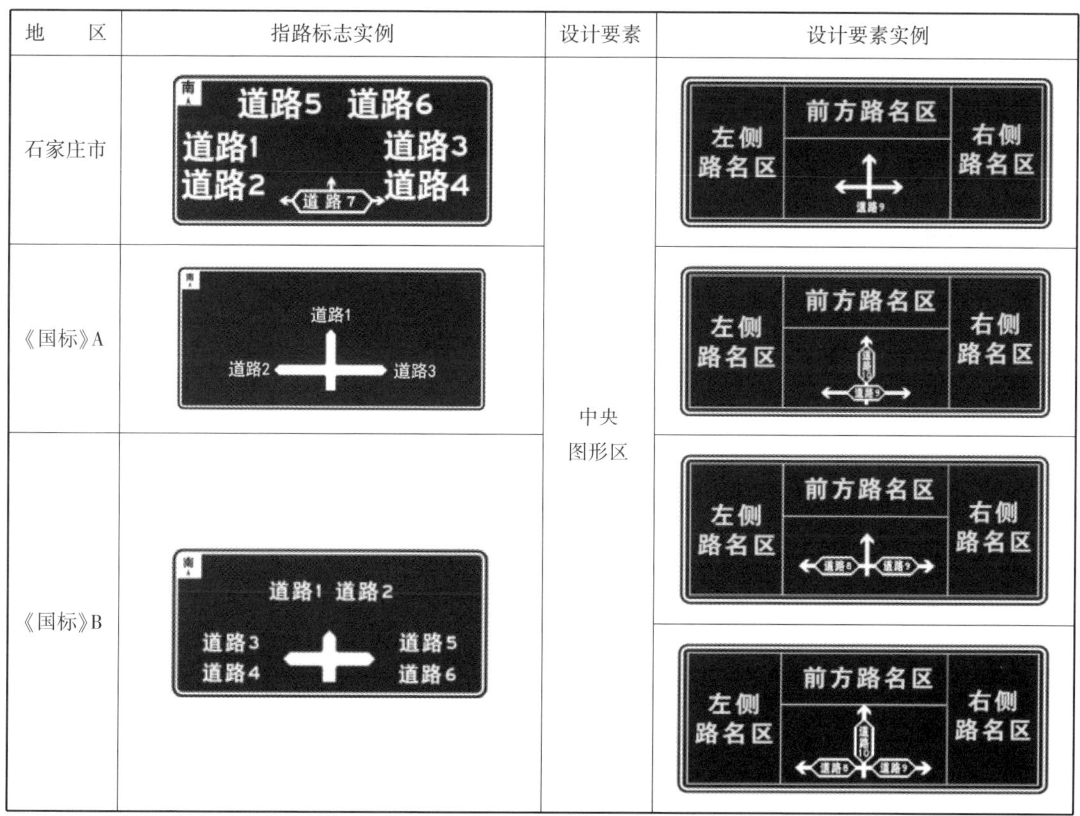

地　　区	指路标志实例	设计要素	设计要素实例
石家庄市		中央图形区	
《国标》A			
《国标》B			

实验结束后，要求被试者认真检查实验材料，比较信息的遗漏或缺失。主试者收集被试者标注了道路信息的实验路网，并统计每个道路信息的正确率和每种标志版面的理解性水平：

$$CR_{\mathrm{jk}}=\frac{\sum_{i=1}^{n}C_{\mathrm{ijk}}}{n}\times 100\% \tag{3-1}$$

式中：CR_{jk}——实验标志 k 上道路信息 j 的标记正确率（理解正确率），量纲为 1，取值介于 0～100%；

C_{ijk}——被试者 i 正确理解并将实验标志 k（表 3-6）上道路信息 j 正确标注在空白实验路网（图 3-10）中位置的频数。当正确标记 j 的位置时，取值 1，否则取值 0；

n——被试者的数量，个。

4. 理解性实验数据分析

根据实验收集到的数据，整理并计算了京津冀地区的平交口指路标志以及各设计要素的理解性水平，统计结果见表 3-7～表 3-9。在京津冀地区，北京市的平交口指路标志的理解性水平最低，为 28.66%；保定市的平交口指路标志理解性水平最高，为 64.77%；其他地区的平交口指路标志理解性水平在 42%～57% 的区间内（表 3-7）。对于平交口指路标志的设计要素，在前方路名区中，根据本实验研究的成果，当前方道路信息按照由远到近的顺序，由上至下排列时，驾驶人的理解性水平最高，达到 83.1%；在左右侧路名区中，当左右侧道路信息按照由近到远的顺序，由上至下排列时，左右侧路名区的理解性水平最高，达到 70.2%

(表3-8)。中央图形区中,内嵌式中央图形的理解性水平明显高于分离式中央图形,其理解性水平均高于85%(表3-9)。

指路标志理解性水平 表3-7

道　　路	国标A	国标B	北京市	天津市	保定市	石家庄市
道路1	78.05%	73.17%	43.90%	70.73%	65.85%	63.41%
道路2	29.27%	24.39%	43.90%	24.39%	31.71%	19.51%
道路3	78.05%	70.73%	24.39%	60.98%	65.85%	63.41%
道路4	26.83%	26.83%	24.39%	24.39%	31.71%	19.51%
道路5	78.05%	70.73%	12.20%	60.98%	78.05%	65.85
道路6	26.83%	26.83%	9.76%	24.39%	24.39%	34.15%
道路7	80.49%	—	43.90%	34.15%	92.68%	82.63%
道路8	—	—	26.83%	—	95.12%	—
道路9	—	—	—	—	97.56%	—
总计	56.79%	48.78%	28.66%	42.86%	64.77%	49.83%

路名区理解性水平 表3-8

路　名　区	版 面 形 式	理解性水平
前方路名区	左侧路名区 道路1 道路2 中央图形区 右侧路名区	31.6%
	左侧路名区 道路7(道路5 道路6) 中央图形区 右侧路名区	32.4%
	左侧路名区 道路1 道路2 中央图形区 右侧路名区	83.1%
左右侧路名区	道路3 道路4 前方路名区 中央图形区 道路5 道路6	70.2%
	道 路 1 (道路3) 前方路名区 中央图形区 道 路 2 (道路4)	44.8%

中央图形区理解性水平 表 3-9

中央图形类别		版面形式	理解性水平
分离式		 前方路名区 左侧路名区 右侧路名区	40.4%
内嵌式	简单路网	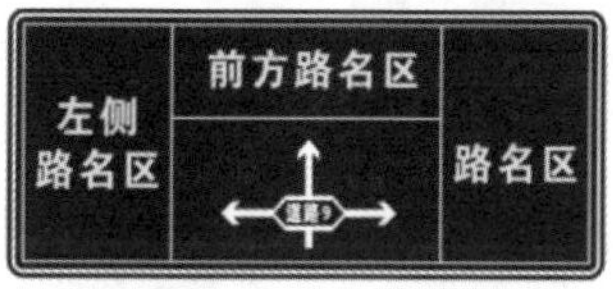 前方路名区 左侧路名区 路名区	86.6%
		 前方路名区 左侧路名区 右侧路名区	90.1%
	复杂路网	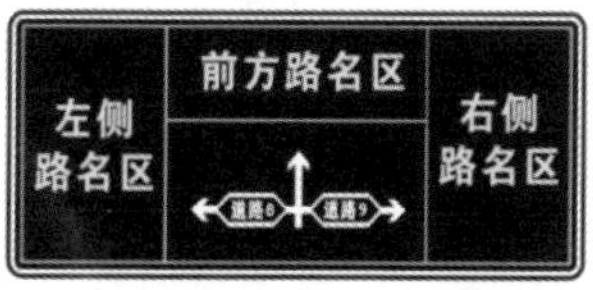 前方路名区 左侧路名区 右侧路名区	88.4%
		 前方路名区 左侧路名区 右侧路名区	92.7%

二、基于理解性的平交路口指路标志优化设计

通过问卷调查的方式对现有指路标志、指示标志、警告标志和禁令标志 4 类共 102 种交通标志进行理解性研究，研究结果表明，将交通标志的理解性水平按照高低分为优、良、中、差四个等级，对应的水平区间分别为[100%，85%)、[85%，65%)、[65%，40%)、[40%，0%]。

根据驾驶人理解性实验的结论，对平交口指路标志的版面信息进行重新设计，依据局部最优的原则，选择各功能区理解性水平最高的指路信息组合，对四个功能区的指路信息排布进行重新组合，形成的标志版面作为本次优化设计的理论最优标志版面，其中内嵌式中央图形的理解性均高于 85%，达到“优”，因此将四种中央图形都认同为最优中央图形，最终形成简单路网下和复杂路网下的版面形式如图 3-11、图 3-12 所示。

试验基于驾驶人理解性的平交口指路标志优化形成四种标志版面。在简单路网下根据前方直行道路信息是否内嵌于中央图形，分为两种标志版面，适用于左、右道路信息相同时的道路网，并将左、右转道路信息内嵌于中央图形。同理，在复杂路网下根据前方直行道路信息是否内嵌在中央图形中，也分成两种版面形式，适用于左、右转道路信息不同时的复杂路网，并将左、右转道路信息内嵌于中央图形中。

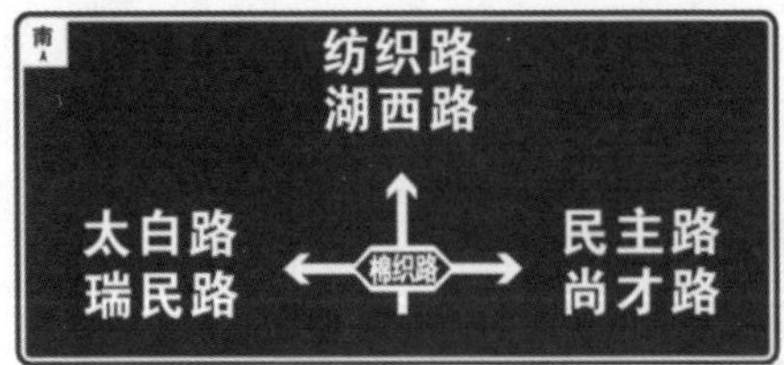

a)中央图形内嵌一个路名

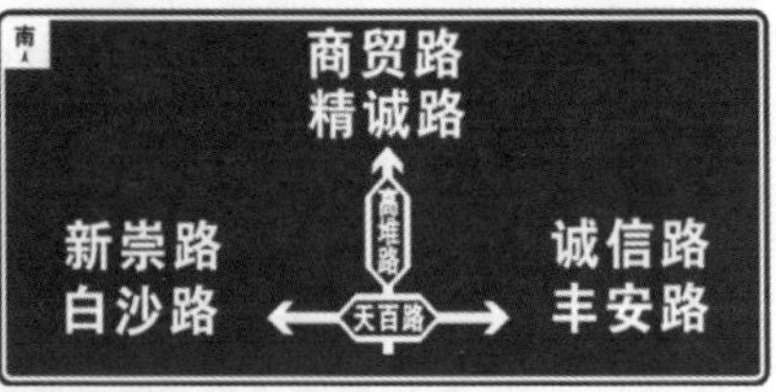

b)中央图形内嵌两个路名

图 3-11　简单路网下标志版面形式

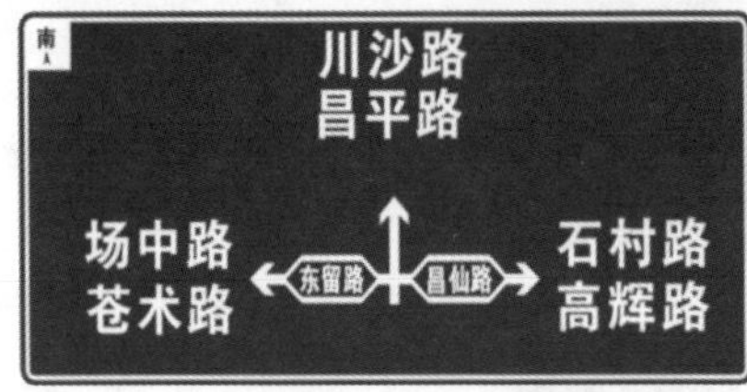

a)中央图形内嵌两个路名

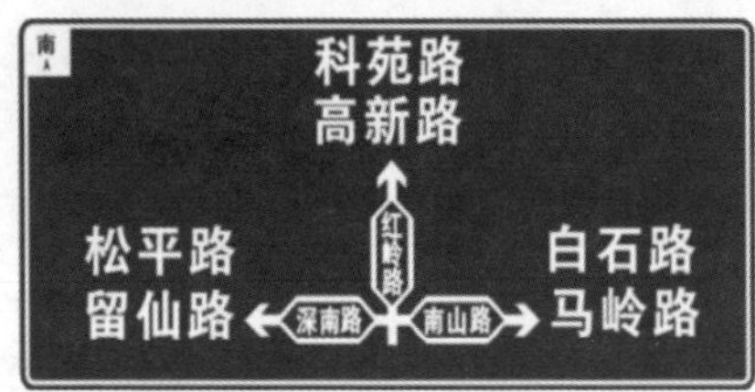

b)中央图形内嵌三个路名

图 3-12　复杂路网下标志版面形式

三、优化设计版面验证

本部分对此次设计得到的四种平交口指路标志的理解性进行验证,通过理解性实验方法,对四种平交口指路标志进行理解性评价,并根据试验结果,选择驾驶人理解性最优的平交口指路标志版面。

1. 验证试验

此次验证试验为理解性实验,采取的实验方法同前文所述,同驾驶人理解性实验相同,被试者基本情况见表 3-4,具体实验流程如图 3-13 所示。

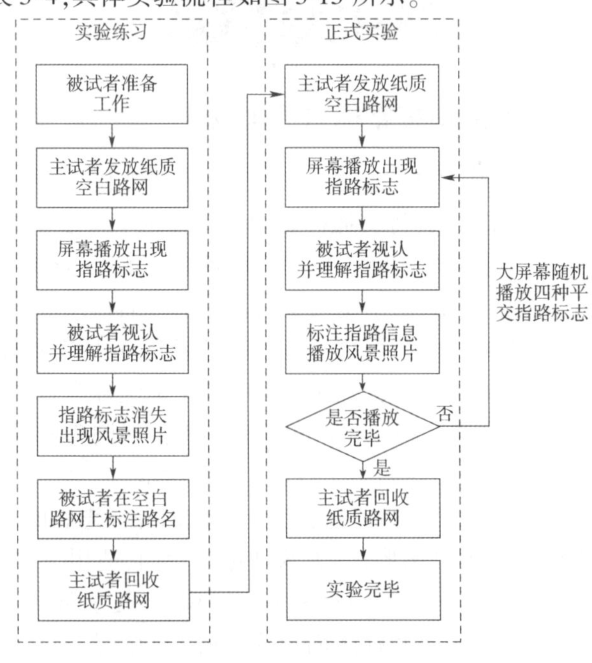

图 3-13　验证实验具体流程

2. 实验结论

根据验证实验收集到的数据,整理并计算了四种平交口指路标志的理解性水平,统计结果见表3-10。

验证实验结果　　表3-10

路网类型	简单路网		复杂路网	
中央图形形式	有直行信息	无直行信息	有直行信息	无直行信息
理解性水平(%)	81.30	73.40	86.10	82
是否最优	是	否	是	否

通过本次平交口指路标志版面设计,指路标志的理解性水平得到提升,其中,复杂路网下,有直行道路信息的中央图形标志版面理解性水平最高,为86.1%。根据相对最优的原则,简单路网下,选择有直行道路信息中央图形的标志版面作为最优版面(图3-14a),同理可选择复杂路网下的最优标志版面形式(图3-14b),并最终作为基于驾驶人理解性的平交口指路标志版面形式。

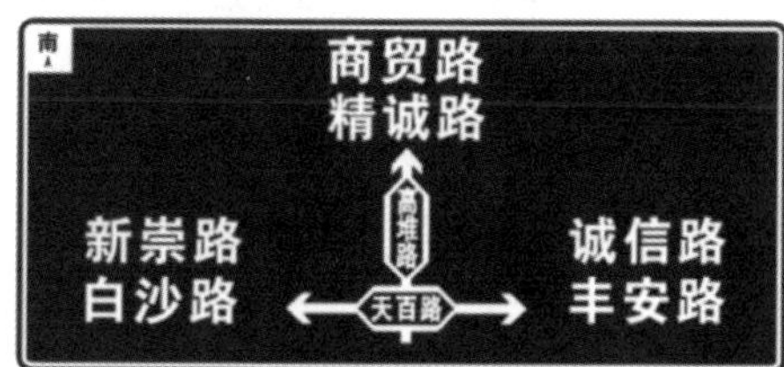

a)简单路网平交口指路标志　　b)复杂路网平交口指路标志

图3-14　基于驾驶人理解性的平交口指路标志版面

第三节　平交口指路标志视认实验

本章第二节中,根据驾驶人的理解性数据,得到了理解性最优的平交口指路标志版面形式。由于标志版面内指路信息数量均为版面满载条件下的路名数,超过了之前研究得到的最大路名数(6个)。因此,需要对本章第二节中得到的标志版面进行驾驶人视认实验,以路名区的路名数为变量,探索驾驶人在不同数量指路信息下的视认特征。

一、实验目的

本次试验的目的是得到平交口指路标志的视认特征,包括视认时间与指路信息数的关系、不同中央图形信息量的量化等。本次试验也为后续平交口指路标志版面信息量阈值研究以及视认模型的建立提供数据支撑。

二、指路标志视认性实验设计

1. 实验设计思路

本实验采用控制变量的方法,以中央图形和指路信息数量为变量,招募驾驶人作为被试者,收集驾驶人相关视认数据,包括视认时间、视认正确率等。

(1)指路信息数量。根据《道路交通标志和标线　第2部分》规定,每个方向指路标志信息不宜超过两个,其规定的道路指示信息不包括中央图形内嵌的指路信息。本实验中提到的路名数均指路名区的路名数,路名数为3～6个。同时为获得中央图形的视认数据,增加不含有路名的简单十字交叉中央图形作为对照组进行实验。实验中使用的标志版面形式见表3-11。

视认试验标志版面　　表3-11

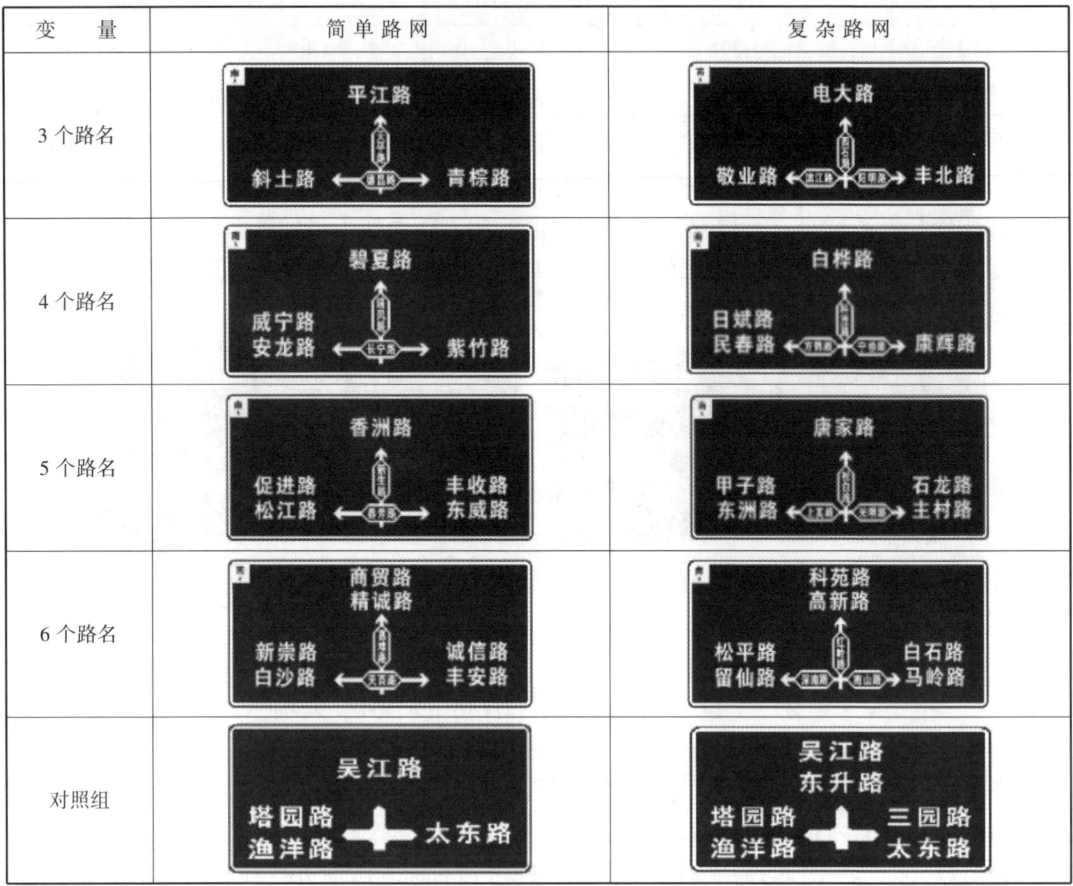

变　量	简单路网	复杂路网
3个路名	平江路 斜土路　青棕路	电大路 敬业路　丰北路
4个路名	碧夏路 威宁路 安龙路　紫竹路	白桦路 日斌路 民春路　康辉路
5个路名	香洲路 促进路　丰收路 松江路　东威路	唐家路 甲子路　石龙路 东洲路　主村路
6个路名	商贸路 精诚路 新崇路　诚信路 白沙路　丰安路	科苑路 高新路 松平路　白石路 留仙路　马岭路
对照组	吴江路 塔园路 渔洋路　太东路	吴江路 东升路 塔园路　三园路 渔洋路　太东路

(2)指路信息视认。为了获得每种标志版面的视认时间,以图3-15所示的简单路网下3个路名数的平交口指路标志为例,由于中央图形内嵌有2个指路信息,因此为了获得该标志版面的视认时间,需要对该版面内的5个指路信息分别进行视认试验,并收集5个视认时间,为了保证驾驶人在一定时间内寻找到需要的道路信息,以最大路名视认时间作为该指路标志版面的视认时间。每种标志版面的视认次数及视认时间由式(3-2)和式(3-3)确定。

$$N = N_1 + N_2 \tag{3-2}$$

式中:N_1——标志版面内路名数;

N_2——中央图形的内嵌路名数。

每种版面的视认时间:

$$T = \max(t_i) \tag{3-3}$$

式中:t_i——指路信息 i 的视认时间。

(3)标志版面数量。本次实验所使用的标志包括试验组和对照组共计10种版面形式，按照目标路名位置的不同共设计91块标志。为了避免异形字体对实验数据的影响，实验标志内道路名称均为简单字体，同时道路名称均为3个字。为了准确获得每个指路信息的视认时间，每个路名是唯一的，即任意两块指路标志内不含有重复道路名称。

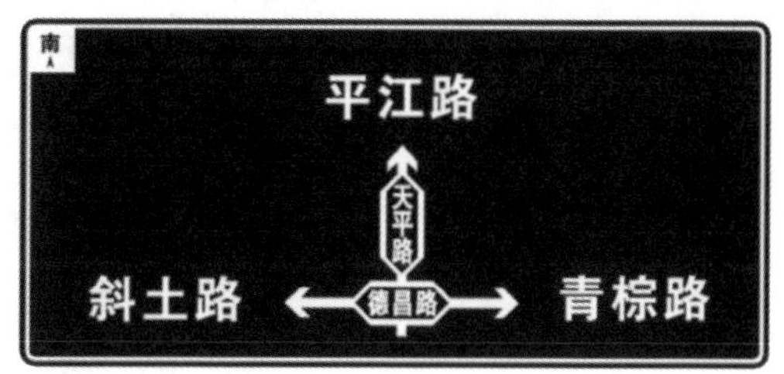

图3-15　简单路网下3个路名数平交口指路标志

2. 实验准备

本次实验需要的设备为：主试者一名、计算机一台（支持Windows7系统或Windows10系统）、投影仪一台、教室一间（作为实验场所使用）、E-prime（Experimenter' sPrime）实验平台一套。

E-prime实验平台作为全球通用的标准化的心理实验生成系统，在全球范围内被广泛应用。目前，E-prime软件已成为国际心理学界通用的标准化心理实验设计软件。本次实验采用E-prime软件对91块指路标志进行试验程序设计，该程序可以通过后台记录各指路标志的视认时间及理解正确率。

3. 被试者招募

本次视认实验共招募被试者47名，其中男性被试者24名，女性被试者23人，男女比例接近为1:1，基本情况见表3-12。

被试者情况统计　　表3-12

性　　别	人数(人)	百分比(%)	年龄均值(岁)	驾龄均值(年)
男	24	51	25.08 ±1.25	3.48 ±1.56
女	23	49	25.00 ±1.65	1.91 ±1.19
总数	47	100	25.04 ±1.44	2.71 ±1.59

三、试验过程

本次试验选用Lenovo X220来运行E-prime实验程序，通过投影仪将实验程序投射在大屏幕上。被试者端坐在屏幕的正前方，根据人机工程学原理确定被试者与屏幕间的距离，提供被试者的最佳视觉环境[式(3-4)]。实验过程中，关闭室内灯光，并保持室内安静，以模拟最佳驾驶效果，如图3-16所示。实验整体流程如图3-17所示。

$$L = \frac{h}{\tan\theta} \tag{3-4}$$

式中：L——被试者的视线与屏幕之间的距离；

h——被试者视线高度到屏幕影像上边缘的高度；

θ——被试者视线高度与屏幕上边缘的夹角。依据人机工程学原理，当时，驾驶人可准确认读标志上的文字，故取8°。

图 3-16　实验现场

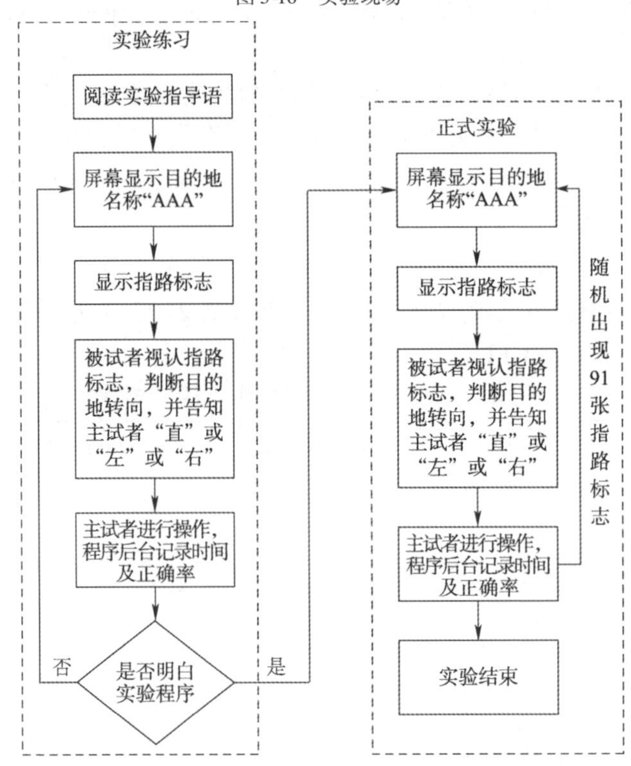

图 3-17　实验流程图

四、实验数据分析

1. 统计分析

本次视认实验共计对 10 种平交口指路标志的版面进行视认，根据目标路名位置不同，每个被试者共计视认 91 个平交口指路标志。试验共收集视认数据 4277 条，采用 SPSS 与 EXCEL 对数据进行处理。首先利用箱图法对视认时间的异常值进行探测与筛选，如图 3-18 所示，共剔除异常数据 179 条，剩余数据 4098 条。通过对数据初步处理可以得到，当目标路名位于不同功能区时，视认时间也具有一定差别，因此对于每种平交口指路标志视认时间的确定,将标志版面内目标路名视认时间最长的一组作为该标志版面下的视认时间,即按照式(3-4) 计算,视认时间统计情况见表 3-13。

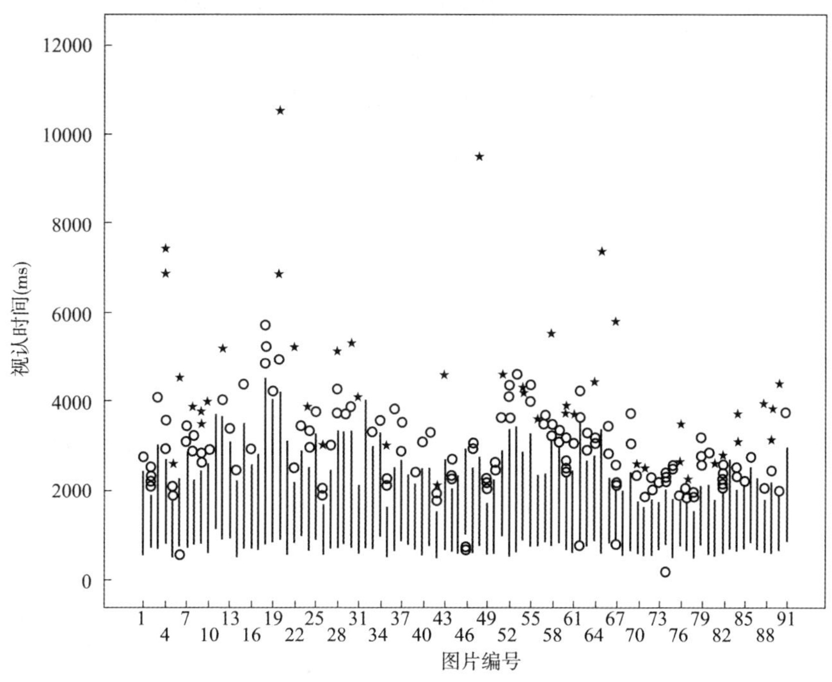

图 3-18　箱图法异常值剔除

视认时间数据统计分析　　表 3-13

路网形式	路名数	样本量	有效率(%)	异常值	样本描述	
					平均值	标准差
复杂路网	3	47	91.49	4	2601.442	393.642
	4	47	93.62	3	2928.136	636.9779
	5	47	95.74	2	3091.444	623.9044
	6	47	93.62	3	3261.523	787.8733
简单路网	3	47	97.87	1	2441.98	456.896
	4	47	97.87	1	2569.84	490.594
	5	47	95.74	2	2872.85	672.558
	6	47	93.62	3	3082.43	583.317
对照路网	3	47	95.74	2	1915.02	303.513
	4	47	93.62	3	2089.27	306.058
	5	47	100.00	0	2332.43	452.38
	6	47	97.87	1	2547.46	556.62

通过对相同路名下不同指路标志版面的视认时间对比分析可知,当路名区含有相同路

名数时，对照组指路标志、简单路网指路标志、复杂路网指路标志的视认时间呈递增趋势。对照组指路标志因含有简单十字交叉中央图形，视认时间最小，简单路网下指路标志视认时间次之。复杂路网下，因含有内嵌三个路名的中央图形，视认时间最长。

对简单路网和复杂路网下指路标志版面内各目标路名的视认时间分别进行分析，得到视认时间统计表（表3-14、表3-15）。当目标路名处于前方路名区时，标志的视认时间最短；当目标路名处于中央图形区时，指路标志的视认时间最长；左侧路名区时的视认时间短于右侧路名区的视认时间。

简单路网下视认时间 表3-14

<table>
<tr><th>路 名 数</th><th colspan="2">目 标 位 置</th><th>视认时间(ms)</th><th>标 志 图 例</th></tr>
<tr><td rowspan="5">3</td><td rowspan="3">路名区</td><td>道路一</td><td>2163.11</td><td rowspan="5">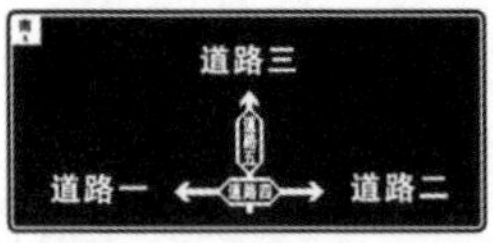
</td></tr>
<tr><td>道路二</td><td>2214.65</td></tr>
<tr><td>道路三</td><td>1863.08</td></tr>
<tr><td rowspan="2">中央图形区</td><td>道路四</td><td>2441.98</td></tr>
<tr><td>道路五</td><td>2355.11</td></tr>
<tr><td rowspan="6">4</td><td rowspan="4">路名区</td><td>道路一</td><td>2096.15</td><td rowspan="6">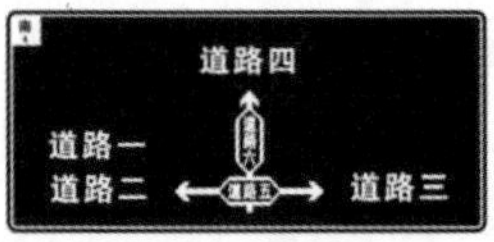
</td></tr>
<tr><td>道路二</td><td>1979.3</td></tr>
<tr><td>道路三</td><td>2003.37</td></tr>
<tr><td>道路四</td><td>1666.54</td></tr>
<tr><td rowspan="2">中央图形区</td><td>道路五</td><td>2011.62</td></tr>
<tr><td>道路六</td><td>2569.84</td></tr>
<tr><td rowspan="7">5</td><td rowspan="5">路名区</td><td>道路一</td><td>2104.06</td><td rowspan="7">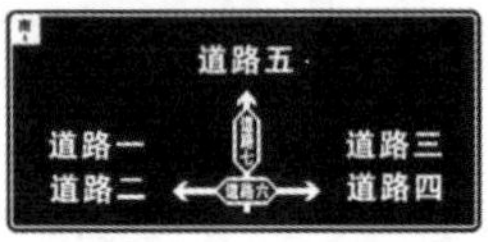
</td></tr>
<tr><td>道路二</td><td>2468.61</td></tr>
<tr><td>道路三</td><td>2515.99</td></tr>
<tr><td>道路四</td><td>2675.85</td></tr>
<tr><td>道路五</td><td>2003.92</td></tr>
<tr><td rowspan="2">中央图形区</td><td>道路六</td><td>2865.49</td></tr>
<tr><td>道路七</td><td>2872.85</td></tr>
<tr><td rowspan="8">6</td><td rowspan="6">路名区</td><td>道路一</td><td>2340.27</td><td rowspan="8">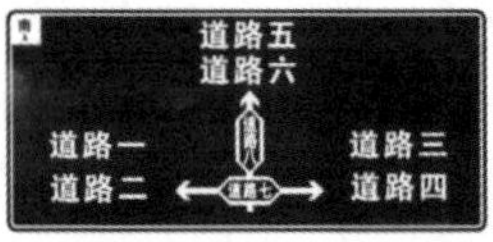
</td></tr>
<tr><td>道路二</td><td>2454.84</td></tr>
<tr><td>道路三</td><td>2347.61</td></tr>
<tr><td>道路四</td><td>2449.96</td></tr>
<tr><td>道路五</td><td>2159.88</td></tr>
<tr><td>道路六</td><td>2277.32</td></tr>
<tr><td rowspan="2">中央图形区</td><td>道路七</td><td>2726.33</td></tr>
<tr><td>道路八</td><td>3082.43</td></tr>
</table>

复杂路网下视认时间 表3-15

路 名 数	目 标 位 置		视认时间(ms)	标 志 图 例
3	路名区	道路一	1912.07	
		道路二	2143.74	
		道路三	1773.83	
	中央图形区	道路四	2601.44	
		道路五	2244.91	
		道路六	2527.7	
4	路名区	道路一	2141.566	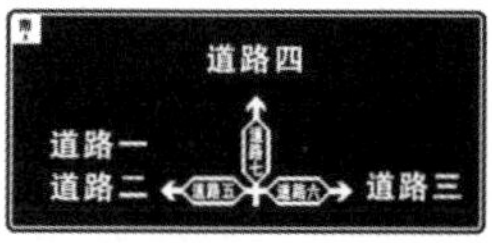
		道路二	2381.416	
		道路三	2603.266	
		道路四	2022.996	
	中央图形区	道路五	2928.136	
		道路六	2614.556	
		道路七	2894.116	
5	路名区	道路一	2280.454	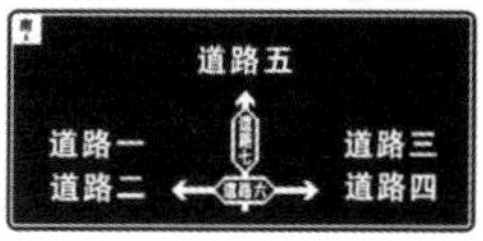
		道路二	2503.094	
		道路三	2295.834	
		道路四	2247.734	
		道路五	1965.634	
	中央图形区	道路六	2638.094	
		道路七	2971.174	
		道路八	3091.444	
6	路名区	道路一	2234.653	
		道路二	2510.703	
		道路三	2708.393	
		道路四	2271.853	
		道路五	2089.523	
		道路六	2207.403	
	中央图形区	道路七	2866.913	
		道路八	3261.523	
		道路九	3080.563	

2. 方差分析

对不同路名数情况下，被试者对指路标志的视认时间数据进行方差分析。结果显示：在95%的置信区间内，简单路网下[$F(4,181)=12.192$，$p=0.00<0.05$]呈现显著性；复杂路

网下[$F(4,176)=8.729$, $p=0.00<0.05$]也呈现出显著性；每种路名数的情况下，被试者的视认时间表现出显著性差异。为了探究指路标志不同路名数与视认时间的交互关系，进行多重比较分析，分析结果见表3-16、表3-17。

简单路网下不同路名数指路标志视认时间多重比较 表3-16

路名数	路名数	均值差	标准差	显著性	95%置信区间	
					下限值	上限值
3	4	-127.866	116.846	0.275	-358.46	102.72
	5	-430.870	116.202	0	-660.19	-201.55
	6	-640.454	117.515	0	-872.36	-408.54
4	3	127.866	116.846	0.275	-102.72	358.46
	5	-303.003	116.846	0.01	-533.59	-72.41
	6	-512.587	118.151	0	-745.75	-279.42
5	3	430.870	116.202	0	201.55	660.19
	4	303.003	116.846	0.01	72.41	533.59
	6	-209.584	117.515	0.076	-441.49	22.33
6	3	640.454	117.515	0	408.54	872.36
	4	512.587	118.151	0	279.42	745.75
	5	209.584	117.515	0.076	-22.33	441.49

复杂路网下不同路名数指路标志视认时间多重比较 表3-17

路名数	路名数	均值差	标准差	显著性	95%置信区间	
					下限值	上限值
3	4	-326.6945	134.6068	0.016	-592.389	-61
	5	-490.0026	133.8656	0	-754.233	-225.772
	6	-660.0809	134.6068	0	-925.775	-394.387
4	3	326.6945	134.6068	0.016	61	592.389
	5	-163.3081	133.0854	0.221	-425.999	99.383
	6	-333.3864	133.831	0.014	-597.549	-69.224
5	3	490.0026	133.8656	0	225.772	754.233
	4	163.3081	133.0854	0.221	-99.383	425.999
	6	-170.0783	133.0854	0.203	-432.769	92.613
6	3	660.0809	134.6068	0	394.387	925.775
	4	333.3864	133.831	0.014	69.224	597.549
	5	170.0783	133.0854	0.203	-92.613	432.769

在简单路网条件下，结果显示当路名区含有三个路名、四个路名的平交口指路标志与五

个路名、六个路名的平交口指路标志视认时间均值差具有显著性，即五个路名与六个路名的指路标志需要更多的视认时间，并且这一时间突破了三个路名与四个路名指路标志视认时间的平均增长率。图 3-19 所示为简单路网下指路标志路名数与视认时间的关系，可以看到四个路名之后，指路标志的视认时间发了突变，这也证明了这一点。因此，当中央图形为内嵌两个路名时，可以将路名区含有四个路名对应的指路标志，作为简单路网下平交口指路标志信息量的临界值。

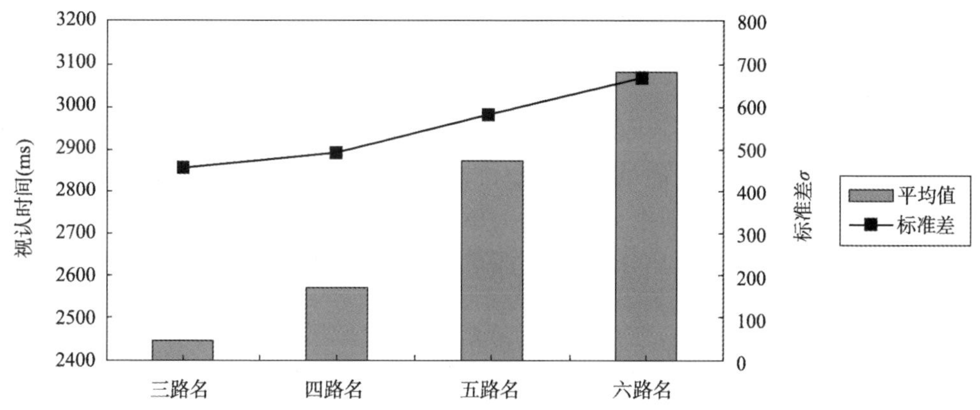

图 3-19 简单路网下不同路名数与视认时间的关系

在复杂路网条件下，路名区含有三个路名的指路标志与含有四个路名、五个路名、六个路名的指路标志相比，其视认时间均值差具有显著性，即当路名数大于三时，指路标志的视认时间会随着路名数的增加呈现非线性增长，且在路名数大于三个时，指路标志的视认时间会产生突变，如图 3-20 所示。

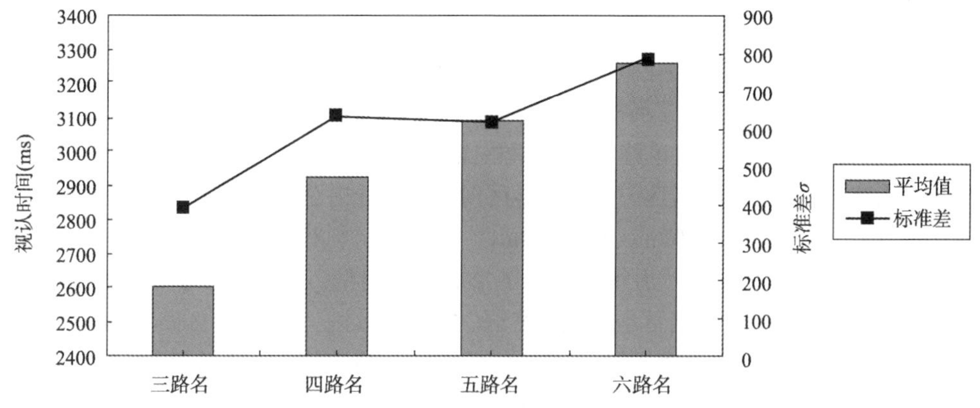

图 3-20 复杂路网下不同路名数与视认时间的关系

通过以上分析，简单路网下指路标志的视认时间为路名区含有四个路名指路标志的视认时间，复杂路网指路标志的视认时间为路名区含有三个路名指路标志的视认时间。在试验中，由于被试者的操作在理解指路标志视认后进行，因此，反应时间中包含了心理学上所称的手动反应时间(211ms)，该时间在本研究中被认为是人为因素误差后除去该误差，得到简单路网和复杂路网下的指路标志的视认时间分别是 2359ms、2390ms。

第四节　基于视认特征的指路标志优化设计

本章第三节得到简单路网下与复杂路网下平交口指路标志的最大视认时间,本节对平交口指路标志的视认数据进一步分析,根据目标指路信息在不同功能区的视认时间数据,建立驾驶人的视认模型,提出平交口指路标志的设计原则,依据该原则,得到适用于京津冀地区城市的道路平交口指路标志版面形式。

一、平交口指路标志视认特征分析

本视认实验使用的平交口指路标志有三种,包括实验组与对照组(表 3-18)。实验组包括中央图形为内嵌两个路名的简单路网平交口指路标志、中央图形为内嵌三个路名的复杂路网平交口指路标志,对照组即中央图形为简单十字图案的平交口指路标志。本节通过对各版面形式的视认数据进行对比分析,得到简单路网和复杂路网下平交口指路标志的视认特征。

视认实验使用指路标志　　表 3-18

实　验　组		对　照　组
简单路网	复杂路网	

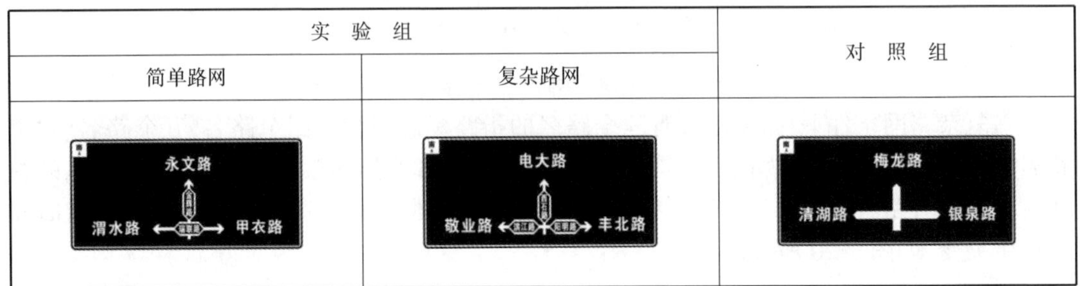

1. 简单路网平交口指路标志视认特征

根据实验数据分析,当目标路名位于不同位置时,指路标志的视认时间表现出较大差异性。

以路名区有三个路名的简单路网平交口指路标志为例(图 3-21),当目标路名位于前方路名区、左侧路名区、右侧路名区、中央图形区时,平交口指路标志的视认时间均值分别是1353.02ms、1446.72ms、1534.02ms、2230.98ms。因此可以判断驾驶人在视认指路标志时,会优先视认路名区的指路信息,然后视认中央图形区的指路信息,驾驶人的视认顺序按照先后排列为:前方路名区、左侧路名区、右侧路名区、中央图形区。对路名区路名数量为三、四、五、六的指路标志各功能区的视认时间进行分析,在路名区的视认数据中,当目标信息位于右侧路名时,视认时间最长,为保证驾驶人能够获取所需道路信息,将右侧路名区的视认时间作为路名区的视认时间。当路名区路名数为三时,路名区的视认时间为 1534.02ms,平均每个路名的视认时间为 511.34ms。按照式(3-5)计算得到:路名区路名数量为三、四、五、六时,各指路标志视认时间均值与路名区视认时间均值的差值分别为 684.87ms、710.68ms、693.86ms、698.39ms,均值差值为 696.96ms。因此简单路网下平交口指路标志中央图形的视认时间为 696.96ms,大约相当于 1.36 个路名的视认时间。

$$E_i = X_i - F_i \tag{3-5}$$

式中：E_i——指路标志视认时间与路名区视认时间的差值，ms；

X_i——指路标志的视认时间，ms；

F_i——指路标志路名区的视认时间，ms；

i——路名区路名数量。

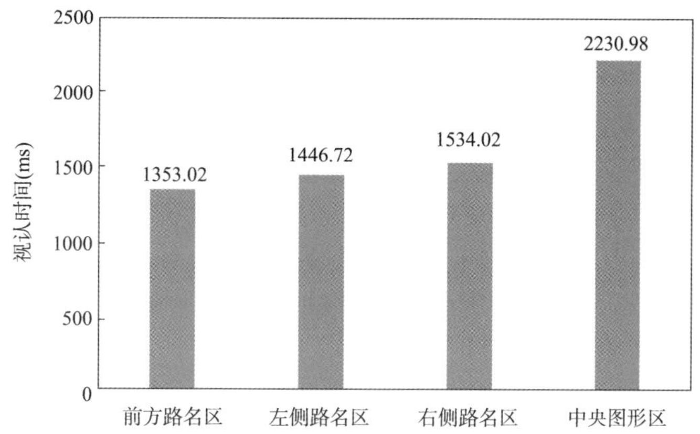

图 3-21　目标路名不同位置的视认时间（路名区有三个路名的简单路网）

2. 复杂路网平交口指路标志视认特征

对复杂路网下平交口指路标志的视认时间进行分析，同样以路名区路名数为三的平交口指路标志为例，当目标路名位于前方路名区、左侧路名区、右侧路名区、中央图形区时，视认时间分别为 1331.83ms、1454.32ms、1570.07ms、2390.44ms，如图 3-22 所示。

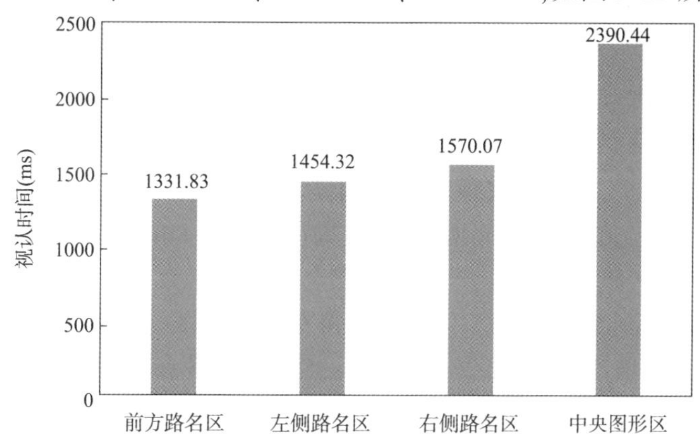

图 3-22　目标路名不同位置的视认时间（路名区三个路名的复杂路网）

通过对路名区数量为三、四、五、六时的平交口指路标志进行数据分析，可得，复杂路网下，驾驶人对指路标志各设计要素的视认顺序按照先后排列为：前方路名区、左侧路名区、右侧路名区、中央图形区。路名区路名数量为三时，路名的平均视认时间为 523.36ms，通过式(3-5) 计算得到，当路名区数量为三、四、五、六时，复杂路网下平交口指路标志中央图形的视认时间分别为 805.72ms、836.08ms、816.29ms、821.62ms，视认时间均值为 819.93ms，视认时间相当于 1.57 个路名的视认时间。

通过以上分析可知，简单路网和复杂路网下，驾驶人对于平交口指路标志的视认规律基本相同，视认顺序安排先后顺序排列为：前方路名区、左侧路名区、右侧路名区。路名区路名信息的视认时间均值分别为511.34ms、523.36ms。简单路网平交口指路标志中央图形的视认时间相当于1.36个路名的视认时间，复杂路网下为1.57个路名。

二、平交路口指路标志视认模型

当各路名区的路名数为一时，路名区路名的平均视认时间均值约为500ms。由于各路名区最多可排列两个路名，本节以各路名区的路名数为变量，探索指路标志与各路名区路名数的内在关系，以获得指路标志的视认模型。通过本章第三节研究得到，简单路网和复杂路网下，平交口指路标志的最大视认时间分别是2359ms和2390ms，将此视认时间分别作为各路网条件下平交口指路标志的视认时间阈值。为了使驾驶人在视认平交口指路标志的过程中，能及时有效地掌握道路信息，在各功能区内平交口指路标志应合理地排列道路信息。若标志版面信息量过载，将会导致驾驶人不能有效视认道路信息。因此，在进行指路标志设计时，各功能区的视认时间总和不能超过平交口指路标志的最大视认时间：

$$A_i + B_i + C_i + D_i \leq T_{\max} \tag{3-6}$$

式中：A_i——前方路名区含有 i 个路名时的视认时间，ms；

B_i——左侧路名区含有 i 个路名时的视认时间，ms；

C_i——右侧路名区含有 i 个路名时的视认时间，ms；

D_i——中央图形的视认时间，ms；

i——路名区路名个数，等于1或2；

$T_{\max}$——指路标志的最大视认时间，ms。

1. 简单路网视认模型

简单路网下，平交口指路标志各路名区含有一个路名时，路名区路名的平均视认时间为511.34ms，通过数据分析，若保持其他功能区内路名数不变，当前方路名区的路名数由一个增加到两个时，指路标志的视认时间增长，增量均值为127.86ms，可以认定该视认时间增量是由于前方路名区路名数增加导致，即当前方路名区的路名数由一个增加到两个时，其视认时间由511.34ms增加到639.20ms。同理可求得左侧路名区与右侧路名区的路名数增加到两个时，视认时间分别增加至720.92ms和814.35ms。将各参数代入式(3-6)，可以得到简单路网下平交口指路标志的离散视认模型[式(3-7)]，模型中各参数取值见表3-19。通过以上分析，增加前方路名区的路名数，其引起的视认时间增量最小；增加右侧路名区路名数，其引起的视认时间增量最大。

$$A_i + B_i + C_i + 696.9 \leq 2359 \tag{3-7}$$

各路名区视认时间(简单路网) 表3-19

路名数	视认时间(ms)		
	前方路名区(A)	左侧路名区(B)	右侧路名区(C)
$i=1$	511.34	511.34	511.34
$i=2$	639.2	720.92	814.35
视认时间增量(ms)	127.86	209.58	303.01

由上述指路标志视认模型[式(3-7)]计算可得，当路名区路名数超过四个时，指路标志的视认时间将超过平交口指路标志最大视认时间。因此简单路网下，平交口指路标志路名数有三个路名、四个路名两种情况。简单路网下平交口指路标志的设计原则如下。

(1)情况一。指路标志含有三个路名，各路名区均含有一个路名。前方路名区内路名信息为直行相交道路信息，左侧路名区内路名信息为左转相交道路信息，右侧路名区内路名信息为右转相交道路信息。中央图形内嵌两个路名，竖向路名为直行道路信息，横向路名为左右转道路信息。标志版面如图3-23a)所示。

(2)情况二。指路标志含有四个路名。由指路标志视认模型[式(3-7)]计算可得，当前方路名区内含有两个路名时，指路标志的视认时间不超过简单路网下最大视认时间，当左侧路名区、右侧路名区增加路名时，指路标志的视认时间将超过最大视认时间。因此指路标志含有四个路名时，前方路名区按照直行相交道路信息由远至近的顺序由上至下排列，左侧路名区与右侧路名区各标注一个道路信息，路名所指道路信息同情况一，中央图形同情况一。标志版面如图3-23b)所示。

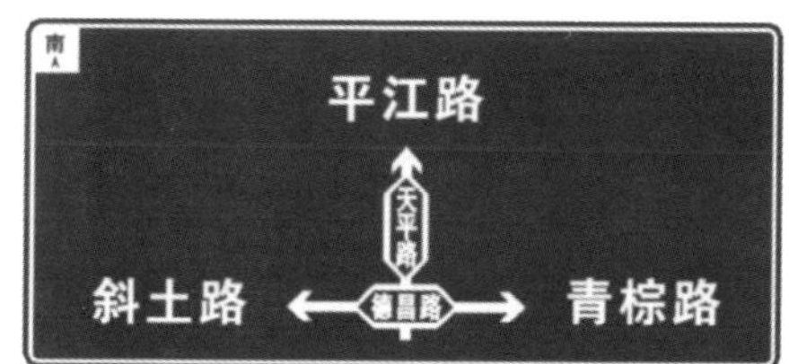

a)三个路名平交口指路标志

b)四个路名平交口指路标志

图3-23 简单路网下平交口指路标志版面形式

2.复杂路网视认模型

复杂路网下，当平交口指路标志各路名区含有一个路名时，路名的平均视认时间为523.36ms。同理，通过数据分析，若保持其他功能区内路名数不变，当前方路名区的路名数由一个增加到两个时，指路标志的视认时间增长，增量均值为163.31ms，可以认定该视认时间增量是由于前方路名区路名数增加导致，即当前方路名区的路名数由一个增加到两个时，前方路名区的视认时间由523.36ms增加到686.67ms。同理可求得左侧路名区与右侧路名区的路名数增加到两个时，视认时间分别增加至693.44ms和850.05ms。将各参数代入式(3-6)可以得到复杂路网下平交口指路标志的离散视认模型[式(3-8)]，模型中各参数取值见表3-20。

$$A_i + B_i + C_i + 819.93 \leq 2390 \tag{3-8}$$

各路名区视认时间(复杂路网) 表3-20

路名数	视认时间(ms)		
	前方路名区(A)	左侧路名区(B)	右侧路名区(C)
$i=1$	523.36	523.36	523.36
$i=2$	686.67	693.44	850.05
视认时间增量(ms)	163.31	170.08	326.69

根据指路标志视认模型[式(3-8)]计算可得,当路名区路名数超过三个时,指路标志的视认时间将超过平交口指路标志最大视认时间。因此复杂路网下,平交口指路标志的最大路名数为三个。复杂路网下平交口指路标志的设计原则如下:指路标志含有三个路名,各路名区均含有一个路名。前方路名区内路名信息为直行相交道路信息,左侧路名区内路名信息为左转相交道路信息,右侧路名区内路名信息为右转相交道路信息。中央图形内嵌三个路名,竖向路名为直行道路信息,横向路名为左右转道路信息。标志版面如图3-24所示。

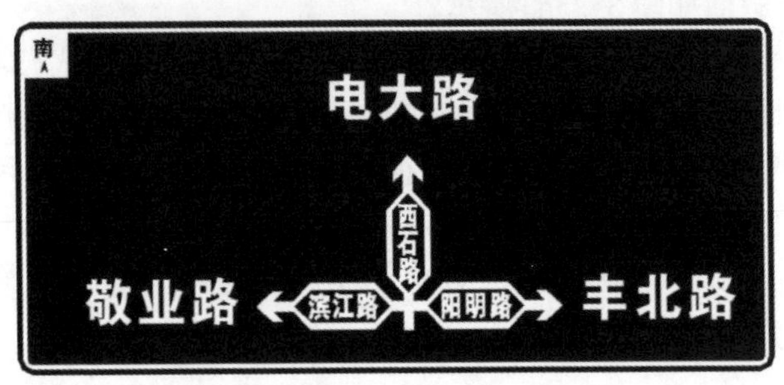

图3-24　复杂路网下平交口指路标志版面形式

三、模型验证

为了验证视认模型的精确性,在进行指路标志视认实验时,增加了验证组标志,标志版面中央图形为不含路名的简单十字交叉指路标志。验证组共四种版面形式,路名数分别为三、四、五、六个。对于四个路名的指路标志,其右侧路名区为两个路名,其他路名区为一个路名;对于五个路名的指路标志,其左侧与右侧路名区各含两个路名,前方路名区含有一个路名。标志版面见表3-21。

验证组实验标志　　表3-21

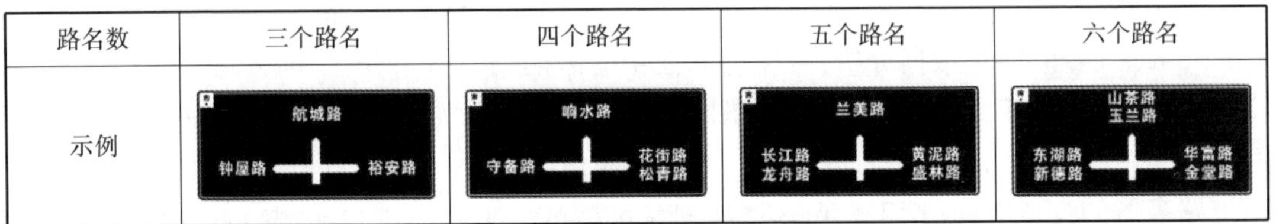

路名数	三个路名	四个路名	五个路名	六个路名
示例	航城路 钟屋路　裕安路	响水路 守备路　花街路 松青路	兰美路 长江路 龙舟路　黄泥路 盛林路	山茶路 玉兰路 东湖路 新德路　华富路 金堂路

试验时,被试者对指路标志路名区内道路信息分别视认,验证组指路标志共计视认18个路名信息,因此共18块指路标志被视认,为确保视认数据的精确性,每块指路标志的路名是唯一的。被试者共47名,实验流程同本章第三节指路标志视认试验。通过对验证组指路标志视认数据分析得到:指路标志路名数为三、四、五、六时,视认时间分别为1554.02ms、1878.27ms、2071.43ms、2216.46ms。对验证组简单路网和复杂路网下指路标志的视认时间按照式(3-9)进行计算。验证结果见表3-22。

$$T_j = A_i + B_i + C_i \tag{3-9}$$

式中:T_j——指路标志路名区视认时间,ms;

j——指路标志路名数,等3、4、5或6;

A_i——前方路名区含有i个路名时的视认时间,ms;

B_i——左侧路名区含有 i 个路名时的视认时间，ms；
C_i——右侧路名区含有 i 个路名时的视认时间，ms；
i——路名区路名个数，等于 1 或 2。

模型验证数据　表 3-22

路　名　数	视认时间(ms)		
	简单路网标志	复杂路网标志	验证标志
三个路名	1534.02	1570.07	1554.02
四个路名	1837.03	1896.76	1878.27
五个路名	2046.61	2094.33	2071.43
六个路名	2174.47	2230.15	2216.46

验证结果表明，在路名数为三个、四个、五个、六个的情况下，简单路网平交口指路标志与验证指路标志的视认时间均值差分别为 20ms、41.24ms、24.82ms、41.99ms，复杂路网下平交口指路标志与验证指路标志的视认时间均值差分别为 16.05ms、18.49ms、22.90ms、13.69ms。模型精确度按式(3-10)计算，计算结果为：简单路网与复杂路网下，指路标志视认模型精确度分别为 98.32%、97.07%。因此可以得到，图 3-23 和图 3-24 所示的平交口指路标志为简单路网和复杂路网下最优标志版面形式。

$$\alpha = \frac{\sum_{j=3}^{6} \frac{|T_j - t_j|}{T_j}}{4} \tag{3-10}$$

式中：α——指路标志视认模型精确度，0 ~ 100%；
T_j——指路标志路名区视认时间，ms；
t_j——验证组指路标志视认时间，ms；
j——指路标志路名数，等于 3、4、5 或 6。

第四章　车道行驶方向标志合理前置距离设置研究

第一节　基于认知心理学的交通标志视认性理论基础

一、认知心理学基础理论及实验方法

在经典认知心理学范式及信息加工范式中，研究者认为绝大多数认知过程都是由一系列相继进行的加工阶段组成。当刺激呈现时，先进行基本的知觉加工；然后是把加工后的信息传输到短时记忆；最后，通过复述使短时记忆信息保持并向长时记忆传输。这一系列过程的最主要特征是需要一定的时间完成各个阶段，因此，研究者认为探测认知机制的最主要手段之一为测量处理信息所需时间（即反应时间）。

反应时间（Reaction Time，RT）是指刺激到反应之间的时间，即反应的潜伏时间。它代表了从刺激输入到中枢加工，再到反映输出的全部过程所需时间。反应时间一般包括几部分，即刺激引起感官活动的时间、神经冲动经由神经传递的时间、大脑加工活动及效应器官接受冲动做出反应等所耗费的时间，其中以大脑活动占时最长。反应时间测量有两个用途：第一，作为熟练性指标，人们对一件工作越精通时完成得越快，即反应时间越短；第二，作为复杂性指标，以表示产生行为结果的内部过程复杂程度，因为内部过程越复杂，其实现过程所消耗的时间便越长。正是由于反应时间的第二个特点，测定反应时间成为认知心理学研究人类信息加工的一种基本方法。应用反应时间记录法，不仅能推测人的信息加工的过程，而且能推测认知的内部结构，即知识的表征。除此之外，信号检测论、眼动记录法和口头报告法也是研究信息加工过程的有力手段。本章采用口头报告法对信息认知过程进行探测。

口头报告法是通过分析研究对象口头陈述自己心理活动，收集有关数据资料的一种方法。它的基本做法为：让被试者在从事某种活动（如解数学题）的同时或刚刚完成某种活动后，将自己在头脑中进行的思维活动进程、各种心理操作等通过口头方式报告；并记录他们的口头陈述，接着按一定程序对其进行分析，然后据此揭示被试者心理活动的过程及其规律。在心理和教育科学的研究中，口头报告法特别适合于研究被试者认知活动的实际过程和特点。口头报告法的适用范围广泛，可应用于目的各异的众多研究，它既可用于补充、说明其他数据，还可用于检验有关假设，建立人类认知加工过程的心理模型。

二、基于认知心理学的短时记忆

短时记忆是指在1min内进行加工编码脑中信息的记忆。短时记忆中的信息是来自感觉被操作、加工的记忆信息，因此，短时记忆是操作性的活动记忆。仅被加工处理和编码后的信息能被转入长时记忆中存储，否则将被遗忘。在无复述的情况下，短时记忆中的信息保持时间一般只有5～20s，最长也不超过1min，而且短时记忆的容量有限。近一个世纪以来，人们运用点阵、豆子、无意义音节、数字、单词以及字母等刺激材料进行各类实验，得出了一致结果：短时记忆的限量为7个单元。

三、驾驶人处理标志信息结构模型

道路交通标志作用是向驾驶人或其他道路使用者传递信息，这个传递信息的过程是：检测-识别-理解。驾驶人可从理解为一个有思维、能总结经验并不断改善自己的智能系统。传统的驾驶人行为认知过程描述过于简单，它是依据对人行为的刺激-机体-反应经典模式的拓展，将驾驶行为分为三个阶段，即感知阶段、判断决策阶段和动作阶段，而不对驾驶人这样一个复杂实体的头脑思维过程进行较细致的分析。本节根据认知心理学原理，从驾驶人感知觉、注意、记忆等特征出发，通过对驾驶人的适应性分析，得出驾驶人处理交通标志等信息的结构模型，如图4-1所示。

该模型包括五个主要的模块，在图4-1中用虚框表示，分别为交通标志信息获取模块1、信息处理模块2、信息输出模块3、操作执行模块4、约束模块5。从图4-1中可以看出以下几点。

(1)行驶在道路系统中的驾驶人接受来自外界的各种信息，其中包括道路信息(如交通标志信息、道路状况)、其他车辆的信息(如前车或后车的行驶状态)，环境信息(如能见度、环境污染)等，这些信息通过感觉器官刺激(主要是视力和听觉)传入驾驶人的中枢神经。

(2)驾驶人在感知信息的基础上，将当前的情景与心理中的情景相匹配，并做出判断，这个判断可能是经过深思熟虑的，也可能是由于条件反射而产生。实际上，驾驶人对交通标志信息对处理过程由三种加工方式并行，输出的三种判断方案进入比较器进行竞争选择，从而得出最佳决策方案，这三种方式处理过程的区别见表4-1。例如：当车辆遇到让路标志时，会在路口自动减速，无需驾驶人消耗太多的时间进行判断，但是如果道路情况较复杂或是交通标志显示的信息过多，超过驾驶人用于执行任务的、有限的能量或资源，那么驾驶人就会忽略交通标志的信息，甚至判断失误。

(3)驾驶人依据判断决策而产生一系列的驾驶操作来完成其预期动作，并反应到手、脚来对汽车的运行情况进行控制，主要是加速、制动、转向等，而且动作反应的结果会反馈到整个系统中。同时驾驶人仍在不断接受道路和环境信息，调节自身驾驶状态以适应新的道路环境信息，确保汽车操纵的稳定性、可靠性和安全性。

(4)在驾驶人对交通标志的认知过程中，各个环节始终受到驾驶人主观环境的影响，如对认知环境的了解程度，对认知对象的熟悉程度，以及自身的一些思维规律、特性、驾驶动机等。

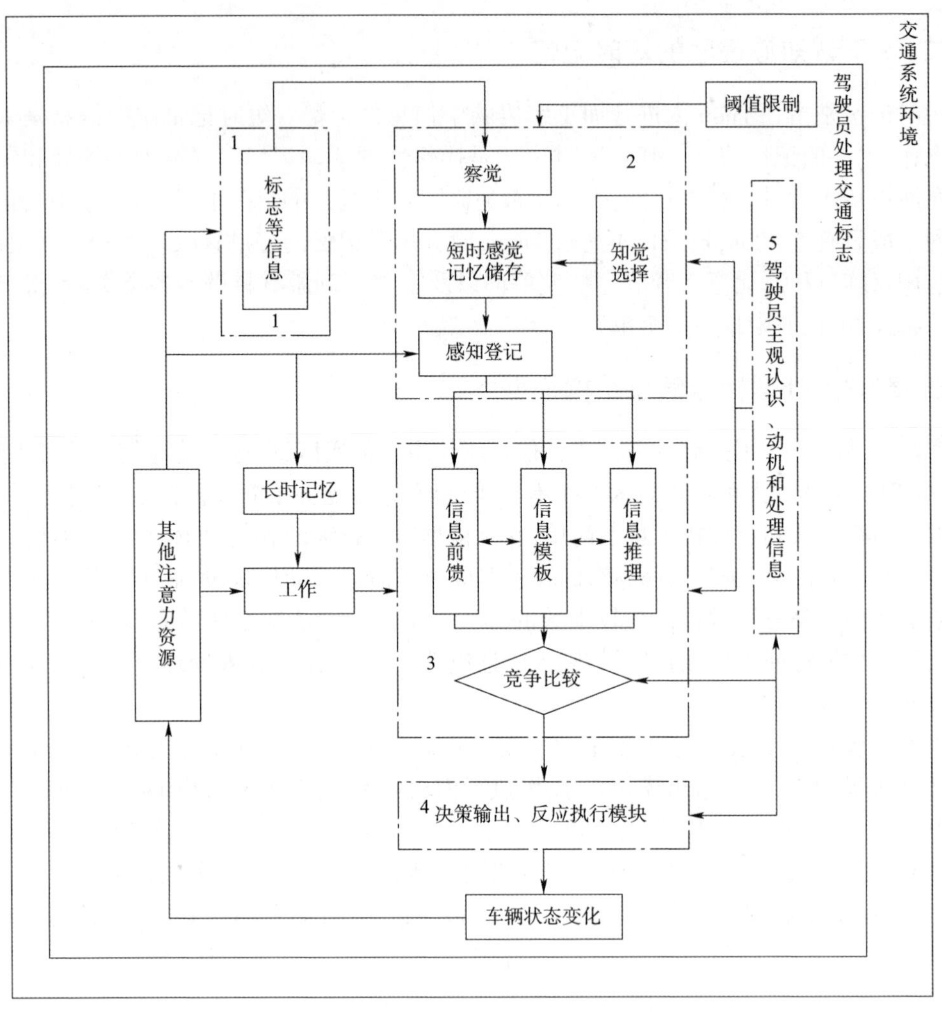

图 4-1　驾驶人对交通标志的认知模型

驾驶人三种信息加工方式的区别　　表 4-1

处理方式	特点	需要注意资源量	需要记忆资源量	处理速度	准确度
前馈处理方式	利用直觉和条件反射，直接输出判断信息	不需要	不需要	最快	最差
信息模板处理	利用输入信息搜索与之匹配模板，并激活输出参与竞争	较多	较多	较快	较差
信息推断分析处理	利用推理分析，并结合上述两种方式	大量	大量	最慢	较好

四、驾驶人视认标志信息并进行驾驶操作过程模型

驾驶人在运动中对交通标志的识别需要经过一个过程，如图 4-2 所示，A 点为驾驶人发现标志的地点，B 点为完成标志识读点，AB 阶段为从发现标志到识读完毕阶段；C 点为驾驶

人完成信息处理与决策点，BC 阶段为标志识别完毕之后的信息处理与决策阶段；D 点为反应结束点，CD 阶段为驾驶人决策完毕至具体操作之间的反应时间阶段；E 点为交通标志从驾驶人视野中消逝的点，E 点必须出现在 B 点之后，而不一定出现在 C、D 点之后；F 点为标志设置的公路纵断面位置；G 点为与标志相关的地点，即需要前置交通标志给驾驶人提供信息的地点，DG 阶段为驾驶人为通过 G 点所进行的操作序列阶段；α、β 分别为驾驶人视线与交通标志的水平方向夹角和竖直方向夹角。

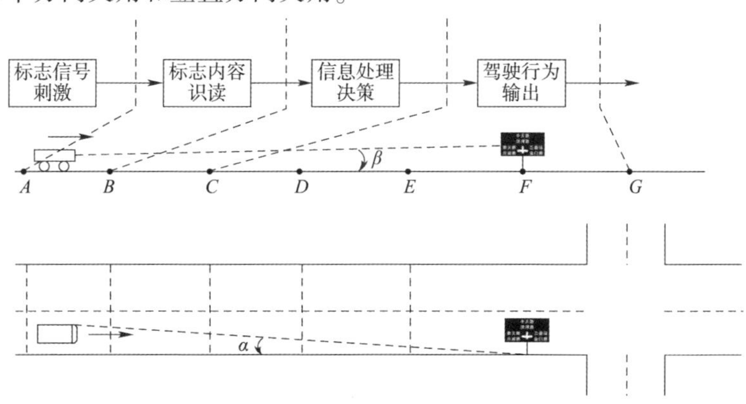

图 4-2　驾驶人接近交通标志的认知心理及相应驾驶操作过程

A-发现标志；B-读懂标志；C-完成信息处理与决策；D-反应结束，开始驾驶操作；E-标志信号消逝；F-交通标志；G-相关地点

注：E 点必须出现在 B 点之后，但可能出现在 C 点之前。

在图 4-2 中，交通标志的设置位置须满足以下两个前提条件：

(1) B 点在 E 点之前，即消逝点出现在标志识读完毕之后，使驾驶人有足够时间发现和识读标志；

(2) DG 距离；足够长，以使驾驶人完成准备操作，即标志相关地点出现在驾驶人准备操作完成之后，使驾驶人有足够时间进行决策及相应驾驶操作。

上述两个条件可以用式(4-1)和式(4-2)来表达：

$$BF \geqslant EF = \max\left\{\frac{d}{\tan\alpha^*}, \frac{h}{\tan\beta^*}\right\} \tag{4-1}$$

$$DG \geqslant (n-1)L^* + \frac{V_1^2 - V_2^2}{2a} \tag{4-2}$$

式中：BF——驾驶人识读完毕标志地点 B 与标志设置地点 F 之间的距离，m；

d——驾驶人视线与交通标志侧向水平距离，m；

α^*——驾驶人视线与交通标志水平方向夹角的视野消逝角度；

h——驾驶人视线与交通标志竖向垂直距离，m；

β^*——驾驶人视线与交通标志竖直方向夹角的视野消逝角度；

DG——驾驶人经决策与反应后，开始具体驾驶操作行为的地点 D 与标志相关的地点 G（例：危险点）间距离，m；

n——车辆为通过 G 点，需要在 DG 阶段完成换道的车道数量；

L^*——为完成一次换道，车辆沿道路纵向行驶的距离，m；

V_1——车辆在开始行动 D 点的初始速度，m/s；

V_2——驾驶人完成操作,车辆做好通过 G 点的准备状态时速度,m/s。

第二节　车道行驶方向标志模拟视认实验

本节针对相对复杂的组合型标志。通过视认实验的方法,首先探索标志中不同元素的视认差异,利用相关结论对组合标志的设计进行指导;之后进行组合标志的视认实验,对不同组合标志的视认反应时间及正确率进行统计分析,得到该种情况下组合标志的信息量阈值,并给出组合标志的设计原则。

一、实验设计

1.实验设计背景

我国现有车道行驶方向标志的设置主要有以下三种形式:与指路标志并排设置(图4-3a)、与指路标志在同一版面设置(图4-3b)、在指路标志之后设置(图4-3c)。

a)与指路标志并排设置

b)与指路标志在同一版面设置

c)在指路标志之后设置

图4-3　车道行驶方向标志设置形式

(1)与指路标志并排设置。

车道行驶方向标志与指路标志并排设置,版面设计如图4-4所示。这种设置形式的标志传达信息简单明确、占用空间较小,但容易造成信息过载现象。驾驶人需要在短时间内接收大量的交通信息,容易造成其迷惑或者缺乏充足的判断,从而无法及时进行驾驶操作,造成交通事故。

(2)与指路标志在同一版面设置。

车道行驶方向标志与指路标志在同一版面设置,版面设计如图4-5所示。路名信息与车道行驶方向信息同时体现在一块标志牌中,版面上部分为道路路名信息,版面下部分为车道方向及功能等信息。此类交通标志版面的优缺点与并列设置的交通标志相似。

图 4-4　与指路标志并排设置的版面设计

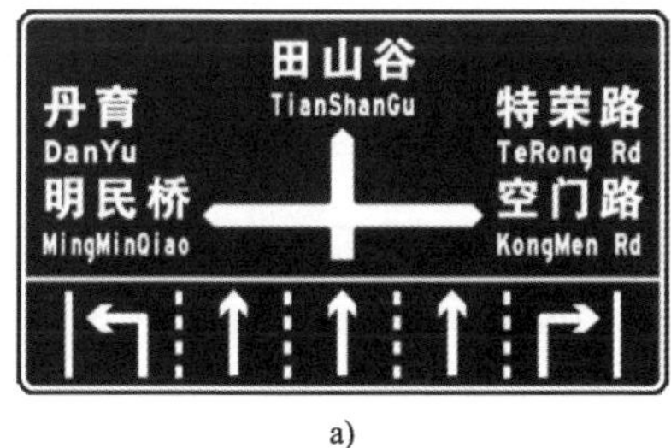

a)

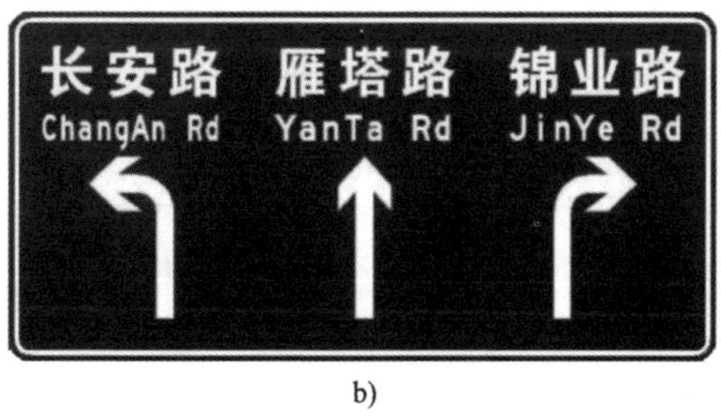

b)

图 4-5　与指路标志在同一版面设置的版面设计

(3)在指路标志之后设置。

车道行驶方向标志设置在指路标志之后,如图 4-3c)所示,驾驶人首先获得道路路名等信息,随后获得车道分方向的信息。如果车道指示信息和指路标志分别设置在合理的位置,则驾驶人在短时间内接收的信息量适中,从而有充分的判断反应和操作时间。

2. 试验设计思路

研究总体分为两个试验,具体流程如图 4-6 所示。在合并设置车道行驶方向标志与指路标志前,有必要对单个车道行驶方向标志进行视认试验,目的是探索被试者对单个标志的理解是否存在差异,数据分析结果将指导组合标志的设计;之后,再进行组合标志的视认试验。

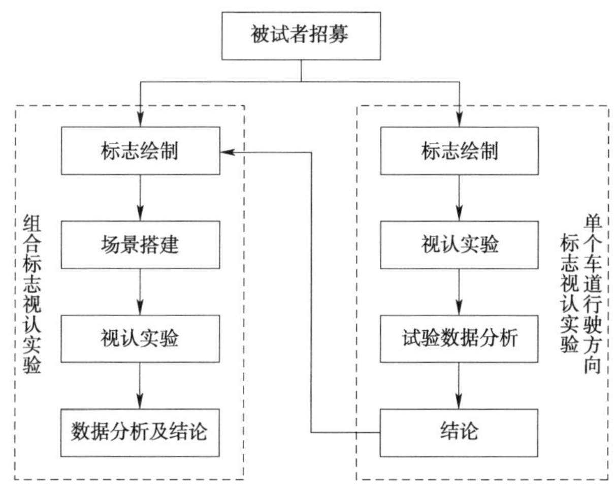

图 4-6　试验总体流程

二、实验者招募

本实验采用随机抽样方法，根据中心极限定理，当被试者人数 $N>30$ 时呈正态分布，因此本实验选取 40 名被试者，其中男性与女性各 20 人，具体统计数据见表 4-2。对男、女被试者的年龄和驾龄分别进行了显著性分析。统计数据表明：男、女组间的驾龄不存在显著性差异[$F(1,38)=0.388, p=0.537>0.05$]；男、女组间的年龄不存在显著性差异[$F(1,38)=0.003, p=0.957>0.05$]。可知男、女驾驶人的个体属性无显著性差异。

被试者情况统计 表 4-2

性　别	人数(人)	百　分　比	年龄均值(岁)	驾龄均值(年)
男	20	50%	29.30 ± 1.98	6.85 ± 1.15
女	20	50%	29.45 ± 1.95	7.95 ± 1.34
总体	40	100%	29.38 ± 1.73	7.40 ± 0.88

三、实验 1：单个车道行驶方向标志模拟视认试验

1. 实验目的

本实验测定驾驶人对于单个车道行驶方向标志的视认理解时间，通过测定的结果判别驾驶人对每一个车道行驶方向标志的理解时间是否具有显著性，从而对车道行驶方向组合标志的设计进行指导。单个车道行驶方向标志如图 4-7 所示。

图 4-7　单个车道行驶方向标志

2. 实验过程

被试者在实验软件(E-Prime)环境中进行实验，主试者负责在安装该试验软件的计算机上进行相应操作，实验后台记录被试者对每种标志的反应时间及正确率。为了避免由于紧张或注意力不集中而出现的实验误差，每种标志在程序中随机出现 3 次，7 块标志版面共计出现 21 次。

实验开始时，主试者要求被试者端坐在装有试验程序的计算机前，首先阅读试验指导语(即欢迎词和实验完整步骤)，之后对程序进行练习，待练习完成后，即开始实验。实验正式开始时，屏幕上会随机地出现单个车道行驶方向标志(图 4-7)，被试者被要求阅读该标志，待完全理解后，向主试者口述"好"；主试者随即操作计算机，隐去屏幕中实验标志，并由系统记录视认时间；随后，主试要求被试描述标志指令内容并记录。重复上述过程 21 次后，实验结束。具体流程如图 4-8 所示。

3. 数据分析

(1)数据检验与分析。

实验共得到视认反应时间数据共 840 条。对数据进行正态分布检验，其原理是检验数据的观测经验分布是否符合已知理论分布。当两者间的差距很小时，推断该样本取自的理论分布。

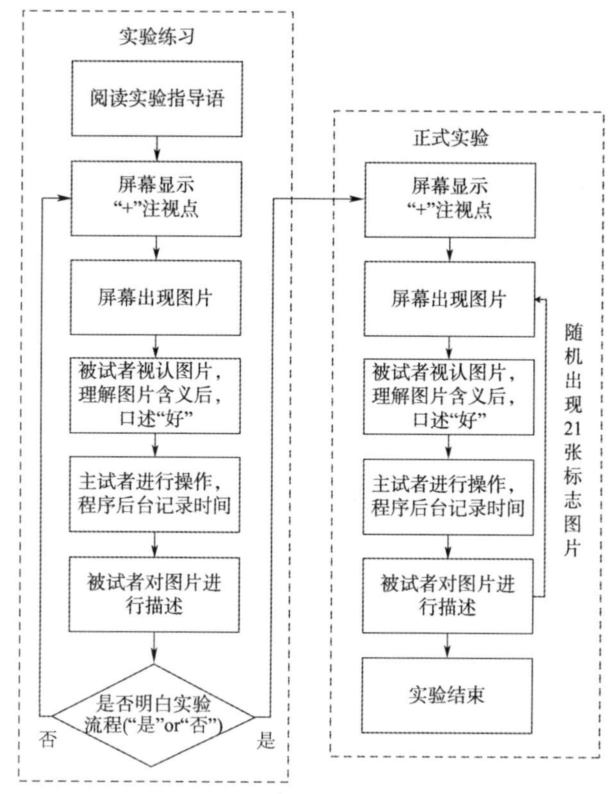

图 4-8 单个标志视认实验流程

①建立假设组。

$$H_0: F_n(x) = F(x), H_1: F_n(x) \neq F(x) \tag{4-3}$$

②计算样本累计频率与理论分布累计频率的绝对差,令最大的绝对差为 D_n。

$$D_n = \max\{|F(x) - F_n(x)|\} \tag{4-4}$$

③用样本容量 n 和显著水平 a 查出临界值 D_n^a。

④通过对 D_n 与 D_n^a 的比较做出判断,若 $D_n < D_n^a$,则认为拟合是满意的。

⑤检验结果显示数据是否服从正态分布。对于本次实验数据的正态分布检验采用最常用的 Kolmogorov – Smirnov 检验方法(K-S 检验)。K-S 检验是用来检验数据是否符合正态分布的一种非参数检验方法,适用于检验前不知道是否符合正态分布的数据,由于对要检验的数据没有限制,因此采用此方法。

检验结果显示数据不符合正态分布($p = 0.00 < 0.05$),因此对实验异常值进行探测剔除。使用箱图法进行异常值探测,共剔除异常值 34 条,剩余数据 806 条。对数据再次进行正态分布检验,结果显示数据服从正态分布($p = 0.387 > 0.05$),探测箱图如图 4-9 所示,结果见表 4-3。

由于对每个标志进行了三次随机实验,为了探索其相关关系,对数据进行重复测量检验(表 4-4),结果显示 $p = 0.34 > 0.05$,说明重复测量数据之间不存在相关性,测量数据符合 Huynh-Feldt 条件。因此,对数据进行单因素方差分析,检验结果见表 4-5,结果显示 $p = 0.099 > 0.05$,说明被试者对每个标志的视认时间不具有显著性。

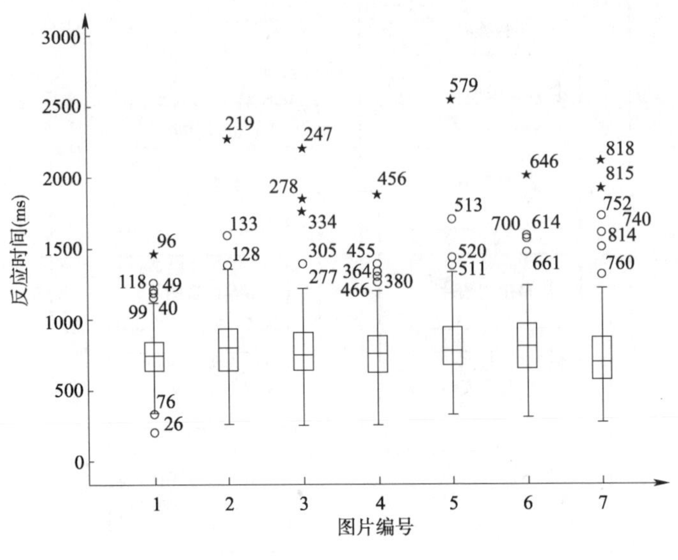

图 4-9　异常值探测

单样本 *K-S* 检验　　　　表 4-3

单样本 *K-S* 检验指标		反应时间(ms)
N		806
正态参数[a,b]	均值	759.11
	标准差	204.025
最极端差别	绝对值	0.032
	正	0.032
	负	-0.023
Kolmogorov-Smirnov Z		0.904
渐近显著性(双侧)		0.387

视认反应时间的重复测量检验　　　　表 4-4

主体内效应	Mauchly 的 *W*	近似卡方	*df*	*Sig.*	*Epsilon*[a]		
					Greenhouse-Geisser	*Huynh-Feldt*	下限
a	0.976	6.751	2	0.034	0.977	0.983	0.500

视认反应时间的单因素方差分析　　　　表 4-5

组　　别	平　方　和	*df*	均　　方	*F*	显　著　性
组间	731366.589	6	125805.394	1.786	0.099
组内	32777852.23	799	41023.595	—	—
总数	33509218.82	805	—	—	—

(2)实验结论。

每位驾驶人对于单个车道行驶方向标志的理解不呈现显著性。我们可以认为驾驶人对左转掉头、左转或右转等标志本身的理解是完全相同的,可能造成视认时间不同的因素是标志组合设置个数。因此,在接下来的实验设计中,可使用最常见的左转、直行、右转标志组合进行标志设计,从而进行信息阈值测试。

如果驾驶人对于车道行驶方向标志的理解存在差异性,则与单个标志本身的理解程度无关,而可能与其组合的个数相关。

四、实验2:组合型车道行驶方向标志模拟视认实验

1. 实验目的

为了测量指路标志与车道行驶方向标志组合设置时的信息量阈值,得到该种组合标志的设计原则,进行本次实验。

2. 实验标志设计

根据相关研究成果,考虑到组合标志中指路标志的信息量应适当小于极限信息量,因此本研究采用指引图形为十字交叉、且包含五条路名信息的指路标志作为组合标志的上半部分。为了规避路名熟练程度对实验结果的影响,本实验中的路名信息均以模拟路名代替,如"AAA""BBB"等,车道指示信息按照图4-7设计,示例版面如图4-10所示。

图4-10　组合标志示例

3. 场景设计

在场景设计方面,为了保证被试者在各个角度对标志充分视认,需要求被试者将视线放在场景下的每条车道上。基于实验的全面性考虑,被试者在 N 条车道条件下需要进行至少0次、至多(N-1)次换道,换道示意图如图4-11所示,实验设计中考虑了每一种换道情况。利用既定软件程序对逻辑进行实现的程序截图如图4-12所示。

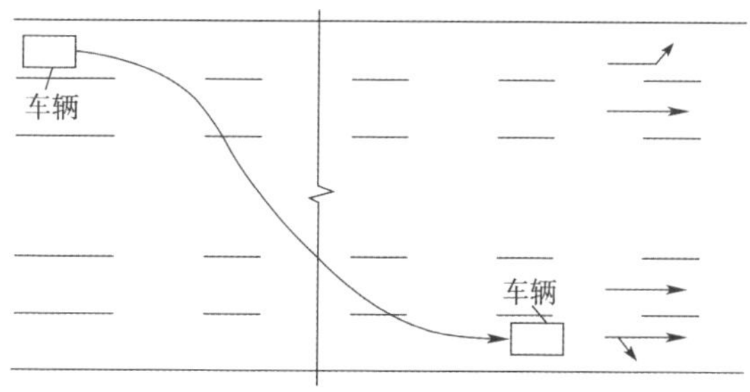

图4-11　车辆换道示意图

4. 实验过程

实验程序在一台型号为Lenovo X220的电脑上运行,电脑屏幕上的实验程序通过投影仪被投射在投影幕布上。被试者坐在屏幕正前方,根据人机工程学理论按式(4-5)确定离投影屏幕的距离,以提供给被试者最佳的视觉环境。

$$l=\frac{h}{\tan\theta} \tag{4-5}$$

式中：l——被试者视线与屏幕间的距离；

h——被试者视点高到屏幕影像上边缘的高度；

θ——被试者视线与大屏幕影像上边缘的夹角。

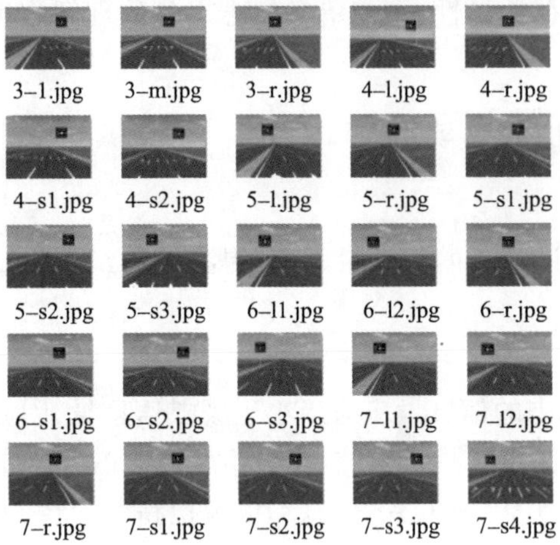

3–1.jpg 3–m.jpg 3–r.jpg 4–l.jpg 4–r.jpg
4–s1.jpg 4–s2.jpg 5–l.jpg 5–r.jpg 5–s1.jpg
5–s2.jpg 5–s3.jpg 6–l1.jpg 6–l2.jpg 6–r.jpg
6–s1.jpg 6–s2.jpg 6–s3.jpg 7–l1.jpg 7–l2.jpg
7–r.jpg 7–s1.jpg 7–s2.jpg 7–s3.jpg 7–s4.jpg

a)

ID	Weight	Nested	Procedure	pictures	cresponse	placename
1	1		formalpro	3–m.jpg	0	DDD
2	1		formalpro	3–r.jpg	2	BBB
3	1		formalpro	3–l.jpg	1	EEE
4	1		formalpro	4–l.jpg	3	AAA
5	1		formalpro	4–r.jpg	0	AAA
6	1		formalpro	4–s1.jpg	2	EEE
7	1		formalpro	5–l.jpg	4	AAA
8	1		formalpro	5–r.jpg	0	AAA
9	1		formalpro	5–s1.jpg	3	DDD
10	1		formalpro	6–l2.jpg	1	CCC
11	1		formalpro	6–s2.jpg	2	BBB
12	1		formalpro	6–r.jpg	4	EEE
13	1		formalpro	7–l1.jpg	6	DDD
14	1		formalpro	7–s3.jpg	2	EEE
15	1		formalpro	7–r.jpg	0	DDD
16	1		formalpro	7–s2.jpg	3	BBB
17	1		formalpro	4–r.jpg	1	CCC
18	1		formalpro	5–r.jpg	1	BBB
19	1		formalpro	5–s2.jpg	2	AAA
20	1		formalpro	6–l1.jpg	5	BBB
21	1		formalpro	6–s1.jpg	3	AAA
22	1		formalpro	7–s1.jpg	1	DDD
23	1		formalpro	6–r.jpg	0	BBB
24	1		formalpro	7–l2.jpg	5	DDD
25	1		formalpro	7–s4.jpg	4	DDD

b)

图 4-12　实验程序截图

根据人机工程学理论，当 θ≤8°时，驾驶人可以准确地认读标志上的文字，故此处 θ 取值为 8°。

实验具体流程同单个标志试认实验流程（图 4-8）。

5. 数据分析

每次实验中进行 25 组测试，实验人员为 40 人，实验数据共计 1000 条。

（1）错误数据剔除。

描述样本应统计被试者回答完全正确的数据，故将错误值剔除。根据实验设计逻辑，每组地名与场景的对应关系都是固定的，即有唯一正确答案。因此，实验数据的正确率也可以反映出被试者对标志视认的结果。数据结果显示 3 ~ 7 条进口道车道条件下，被试者对于标志视认的正确率分别为 94.17%、93.13%、93.50%、87.50% 和 86.07%。此结果说明：车道数为 3、4、5 的条件下，被试者对于标志视认的正确率相似，也相对稳定；车道数为 6、7 的条件下，被试者对于标志视认的正确率明显降低。

（2）异常值探测。

由于数据样本量较小，不适用于用 z 分位数来进行异常值的判别，因此，利用 SPSS 统计软件对实验数据中“反应时间”数据进行分析，采用统计箱图判别的方法对数据进行异常值的探测及剔除，如图 4-13 所示。在 3 ~ 7 条车道条件下，共剔除异常值 36 条。

（3）统计分析。

本实验定义视认反应时间为：从场景图片出现在被试者视线中，到被试者对图片做出反应（即口头告知主试者）的一段时间，这个反应时间被 E-Prime 软件后台记录。不同车道条件下被试者的视认反应时间的均值和标准差见表 4-6，趋势图如图 4-14 所示。从数据中可以看出，3、4、5 条车道条件下，被试者对于标志的视认反应时间相似，增长趋势平稳；车道条件为 6、7 条的条件下，被试者对于标志的视认反应时间明显增加。

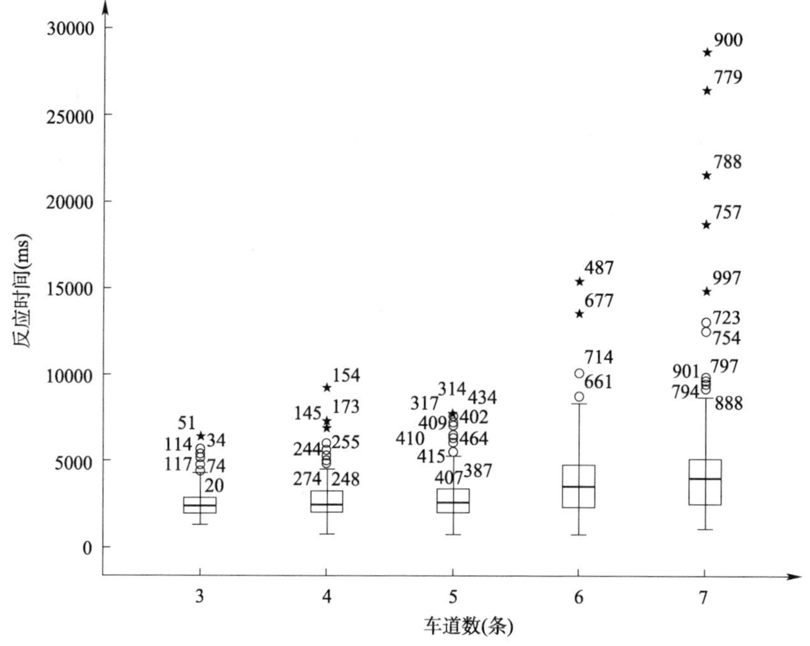

图 4-13　SPSS 软件探索的实验异常值

反应时间数据统计分析　　表 4-6

车道数(条)	样本量	错误值	正确率(%)	异常值	描述样本量	描述样本反应时间(s)	
						平均值	标准差
3	120	7	94.17	5	108	2437.54	662.75
4	160	11	93.13	8	141	2514.01	791.88
5	200	13	93.50	12	175	2634.18	925.76
6	240	30	87.50	4	206	3600.75	1686.03
7	280	39	86.07	7	234	3836.21	1742.50

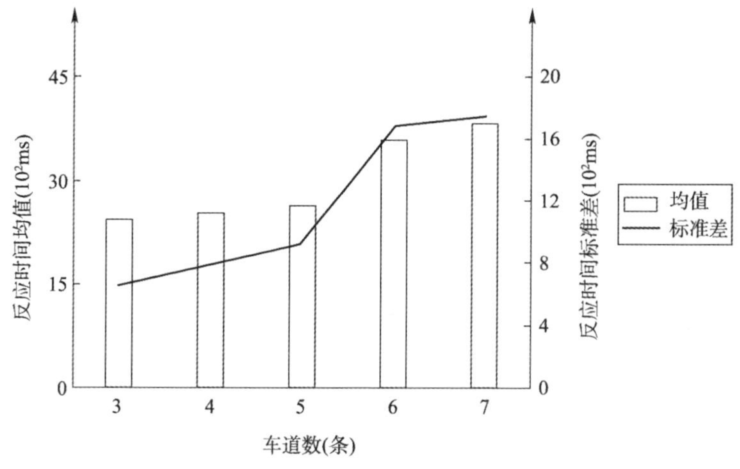

图 4-14　视认时间的均值及标准差

(4)方差分析。

将不同车道条件下,被试者对相应标志的视认时间数据进行方差分析。结果显示:在五种车道条件下,被试者的视认反应时间在95%的置信区间内表示显著[$F(4,859)=42.352$, $p=0.00<0.05$],即每种车道条件下,被试者的视认时间表现出有显著性差异。

为了探究其间的交互关系,进行多重比较分析,结果显示,3、4、5条车道条件下与6、7条车道条件下的视认时间均值差具有显著性,见表4-7。

不同车道条件下组合标志视认反应时间多重比较 表4-7

车道数 I(条)	车道数 J(条)	均值差(I-J)	标准误	显著性	95%置信区间	
					下限	上限
3	4	-76.470	173.101	0.659	-416.22	263.28
	5	-196.646	165.648	0.236	-521.77	128.48
	6	-1163.211*	160.821	0.000	-1478.86	-847.56
	7	-1398.668*	157.477	0.000	-1707.75	-1089.58
4	3	76.470	173.101	0.659	-263.28	416.22
	5	-120.176	153.193	0.433	-420.85	180.50
	6	-1086.740*	147.960	0.000	-1377.15	-796.34
	7	-1322.198*	144.318	0.000	-1605.46	-1038.94
5	3	196.646	165.648	0.236	-128.48	521.77
	4	120.176	153.193	0.433	-180.50	420.85
	6	-966.565*	139.166	0.000	-1239.71	-693.42
	7	-1202.022*	135.287	0.000	-1467.55	-936.49
6	3	1163.211*	160.821	0.000	847.56	1478.86
	4	1086.740*	147.960	0.000	796.34	1377.15
	5	966.565*	139.166	0.000	693.42	1239.71
	7	-235.458	129.332	0.069	-489.30	18.39
7	3	1398.668*	157.477	0.000	1089.58	1707.75
	4	1322.198*	144.318	0.000	1038.94	1605.46
	5	1202.022*	135.287	0.000	936.49	1467.55
	6	235.458	129.332	0.069	-18.39	489.30

注:*-均值差的显著性水平为0.05。

通过上述分析得知,在6、7条车道条件下,被试者识读判断标志所表达的信息需要更长时间,这一时间已经突破了在3、4、5条车道条件下的平均增长规律,从方差角度进行多重比较分析的结果也反映了此种规律。因此,可以将5条车道条件下的相应标志作为此类标志信息量的临界值,即指路标志中央标志为十字交叉、道路信息为5条时、车道行驶方向箭头数量为5个是此类组合标志的极限信息量。

被试者从理解图片到操作计算机间的时间是人为因素误差,在心理学上称为手动反应时间，这一时间为 211ms，去除这一误差后，可得被试者对于此类标志的视认反应时间，分别为 2226.54ms、2303.01ms、2423.18ms。

(5)与已有成果关系。

笔者曾经采用相同实验方法及相同样本量对指路标志版面信息的信息量阈值进行测定，实验结果显示标志版面信息为 6 条时，反应均值为 2430ms，版面信息中的每个路名信息的视认时间是 0.5s。

本研究中，5 条路名与 5 个方向箭头组成的组合标志与前述研究中 6 条路名的指路标志的视认时间基本相同，计算公式为：

$$\left|\frac{\overline{X}-\overline{Y}}{\overline{X}}\right| \approx \left|\frac{\overline{X}-\overline{Y}}{\overline{Y}}\right| \tag{4-6}$$

式中：$\overline{X}$——6 条路名的指路标志所需视认反应时间；

$\overline{Y}$——5 条路名与 5 个箭头的组合标志所需视认反应时间。

基于反应时间方差分析所体现的显著性，将指路标志实验结果与本实验的结果进行比较，可以得到不同车道条件下标志反应时间的差值，计算公式为：

$$D_i = M_i - t \tag{4-7}$$

式中：D_i——i 条车道条件下，组合标志与指路标志反应时间均值的差值，ms；

M_i——i 条车道条件下，组合标志的反应时间均值，ms；

t——指路标志实验中版面信息为 5 条时的反应时间均值。

通过计算，得到在 3、4、5 条车道条件下，组合标志与指路标志的反应时差值分别近似为 600ms、700ms 和 800ms。结合标志的版面信息，这三个差值就是相应条件下车道行驶方向标志的视认反应时间，这三个差值之间的差异，反映出车道箭头个数的差异。

因此，可以得到结论，车道行驶方向标志中，每个箭头所需要的视认反应时间为 0.1s。结合前述研究的结论，并根据等效原则，认为 5 个箭头组成的车道行驶方向标志与指路标志上一条路名的视认反应时间相同，为 0.5s。

(6)模型建立。

根据前述研究与本研究成果的联合分析，得到组合标志中每部分元素的视认时间以及它们之间的定量关系，因此，可以得到组合标志的设计模型：

$$y = (y_1, y_2) \tag{4-8}$$

$$y_1 = \begin{cases} 6 & x = 0, x \in N+ \\ 5 & x \leqslant 5, x \in N+ \\ 4 & x \in [6,10], x \in N+ \end{cases} \tag{4-9}$$

$$y_2 = \begin{cases} 5 & x = 0, x \in N+ \\ 4 & x \leqslant 5, x \in N+ \\ 3 & x \in [6,10], x \in N+ \end{cases} \tag{4-10}$$

式中：y——路名信息的个数；

y_1——在指引图形为十字交叉、T 型、环岛、斜交条件下，标志中路名的个数；

y_2——在指引图形为上跨桥、立体交叉条件下，标志中路名的个数；

x——车道行驶方向标志中箭头元素的个数；

$N+$——正整数的集。

本节对车道行驶方向标志与指路标志组合设置时的新型组合标志进行合理信息量研究。通过对组合标志进行基于 E－Prime 心理实验平台的模拟视认实验，得到驾驶人对该标志视认时间以及正确率的数据。通过对数据统计及方差分析，得到信息量极值数据，并根据前述研究的相关结论，得到组合标志的设计原则如下。

（1）每 5 个箭头元素组成的车道行驶方向标志的信息量与一条路名信息等同。

（2）在指路标志图形为十字交叉、环岛、T 形交叉、斜交的条件下，当路名的数量为 6 个时，不推荐与车道行驶方向标志合并设置；当路名的数量为 5 个时，最多可组合 5 条车道的行驶方向标志；如果车道数大于 5 条且小于 10 条，应减少一个路名的数量。

（3）在指路标志图形为上跨桥、立体交叉的条件下，路名的数量最多为 5 个，且不与车道行驶方向标志合并设置；当路名的数量为 4 个时，最多可组合 5 条车道行驶方向标志；如果车道数大于 5 条且小于 10 条，应减少一个路名信息的数量。

（4）在没有指路标志图形的条件下，路名的数量最多为 6 个，且不与车道行驶方向标志合并设置；当路名的数量为 5 个时，最多可组合 5 条车道行驶方向标志；如果车道数大于 5 条且小于 10 条，应减少 1 个路名信息的数量。

第三节　车道行驶方向标志实地验证实验

本节主要针对标志的信息量阈值结论进行验证，选取信息量阈值附近的指标设计标志，制作真实标志并选取真实环境对该标志进行实地验证实验。

一、实验设计

1. 实验设计思路

由于标志视认实验通过计算仿真完成，为验证数据的可靠性，需要由真实环境下的实地实验进行验证。在实地实验中，驾驶人驾驶车辆对真实标志进行视认，并对标志的视认反应距离进行测定，得到不同标志视认距离的数据关系，从而对模拟实验的结果进行说明。

2. 实验对象选取

由于模拟仿真实验结果测定的标志信息量阈值为 6 条，在信息量阈值附近范围内信息量变化引起的视认反应时间变化最大，因而最具有代表性。为了简化实验过程，实验对象统一选取中央图案为十字交叉的标志；具体对象为：信息条数为 6 条的指路标志；信息条数为 5 条的指路标志以及指路信息条数为 5 条、车道行驶方向箭头为 5 个的组合标志。

3. 实验材料

（1）标志版面。

为了避免路名熟悉程度造成的实验数据误差，实验标志中的路名不采用全国范围内常见的固定式路名。具体的文字要求为：使用常用汉字进行随机组合形成路名，笔画适中，文字结构常见，字体以及高度按照相关标准设计。实验共需要 3 块标志版面，为了避免重复视认造成的记忆行为影响视认结果，实验所用的版面将采用不同道路以及地点名称。字高为

50cm,标志尺寸为 755 * 315(x2) cm、755 * 420cm。具体版面如图 4-15 所示。

a)

b)

图 4-15 标志示例

(2)实验车辆及记录装置。

车道行驶方向标志多设置在城市道路交叉口,城市内部道路大型货车较少,故实验车辆使用普通手动挡小轿车。实验采用带有 GPS 模块的行车记录仪作为数据记录装置,其可记录车辆地理信息、即时速度、加速力等数值。

4. 实验场景布设

实验在带有门架装置的专用实验道路上进行,场地位于交通运输部公路交通试验场。实验中,将实验标志悬挂于下缘距离地面 2.5 米的门架上,实验前对实验路面进行标线带粘贴工作,实际布景与传统城市道路无异,实验时进行清场,以避免其他车辆干扰对实验数据带来的影响。实验场景如图 4-16 所示。

a)

b)

图 4-16 实地验证实验场景图

5. 实验策略

由于驾驶人对标志的视认顺序具有差异,右方路名所需视认时间相对较长,因此在实地验证实验中均选用右侧路名为目标地名。实验一选用芬华湖、技五路;实验二选用鼎极北、晋泰隆;实验三选用特荣路、空门路。

二、实验者招募

由于模拟实验的结果显示驾驶人个体特征与视认性的交互没有显著性,因此本次验证实验共招募 15 名职业驾驶人,均为男性,年龄均值为 39.80 ±2.05,驾龄均值为 10.73 ±1.30。

三、实验过程

1. 五路名标志和六路名标志实验

被试者坐在驾驶席上负责行车及视认,主试者坐在副驾驶席上。首先,由主试者打开行车记录仪,之后向被试者说明实验流程及目标地点,被试者理解后即可起动车辆,并加速至60km/h后匀速行驶。被试者需在行驶过程中对标志进行视认,并在理解的瞬间告知主试者到达目标地点需要进行“左转”“右转”或“直行”。行车记录仪记录行车数据。

2. 组合标志实验

被试者坐在驾驶席上负责行车及视认,主试者坐在副驾驶席上。被试者需在行驶过程中对标志进行视认,并在理解的瞬间告知主试者到达目标地点需要进行几次换道。行车记录仪记录行车数据。

四、实验数据分析

1. 描述性分析

GPS模块记录了行车过程中每一时刻的地理信息坐标,录音功能记录了被试者的反应点。实验后,通过专用软件提取反应点以及标志点经纬度,实验对驾驶人反应点至门架之间的距离 *D-R* 进行数据的统计分析。视认节点图如图4-17所示。

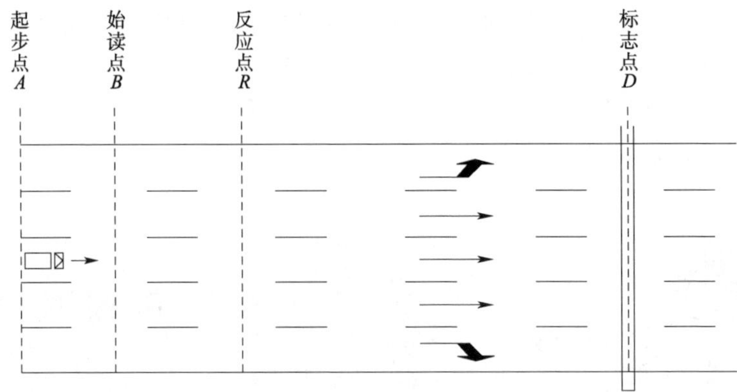

图4-17 视认节点

2. 方差分析

表4-8所示结果显示 *D-R* 数据通过方差齐次性检验,因此进行均值比较,均值比较结果见表4-9。结果表明:三组实验的数据不具有显著性。这也从另外一个侧面证明了之前模拟实验的研究成果,即:包含6条以下(含)路名的指路标志的视认反应时间不具有显著性[$F(2,42)=5.524, p=0.007$]。

不同组别下 *D-R* 的方差齐性检验 表4-8

Levene 统计量	*df* 1	*df* 2	显著性
2.467	2	42	0.097

不同组别下 *D-R* 单因素方差分析 表4-9

组别	平方和	*df*	均方	*F*	显著性
组间	0.001	2	0.000	5.547	0.007
组内	0.002	42	0.000	—	—
总数	0.003	44	—	—	—

对三组实验进行多重比较分析,结果见表4-10。结果显示实验二和实验三的 *D-R* 均值

与实验一的 *D-R* 均值具有显著性，说明驾驶人对实验二与实验三中所使用的标志的视认反应相似，而与实验一不同。不同组别下误差条形图如图 4-18 所示。

不同组别下 *D-R* 的多重比较分析　　表 4-10

多重比较	实验组别 *I*	实验组别 *J*	均值差(*I* − *J*)	标　准　误	显　著　性	95% 置信区间	
						下限	上限
LSD	1.00	2.00	0.00660000*	0.00265563	0.017	0.0012407	0.0119593
		3.00	0.00840000*	0.00265563	0.003	0.0030407	0.0137593
	2.00	1.00	−0.00660000*	0.00265563	0.017	−0.0119593	−0.0012407
		3.00	0.00180000	0.00265563	0.502	−0.0035593	0.0071593
	3.00	1.00	−0.00840000*	0.00265563	0.003	−0.0137593	−0.0030407
		2.00	−0.00180000	0.00265563	0.502	−0.0071593	0.0035593

3. 均值分析

模拟视认实验中已经证实：指路标志中，1 条路名信息的视认反应时间，相当于组合标志中 5 个箭头组合的视认反应时间，均为 0.5s。

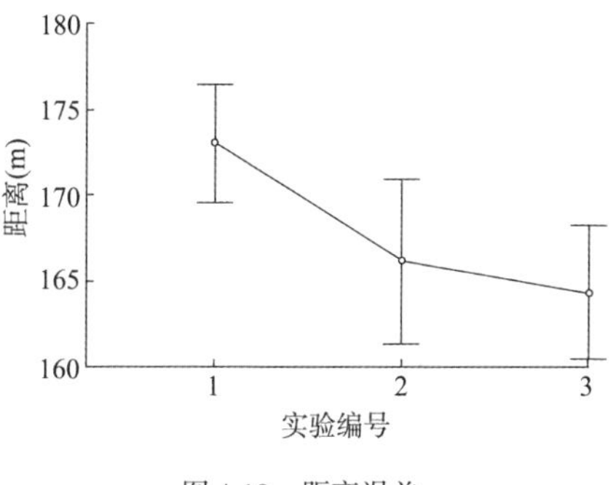

图 4-18　距离误差

实地验证实验中，不同组别下 *D-R* 均值分别为：0.1728km，0.1662km，0.1644km。将实验二与实验三的均值分别与实验一的均值作差，得到均值差为 0.0066km和 0.0084km；将均值差与实验时的定速度 60km/h 做比较，得到时间差为均近似为 0.5s。从而验证了模拟视认实验中的结论。

本节通过实地验证的实验手段对第二节的实验结果进行了验证，结果与模拟实验结果一致。因此可以说明采用 E – Prime 心理实验平台进行的模拟实验，其结果能够满足相同条件下交通标志视认实验的数据需求，保证了交通标志视认的准确性与科学性。

第四节　车道行驶方向标志合理前置距离建模

一、车道行驶方向标志与指路标志并列设置

1. 基于认知心理学的驾驶人视认交通标志过程

车道行驶方向标志与指路标志设置在同一标志杆上，驾驶人从看到交通标志至到达交叉口，需要经过发现标志、开始识读、分析判断、执行操作的过程，如图 4-19 所示。

组合标志设置在 F 点，驾驶人在 A 点发现标志，在 B 点开始识读标志，C 点读完标志，随后驾驶人根据读得的信息进行分析并做出判断，驾驶人行驶到 D 点，指路标志在驾驶人视野中消失，在 E 点开始采取操作行动，在 G 点完成操作。

p 为标志的认读距离，m 为标志的消失距离，s 为读完标志至标志设置位置的距离，d 为标志的前置距离，j 为反应距离，L 为行动距离，r 为视认距离。根据驾驶经验，如果 s 小于 m，则驾

驶人不能从容的读完标志信息。驾驶人在 L 距离内完成必要的动作,如减速、变换车道等。

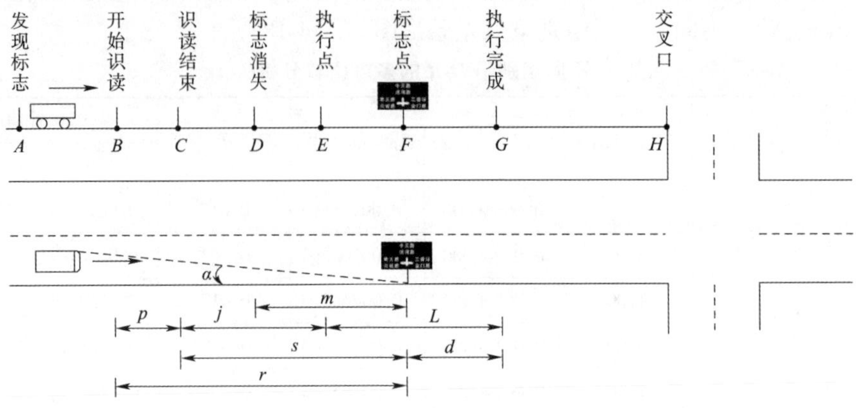

图 4-19　驾驶人对交通标志的视认操作过程

根据上述过程,标志前置距离计算符合以下关系:

$$L = s + d - j \tag{4-11}$$

$$s \geqslant m \tag{4-12}$$

因此,标志的前置距离基础模型符合以下关系:

$$d = L + j - s \tag{4-13}$$

2. 消失距离的计算

根据驾驶人动态视觉特性,驾驶人视野存在一个感知搜索范围,即驾驶人只能对其视野范围内的道路交通信息进行视觉识别。水平消失距离的确定如图 4-20 所示,设 W 为标志到车辆所在车道中心线的距离,水平夹角为 α。垂直消失距离的确定如图 4-21 所示,设 H 为标志牌上缘距离地面高度,h 为驾驶人水平视线高度。当驾驶人视线与标志设置点处路侧标志的夹角 α 超过驾驶人的视角阈值时,标志将从驾驶人的视野中消失。同理,当驾驶人视线与标志设置的垂直夹角 β 超过驾驶人的视角阈值时,标志也将消失,因此消失距离 m 分为水平和垂直两种情况。

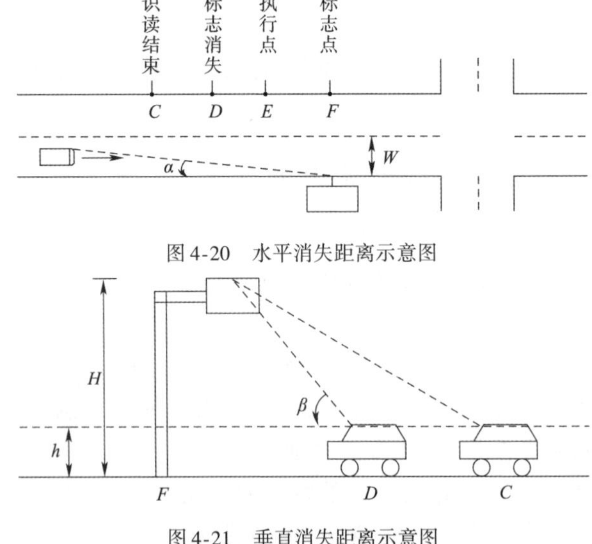

图 4-20　水平消失距离示意图

图 4-21　垂直消失距离示意图

根据图 4-20、图 4-21，可以分别计算出水平消失距离 m_1 和垂直消失距离 m_2，最终选取两者较大值为消失距离。可得式(4-14)～式(4-16)。

$$m_1 = \frac{W}{\tan\alpha} \tag{4-14}$$

$$m_2 = \frac{H-h}{\tan\beta} \tag{4-15}$$

$$m = \max(m_1, m_2) \tag{4-16}$$

3. 反应距离的计算

根据第三节的实验结果，驾驶人对于指路标志及阈值内组合标志的视认反应时间约为2.5s，这个时间包含驾驶人对标志视认知以及反应判断的时间。标志的视认时间为驾驶人对交通标志的一次注视时间，一般为 0.4s。为了便于计算，驾驶人对标志的视认时间取0.5s，因此，驾驶人对标志的反应时间为 2s，因此反应距离为 $2V_1$（V_1 为发现标志时车辆的行驶速度或 85% 位运行车速）。

4. 行动距离的计算

行动距离为操作行动开始点与操作行动结束点之间的距离，计算如下：

$$d \geqslant L + j - m = (n-1)L^* + \frac{V_1^2 - V_2^2}{2\alpha} \tag{4-17}$$

式中：n——单侧车道数；

L^*——变换一次车道所需的距离，m；

V_2——驾驶人执行完成时的车速，m/s；

V_1——发现标志时的车速或 85% 位运行车速，m/s；

a——车辆的减速度，m/s^2。

5. 前置距离的计算

通过对上述消失距离、反应距离行动距离的演算，可以得到标志并列设置时的计算模型，其中 t 为反应时间，具体模型如下式：

$$d \geqslant L + j - m = (n-1)L^* + \frac{V_1^2 - V_2^2}{2\alpha} + tV_1 - s \tag{4-18}$$

但是，由于在公式推导的过程中要求驾驶人读完点到标志牌的距离大于标志的消失距离，因此，若直接将 s 值代入计算，得到的前置距离 d 的数值会偏大，不适用于路段较短的城市道路交叉口。另外，车辆在进入交叉口过程中会遇到信号控制，此时驾驶人进行的减速运动是一个变化的过程，仅用单一取值的 α 进行计算，也会造成数据偏差，导致结果不准确。驾驶人在进入交叉口区域时，会采取制动措施以降低车速安全通过交叉口，车辆制动是一个变减速向匀减速变化的过程，如图 4-22 所示。

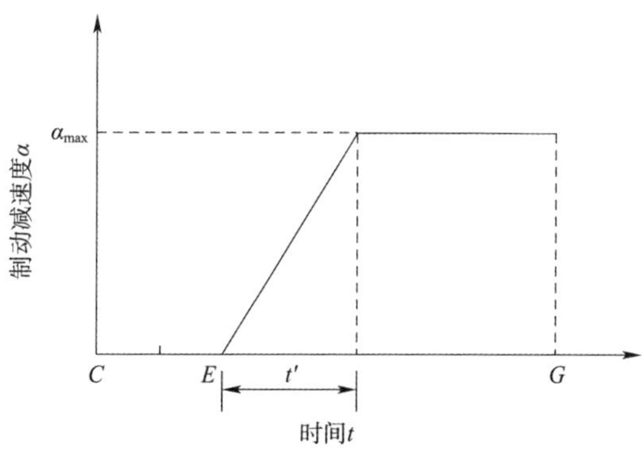

图 4-22　车辆制动减速过程示意图

车辆在执行点 E 点处开始减速并同时进行换道行为，此时的减速度呈线性增长，经过时间 t 后，减速度呈一个定值。在制动力持续增加的阶段，减速度的值由式(4-19)决定：

$$\alpha = \frac{\mathrm{d}v}{\mathrm{d}t} = kt \tag{4-19}$$

其中：

$$k = -\frac{\alpha_{\max}}{t'} \tag{4-20}$$

对 kt 进行积分，可得：

$$\int kt = \frac{1}{2}t'^2 + \mathrm{c} \tag{4-21}$$

其中，c 为常数。

从而获得 t 阶段末时刻车辆速度：

$$V_{1-2} = \frac{V_1}{3.6} + \frac{1}{2}kt'^2 \tag{4-22}$$

在变减速阶段，车辆驶过的距离 L_1 由式(4-23)决定：

$$L_1 = V_{1-2} \times t' = \frac{V_1}{3.6}t' + \frac{1}{6}\alpha_{\max}t'^2 \tag{4-23}$$

在匀减速阶段，车辆以 $\alpha_{\max}$ 做减速运动，末速度为 V_2，在此过程中车辆通过的距离为 L_2：

$$\begin{aligned} L_2 &= \frac{V_{1-2}{}^2 - \left(\frac{V_2}{3.6}\right)^2}{2\alpha_{\max}} = \frac{\left(\frac{V_1}{3.6} + \frac{1}{2}kt'^2\right)^2 - \left(\frac{V_2}{3.6}\right)^2}{2\alpha_{\max}} \\ &= \frac{1}{2\alpha_{\max}}\left(\frac{V_1 + V_2}{3.6} + \frac{1}{2}kt'^2\right)\left(\frac{V_1 - V_2}{3.6} + \frac{1}{2}kt'^2\right) \\ &= \frac{1}{2\alpha_{\max}}\left(\frac{V_1^2 - V_2^2}{3.6^2} + \frac{V_1 + V_2}{7.2}kt'^2 + \frac{V_1 - V_2}{7.2}kt'^2 + \frac{1}{4}k^2t'^4\right) \\ &= \frac{V_1{}^2 - V_2{}^2}{2 \times 3.6 \times 3.6 \times \alpha_{\max}} + \frac{2V_1}{2\alpha_{\max} \times 7.2}kt'^2 + \frac{k^2t'^4}{8\alpha_{\max}} \\ &= \frac{V_1^2 - V_2^2}{25.92\alpha_{\max}} - \frac{V_1}{7.2}t' + \frac{\alpha_{\max}t'^2}{8} \end{aligned} \tag{4-24}$$

在车辆执行操作阶段(图中 EG 点间)的行动距离 L 为：

$$L = L_1 + L_2 = \frac{V_1^2 - V_2^2}{25.92\alpha_{\max}} + \frac{V_1}{7.2}t' - \frac{\alpha_{\max}t'^2}{24} \tag{4-25}$$

根据前置距离基础模型 $d = L + j - s, s \geqslant m$，可得 $d \leqslant L + j - m$。若取临界状态，驾驶人读完标志时标志刚好消失(C 点与 D 点重合)，即 $s = m$ 时，可得出标志最小前置距离：

$$d \leqslant L + 2V_1 - m \tag{4-26}$$

二、车道行驶方向标志与指路标志分开设置

车道行驶方向标志设置在指路标志之后，即驾驶人首先发现指路标志，寻找目的道路信息，然后根据大概方向进行车道变换。在驾驶人决策过程中或车道变换过程中，驾驶人发现车道行驶方向标志，开始识读标志，判断自己所走车道是否正确，然后进行操作。

一般而言，短时记忆被看作信息的短时保存，保存时间有一定的时间限制。相关研究认为：如果不加以复述，信息在 12s 之内便会从短时记忆中丢失，即可认为短时记忆的保持时间一般为 12s。

驾驶人对此类指路标志的视认操作过程如图 4-23 所示。驾驶人在 A^* 点发现交叉口指路标志，此时车速为 V_0，在 B^* 点开始识读标志，在 C^* 点识读结束，D^* 为指路标志消失点，F^* 点为交叉口指路标志设置位置。在 A 点发现车道行驶方向标志，此时车速为 V_1，然后识读、执行，在 G 点执行完成，此时车速为 V_2。d^* 为交叉口指路标志设置的前置距离，m^* 为消失距离，g 为识读距离，此类标志的识读反应时间一般为 3s，w 为识读结束至发现车道行驶方向标志的距离，d 为车道行驶方向标志设置的前置距离。其他字符含义同上。

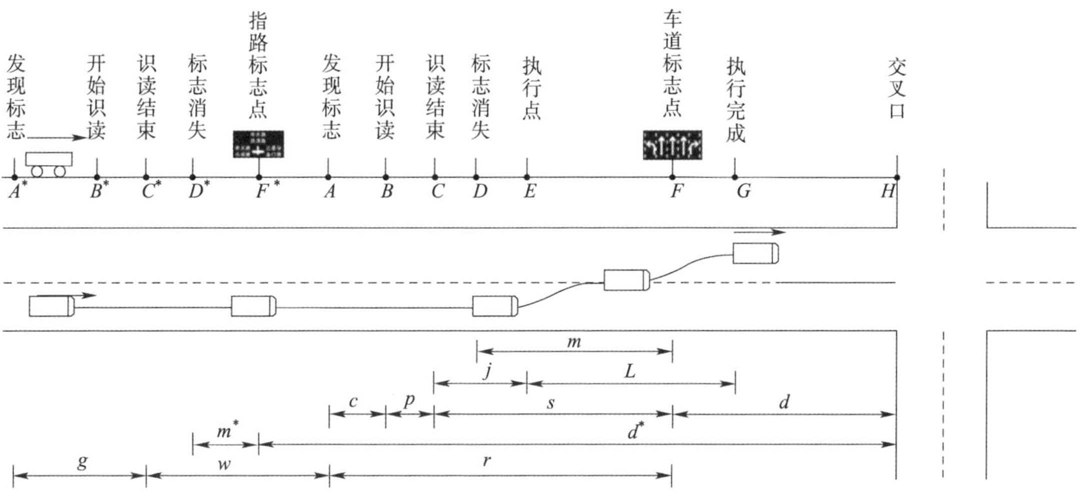

图 4-23　驾驶人对分开设置的交通标志的视认操作过程

1. 车道行驶方向标志设置的前置距离

车道行驶方向标志设置的前置距离计算过程与前述过程类似，而车道行驶方向标志的识读时间要小于上述车道行驶方向标志与指路标志并排设置的识读时间。根据本章第三节中实验测得单个车道行驶方向标志箭头的视认时间为 0.1s，因此，道路上常见的多车道的车道行驶方向标志的视认反应时间一般为 0.3 ~ 0.7s，减去驾驶人对交通标志的视认时间，反应时间取值 0.5s。结合上述减速换道过程及临界状态，则车道行驶方向标志设置的前置距离计算方法如下：

$$d = L + 0.5V_1 - m \tag{4-27}$$

2. 指路标志设置的前置距离

指路标志设置在车道行驶方向标志之前，根据驾驶人视觉信息短时记忆保持时间特性，记忆保持时间取为12s，指路标志与车道行驶方向标志间的距离要保证驾驶人在识读完指路标志的12s内识读车道行驶方向标志，还要保证在发现车道行驶方向标志前、标志消失点前识读完指路标志。

因此，关系式如下：

$$\begin{gathered} m^{*} \leqslant w \leqslant 12V_0 \\ d^{*} + m^{*} + g \leqslant d + r + w + g \\ d^{*} + m^{*} \geqslant d + r \end{gathered} \tag{4-28}$$

最后可得到式：

$$\begin{gathered} d + r - m^{*} \leqslant d^{*} \leqslant d + r + w - m^{*} \\ m^{*} \leqslant w \leqslant 12V_0 \end{gathered} \tag{4-29}$$

综上，根据式(4-29)可以得到指路标志设置的最大前置距离和最小前置距离。

第五章　旅游交通标志连续性设置研究

第一节　旅游交通标志连续性分析

一、旅游交通标志现状

国外的旅游交通标志设置往往具有很强的地域特点，且色彩丰富，如图 5-1 所示。

图 5-1　国外旅游交通标志

我国的旅游交通标志设置色彩相对较为单一，且不同城市具有不同特点，如图 5-2 所示。

图 5-2　我国旅游交通标志

二、旅游交通标志存在问题

旅游交通标志的合理与否直接关系旅游区道路资源利用率，对驾驶人的高效、安全行驶产生巨大影响。然而现阶段，我国旅游交通标志设置在视认性、连续性方面还存在一些问题。

1. 视认性

(1)旅游信息与其他商业信息混用严重。

各地对标志设置的规范不尽相同，旅游交通标志与各类商业标志混用严重，这种现象会对视认性造成严重影响。

(2)标志版面内容与实际情况不符。

在个别畸形交叉口,旅游交通版面上的形态有偏差(图5-3),在从南到北进交叉口时,驾驶人从标志上获取信息时大脑有感性认识,会认为进入交叉口后应该直行,但实际道路向左前方行驶。这样由于与实际情况不符而使驾驶人产生迷惑,甚至导致车辆偏离实际方向而造成交通事故。

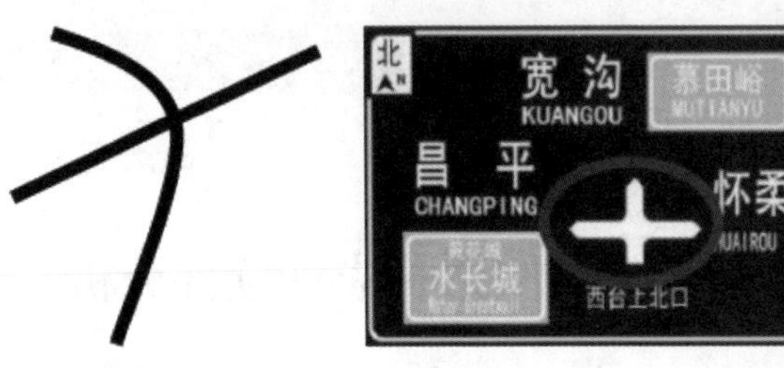

a)道路实际走向　　b)交叉口前的指路交通标志

图5-3　图符问题

(3)遮挡问题。

考虑环境美观等其他因素,道路两旁会栽种树木或设置路灯。然而在特定时刻,类似物体遮挡住交通标志(图5-4),影响驾驶人的辨认、获取信息。

图5-4　遮挡问题

2. 连续性

旅游交通标志对于旅游景点信息的引导存在信息缺失断链现象。一般情况下,驾驶人在根据上一标志信息引导行驶一段时间后,都会期望获得一个目的地的确认信息,以判断自己的行驶方向是否正确。然而目前我国旅游交通标志设置信息缺失、断链现象普遍存在,在很大程度上影响了旅游标志发挥作用,给驾驶人带来困扰,影响游客出行体验,同时也严重影响了旅游区的通行效率,造成社会资源的浪费。

第二节　出行过程与标志信息需求分析

一、出行过程分析

私家车旅游出行过程一般分为出行预备期、出行初期、出行中期、出行末期四个阶段。

1. 出行预备期

出行预备期即为私家车出行之前,驾驶人对道路、目的地所在方位的信息进行搜集的阶段。图5-5所示为出行预备期工作统计,在出行预备期工作表,100%驾驶人都会进行信息搜集,搜集方式不局限,包括网络、地图,向他人询问等。

图5-6所示为出行预备期信息需求统计,驾驶人在预备期的信息需求是初步了解目的

地所在方位，获取的关键信息为目的地周边高等级道路、所在城市等。在此阶段，驾驶人仅对目的地周边状况进行大概认知和了解。

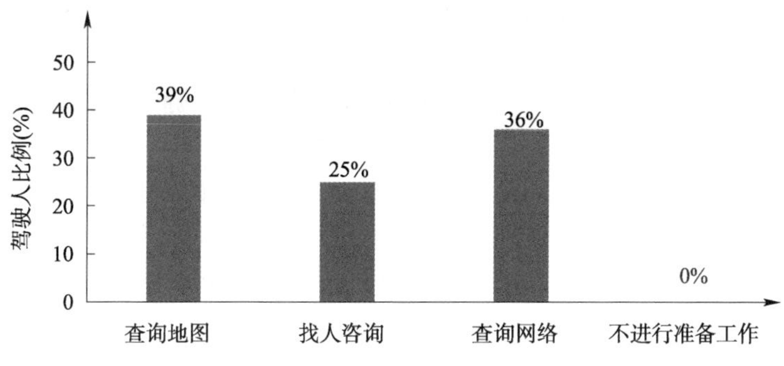

图 5-5　出行预备期工作

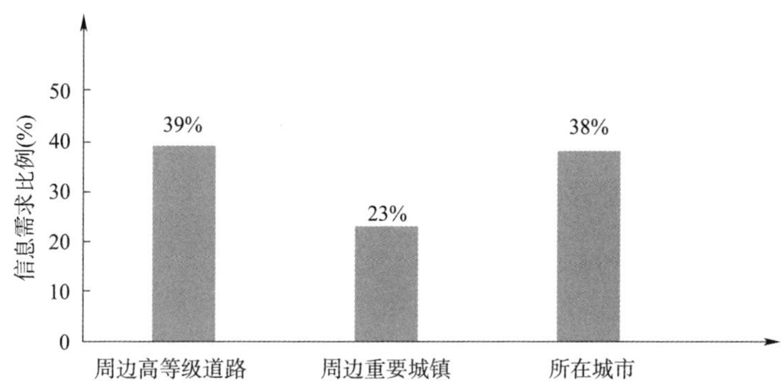

图 5-6　出行预备期信息需求

2. 出行初期

在完成预备期的信息搜集工作以后，进入出行初期阶段。在该阶段，驾驶人根据预备期获得的信息，选择行车舒适、交通顺畅、运行速度高、所需时间短的高等级道路。图 5-7 所示为道路选择类型统计，73% 的驾驶人选择高速公路。在此阶段，由于距目的地较远，不需要提供相关的旅游交通信息。

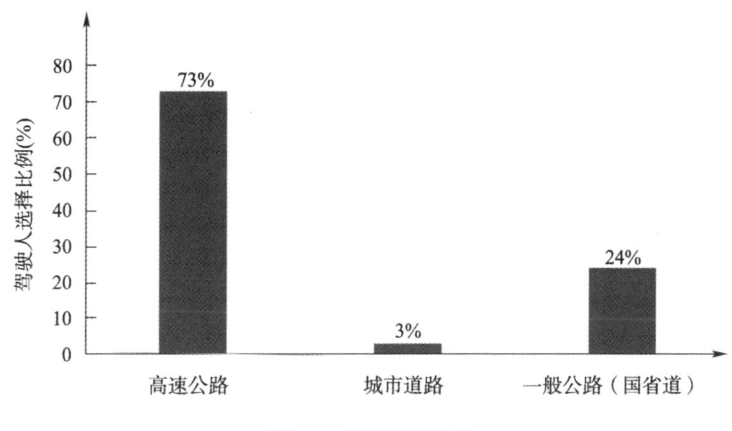

图 5-7　道路选择类型

3. 出行中期

当进入高等级道路以后,即进入出行中期阶段。在这个阶段,驾驶人主要关注沿线的城镇与道路信息,估算到达目的地的时间,确定预选路径的准确性。

4. 出行末期

出行末期从进入目的地景区一定范围开始,这个阶段是旅游交通标志设置的最佳时机。此时,如果信息引导合理,标志设置得当,驾驶人将按照旅游交通标志上的信息行驶。由于标志需求者多为对目的地陌生的驾驶人,因此,在此过程中,如果引导信息不足,驾驶人就会停车问路或进行试探性行驶,确认路径的准确性;若无引导信息,驾驶人则倾向先经过附近城镇到达景区的驾驶方式,这样,就会造成旅游交通量与城镇交通量争夺道路资源,给城区带来不必要的交通压力。

从旅游驾驶出行过程可以看出,出行预备期是私家车出行的重要前提阶段,如果此阶段驾驶人准备充分,出行初期和中期将会顺利完成。出行初期和出行中期主要为距目的地景区较远的时段,驾驶人此时最关注的是路径准确性。出行末期为旅游交通标志设置的关键阶段,由于距离目的地较近,驾驶人对旅游交通信息需求迫切。因此,出行末期旅游交通标志设置的合理性对于驾驶人能否顺利到达旅游目的地至关重要。

二、驾驶人旅游信息需求分析

1. 不同路网层次条件下的标志信息需求特点

(1)高速公路、快速路层次。

在城市道路网功能上高速公路和快速路,既具有过境交通,使车辆能够方便地出入境的作用;也有连接城市干道,分担城市交通流的作用。对于进入城区的车辆,标志信息应提供城区方位、主要干道交通信息以及通过该干道所能到达的城区范围,以便驾驶人选择合理的节点出口进入干道,直接到达相应的城区目的地,避免绕路;对于过境车辆,标志信息应保证提示性和连续性,在不同的节点处能够显示通过这个节点能够到达的远景目的地。

(2)干道层次。

主要干道层上,车辆车速较高,交通流量大,可以实现城区与外围组团、组团与组团之间的快速通过性。驾驶人的干道层信息需求表现为干道层交通信息概况,一方面,当交通拥堵发生时,能够及时提供相应的最短绕行路径,避免加剧交通拥堵和浪费不必要的时间。另一方面,标志信息主要包括干道各节点处所连接的快速路或者其他干道名称,以及重要地点的名称和里程,通过这些信息的连续指引,使驾驶人能够选择最佳路径到达城市相应的区域。

(3)连接道路层次。

连接道路能够实现地方性道路与干道之间的快速转换。驾驶人标志信息应及时提供与其连接道路相交的干道和其他道路的交通信息,使驾驶人能够根据交通流情况选择路径。

(4)地方性道路层次

地方性道路。期望标志信息提供道路所在区域范围内的通达性,指引驾驶人到达居民居住地或商业用地,同时提供集散道路的交通信息,使车辆能够快速进入更高层次道路,实现车流的快速移动。

2. 不同土地利用布局条件下的标志信息需求特点

随着城市化进程的加快，各大城市积极向城市外围拓展，形成以城区为中心的都市圈、卫星城等组团格局，进而建立起都市圈内部交通与外围交通环、射线相结合的现代化交通体系。结合城市骨架路网体系，城市用地大致分为三种类型。

(1)城市核心区。此类区域土地利用密度高，道路网络密度也相对较高，交通较拥挤。交通信息的选取以合理诱导交通流、避免大范围拥堵为主要目标；指路信息以指向市中心各重要区域为主，兼顾各城市组团间的交通信息协调连接需求。同时通过设置大量的禁令和指示标志来限制和引导交通，对交通流进行合理的管理和渠化，避免市中心的交通压力过大。

(2)城市轴向辐射区。此类区域呈现沿城市交通主干线两侧发展的趋势，城市用地扩张迅猛，道路网络结构完善，交通表现为时间和空间上的"潮汐"特征。交通信息的选取以合理诱导中长距离交通流，实现区域快速交通为主要目标；指路信息的指向范围较广，对内指向市中心的主要区域，对外主要指向外围组团区域。

(3)城市外围联系区。此类区域用地呈现沿快速路和高速路环状发展布局特点。交通信息选取以合理诱导交通流、避免不必要绕行、缩短行程时间为主要目标；指路信息类型以城市放射状连接道路和外围环状快速道路周边区域、过境高速公路延伸通往其他省、市、区为主，实现长距离交通和过境交通的快速畅达。

3. 旅游交通标志信息需求特点

驾驶人对旅游信息与其他指路信息的需求不同，主要表现在以下几方面。

(1)驾驶人对旅游信息内容需求一般表现为单一性，即单一需求前往某一景区的相关信息。

(2)旅游交通标志信息传递清晰易识别。驾驶人在行驶过程中由外界获取的信息量大，因此要求交通标志信息在传递给驾驶人时要清晰易识别，避免造成由于识别不完全引起的延误。

(3)由于对前往景区的道路较陌生，驾驶人对旅游交通标志的连续性设置需求更为强烈。只有连续地、不间断地提供目的地的信息，驾驶人才能快速、正确地到达。一旦出现信息断链，信息缺失等问题，会造成驾驶人迷惑、而走错路，严重者会由于注意力分散而引发交通事故。

第三节　旅游交通标志连续性设置方法

一、旅游交通标志连续性设置原则

由于旅游交通标志的主要服务对象是对景区相对陌生的私家车驾驶人，且信息需求也与城市道路不同，所以本节根据旅游交通标志存在问题，提出旅游交通标志的连续性设置原则。

1. 区域连续性原则

对于旅游交通标志的连续性设置，应总体把握区域连续性原则，即以连续性信息诱导为中心，在一定影响范围内（出行末期）进行标志设置。

2. 信息针对性原则

对于旅游交通标志的诱导信息选择，应有针对性地选取旅游信息（主要为景区名称）进行连续性标志设置。

3. 节点优化性原则

选取道路的特殊路段或关键点进行旅游信息连续设置，以“预告-强调-确认”为目标。

4. 关系协调性原则

使旅游交通标志与其他指路标志等相协调，最大限度的实现信息连续。

二、旅游交通标志连续性设置方法

1. 旅游交通标志影响范围确定

旅游交通标志的影响范围是指需要提供景区信息的区域。一般情况下，当驾驶人到达旅游景区周边道路与高等级道路连接处、重要城镇出入口时，道路等级或道路类型改变，道路功能也由以交通为主变为以聚散功能为主。道路标识性变差，信息出现中断，此时，驾驶人急需目的地景区的相关引导信息。

在此情况下，确定旅游景区周边道路与高等级道路的连接点、重要城镇的出入口，在地图上进行标识，并以最外沿为控制点进行连接，从而确定旅游交通标志的影响范围。

2. 旅游交通标志引导路径选择

在确定旅游交通标志影响范围（即旅游交通标志设置范围）的基础上，以手机 ID 的方式统计客流数据，分析前往景区的主要客源流向，根据出行心理学相关理论，在标志影响范围内确定私家车旅行驾驶人出行末期的起点。通过对影响范围内道路等级、现状交通量、附属设施情况等方面的调查，选择道路条件较适宜的道路作为旅游交通标志的引导路径。

随着城市道路机动交通量的迅速增长，旅游交通往往增加城市交通压力，因此，尽量将旅游量与城市内部交通量分离，以减少二者的冲突，缓解城市的交通压力。在选择旅游交通标志引导路径时，还应尽量避免交通拥挤的道路，充分挖掘景区周边道路资源，在安全的基础上，尽量做到交通流的顺畅与快速。

综上所述，对于旅游交通标志的引导路径选择，应把握几下几点：

（1）远离城市交通量集中道路；

（2）远离人口密集城镇；

（3）道路顺畅、路况较好；

（4）沿途风光优美。

3. 旅游交通标志设置节点选择

确定旅游交通标志的引导路径以后，在引导路径上进行旅游交通标志的连续性设置。

设置的第一步是选择节点，节点选择步骤如图 5-8 所示。在旅游交通标志的影响范围内选择节点，将节点划分为高速公路出入口、城镇出入口、交叉口、超长路段四类。又将交叉口分为畸形交叉口、小型交叉口、大型交叉口。按是否出现道路等级突变，将城镇出入口划分为小型城镇出入口、大型城镇出入口。

交叉口分类标准见表 5-1。

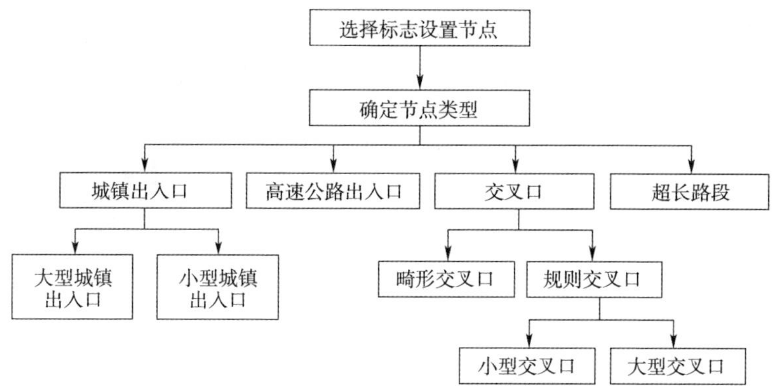

图 5-8 节点选择步骤

交叉口分类标准 表 5-1

交叉口主要道路类型		快速路	主干道	次干道	支路	
					Ⅰ级支路	Ⅱ级支路
快速路		—	大型	大型	—	—
主干道		大型	大型	大型	小型	—
次干道		大型	大型	大型	小型	小型
支路	Ⅰ级	—	小型	小型	小型	小型
	Ⅱ级	—	—	小型	小型	小型

完成类型划分后,根据节点类型的不同,进行不同程度的旅游交通标志的设置。

4. 旅游交通标志节点设置方式

将旅游交通标志分为预告标志、强调标志、确认标志三种方式。通过网络问卷,调查不同节点下驾驶人的期望标志,结合驾驶人行驶路径、节点位置、道路等级及交通量大小等对旅游交通标志节点设置方式进行确定。

其中,预告标志指在到达节点前,提前设置且含有景区信息的旅游交通标志,起提前告知驾驶人的作用;强调标志是指设置在节点处且含有景区信息的旅游交通标志,为驾驶人强调路径方向;确认标志是指设置在节点后且含有景区信息的旅游交通标志,使驾驶人确认其选择地路径是否正确。

网络问卷被调查者基础信息如图 5-9 所示。

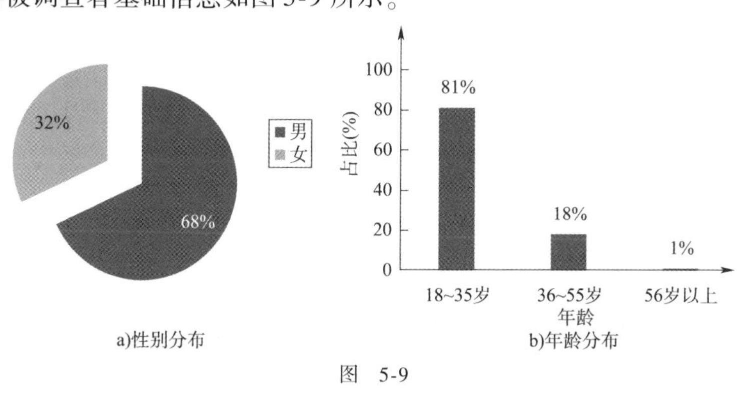

图 5-9

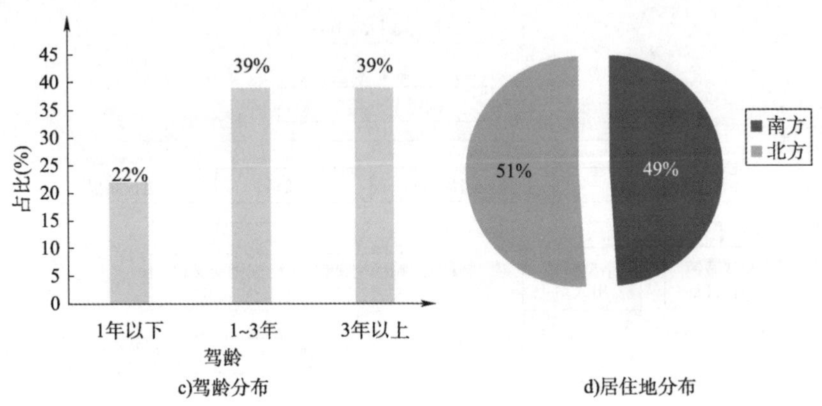

图 5-9　被调查者基础信息

将数据进行分类整理,按不同类别进行统计,得到各期望设置节点统计(图 5-10 ~ 图 5-13)。其中青年人为 18 ~ 35 岁群体,中年人为 36 ~ 55 岁群体,老年人为 56 岁以上群体;实习期为驾龄 1 年以下群体,熟练期为 1 ~ 3 年群体,经验期为 3 年以上群体。

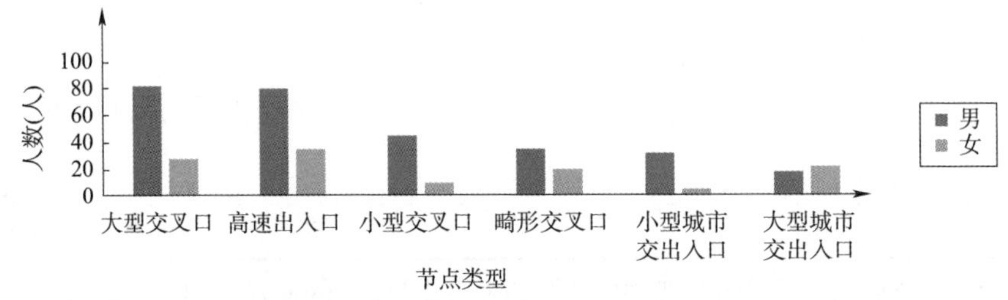

图 5-10　不同性别群体期望设置节点

由图 5-10 可知,男性最期望的三类节点依次为:大型交叉口、高速公路出入口以及小型交叉口;女性最期望的三类节点依次为:高速公路出入口、大型交叉口以及大型城市出入口。

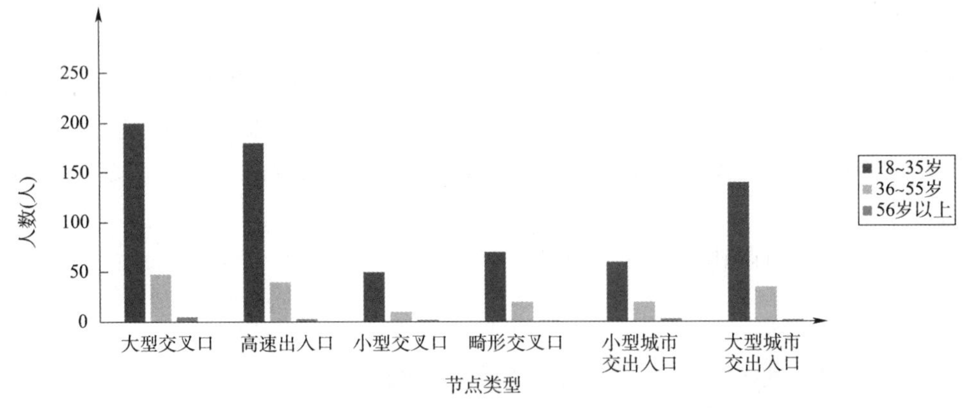

图 5-11　不同年龄群体期望设置节点

由图 5-11 可知,青年人、中年人最期望的三类节点依次为:大型交叉口、高速公路出入口以及大型城市出入口;老年人最不期望的四类节点依次为:畸形交叉口、小型交叉口、大型城市出入口、小型城市出入口。

由图 5-12 可知,实习期驾驶人最期望的三类节点依次为:高速公路出入口、大型交叉口、大型城市出入口;熟练期驾驶人、经验期驾驶人最期望的三类节点依次为:大型交叉口、高速公路出入口、大型城市出入口。

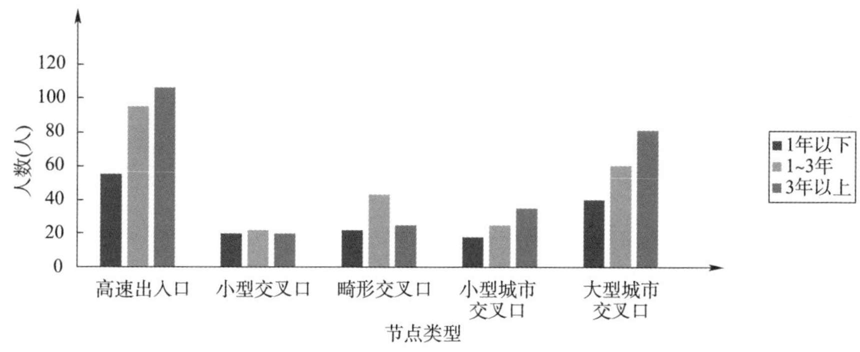

图 5-12　不同驾龄群体期望设置节点

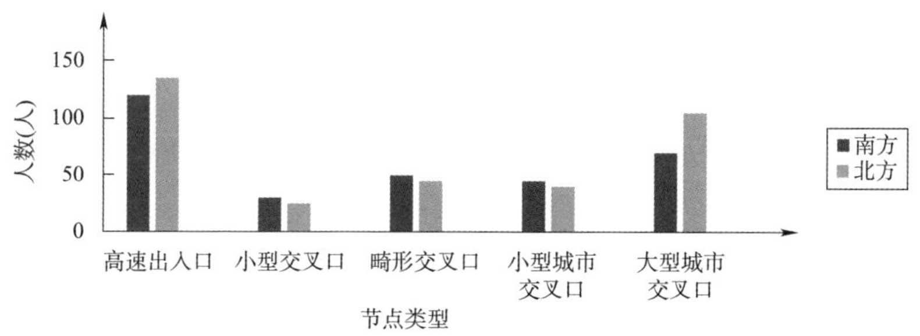

图 5-13　不同居住地群体期望设置节点

由图 5-13 可知,北方、南方驾驶人期望节点类型一致,最期望的三类为:高速公路出入口、大型交叉口、大型城市出入口。

综上所述,根据不同群体类别对节点的期望值高低,提出以下不同节点设置方式。

(1)高速公路出入口。

一般情况下,高速公路出入口,是引导路径的起始点,起至关重要的决策作用。另一方面,高速公路上车辆行驶速度较高,且处于封闭状态,驾驶人经过长时间驾驶,注意力下降,一旦错过正确出入口,往往要绕行较远距离。因此,在高速公路出入口应采用预告标志、强调标志相结合的方式,如图 5-14 所示。

(2)大型交叉口。

在大型交叉口的交通量一般较大,交通信息较多,进口道车道数较多,驾驶人到达交叉口附近后需做出的决策较多,受反应时间限制,进行完全信息搜索、找寻道路交通标志信息不易,因此应尽量采用提前预告、交叉口强调与事后确认的方式,如图 5-15 所示。

(3)大型城镇出入口。

大型城镇出入口是指引导路径与连接城镇道路等级相当,容易给驾驶人造成迷惑的出入口。因此,在大型城镇出入口应采用预告标志与强调标志相结合的方式,如图 5-16 所示。

(4)畸形交叉口。

畸形交叉口是指交叉口几何构成不规则,存在视距不良等问题的交叉口。包括 Y 形交叉口、大角度斜交交叉口(X 形)、错位交叉口、引导路径出现道路等级突变等。

由于畸形交叉口构成复杂,且多视距存在问题,因此驾驶人难以看到交叉口的整体状况，在选择方向时的出错概率较大。即使之前接受过预告信息，当面对复杂几何条件的畸形交叉口时，驾驶人也容易造成注意力过多集中于交叉口本身，而产生信息遗忘的现象。因此，应采取交叉口进口道预告与出口道二次确认的方式，如图5-17所示。

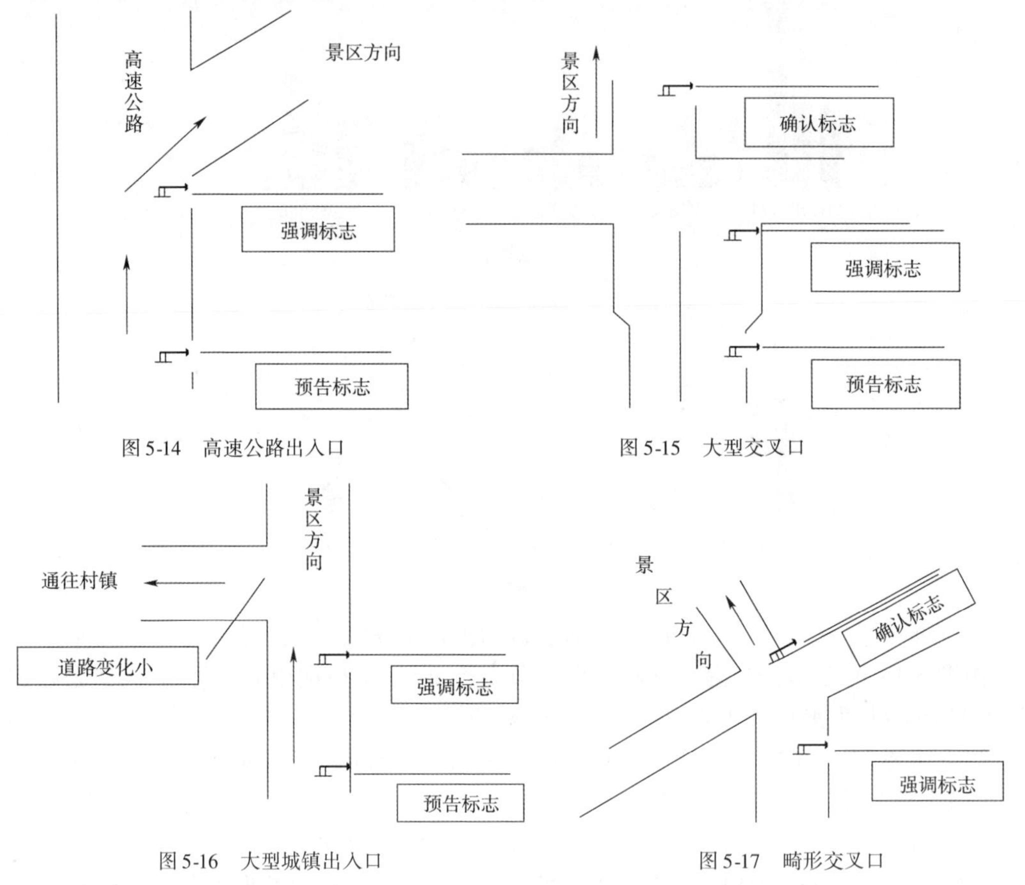

图5-14　高速公路出入口

图5-15　大型交叉口

图5-16　大型城镇出入口

图5-17　畸形交叉口

(5)小型城镇出入口。

一般情况下，小型城镇出入口，是指与标志引导路径相连接的城镇道路发生等级突变(多为乡村公路)的交叉口。此时，可以明显判断出走向，而无需设置旅游交通标志，如图5-18所示。

(6)小型交叉口。

小型交叉口是指规模不大，交通量较小且交通状况简单的交叉口，驾驶人在此处获取的干扰信息较少，可采取在交叉口处设置旅游交通标志(即强调标志)的方式，如图5-19所示。

(7)超长路段。

如果不在道路一定间隔内进行标志设置，驾驶人将会产生走错路的疑惑，这种无交叉口与出入口且超过驾驶人心理承受能力的连续路段，称为超长路段。可以进行问卷调查，以获得合理的时间间隔与距离间隔。

①时间间隔的确定。此处假设时间为以60km/h速度行驶时的行车时间。按不同类别将数据进行统计整理，可得各种前提下的期望时间间隔(图5-20～图5-23)。

如图5-20、图5-21所示，对于时间间隔的期望，不同性别没有明显区别，5～10min为最佳时间间隔。如图 5-20 所示，将三个群体进行叠加，2～5min 为最佳时间间隔，而通过对不同群体分别进行统计分析发现，青年人、中年人认为 5～10min 为最佳时间间隔，老年人则倾向 2～5min，这与驾驶人的生理特征有关（老年人记忆力下降，需要提示的间隔更短）。

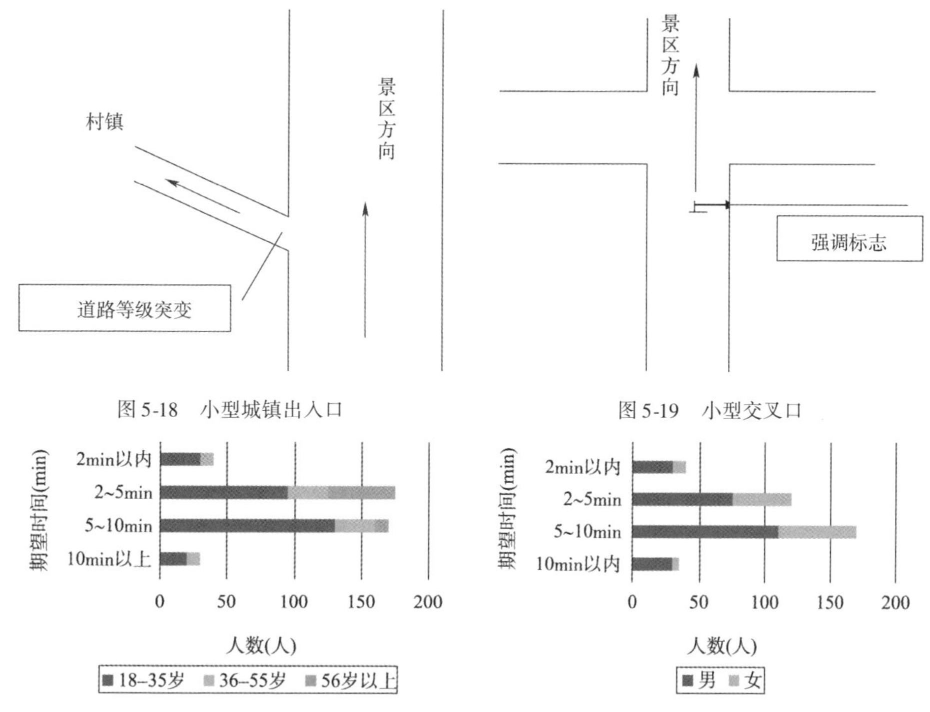

图 5-18　小型城镇出入口

图 5-19　小型交叉口

图 5-20　不同年龄群体期望时间间隔

图 5-21　不同性别群体期望时间间隔

如图 5-22、图 5-23 所示，对于时间间隔的期望，不同驾龄、不同居住地没有明显区别，5～10min为最佳时间间隔。

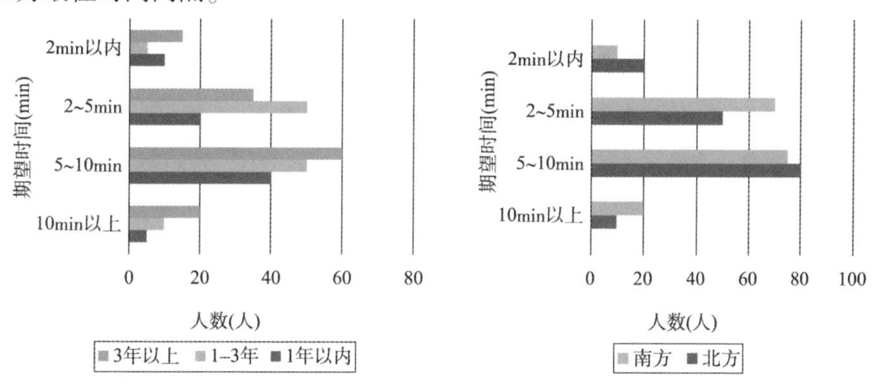

图 5-22　不同驾龄群体期望时间间隔

图 5-23　不同居住地群体期望时间间隔

综合考虑上述因素与人群构成比例，确定超长路段旅游交通诱导标志设置最佳时间间隔为 5～10min。

②距离间隔的确定。图 5-24 所示为不同性别群体期望距离间隔，将两个群体叠加，期望最佳距离间隔为 6km。而不同群体分别统计，男性的期望距离间隔为 10km，女性为 6km。图 5-25 所示为不同年龄群体期望距离间隔，将三个群体叠加，期望最佳距离间隔为 6km，而

不同群体分别统计，青年人的期望距离间隔为6km，中年人为10km，而老年人为2km，这也符合群体的生理特点需求。

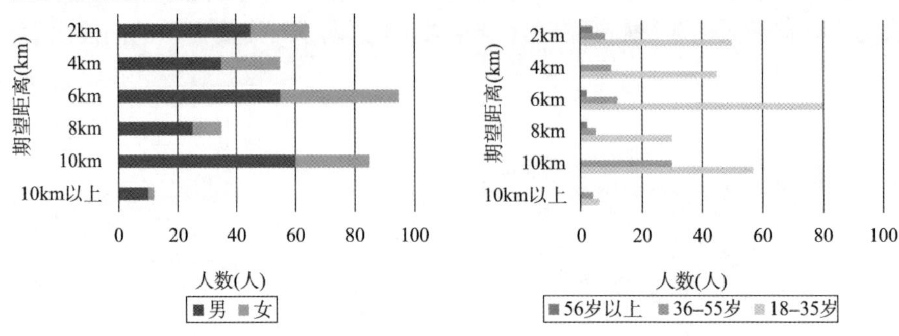

图5-24　不同性别群体期望距离间隔　　　图5-25　不同年龄群体期望距离间隔

图5-26所示为不同驾龄群体期望距离间隔，将三个群体叠加，期望最佳距离间隔为6km，而对不同群体分别统计，实习期、熟练期的期望距离间隔为6km，经验期为10km，这与驾驶人的驾驶心理相符合，对标志的依赖性随驾驶熟练度升高而降低。图5-27所示为不同居住体群体期望距离，居住地对距离间隔无影响，最佳距离间隔为6km。

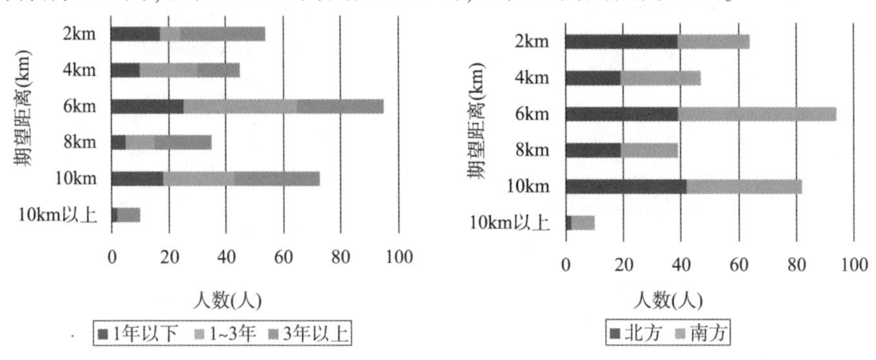

图5-26　不同驾龄群体期望距离间隔　　　图5-27　不同居住地群体期望距离

综合考虑上述因素与人群构成比例，确定超长路段旅游交通诱导标志设置最佳时间间隔为6km。将时间间隔与距离间隔统一考虑，在超长路段，假设车辆以60km/h匀速行驶，应隔6km，即6min设置一次。

5. 旅游交通标志方案优化

在完成旅游交通标志各节点的标志设置后，形成初始方案。应用仿真场景软件将初始方案制作成三维场景，用于方案优化。

常用的场景仿真软件为UC-win/road软件。UC-win/road软件（图5-28）通过简单的PC操作，搭建三维虚拟模拟（VR假想现实），通过利用的实时VR软件，它不仅能在运动的三维空间中进行实时操作，而且能够在道路规划设计、软件开发中，作为一项通用工具，发挥有效作用。

6. 旅游交通标志优化方案效果评价

将优化方案实施后，应对旅游交通标志的连续性设置成果进行效果评价。效果评价以随车实验结合调查问卷的形式完成。

首先选择熟悉引导路径的驾驶人，对旅游交通标志设置信息进行确认，评价所使用旅游信息是否准确、到位、达到预期效果；然后选择不熟悉引导路径的驾驶人，对旅游交通标志的连续性进行评价、打分；最后根据反馈意见修正交通标志，通过反复补充或修改标志位置，完善旅游交通标志系统。

图 5-28　UC-win/road 软件界面

7. 旅游交通标志连续性设置方法流程图

根据上文提出的旅游交通标志连续性设置方法，绘制旅游交通标志连续性设置方法流程如图 5-29 所示。

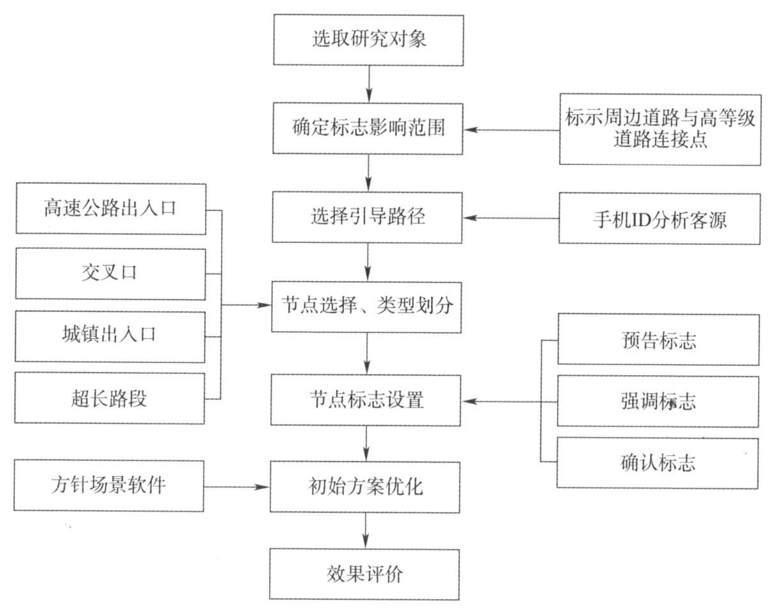

图 5-29　旅游交通标志连续性设置方法流程

根据设置原则，提出旅游交通标志连续性设置方法：首先划定旅游交通标志影响范围、通过手机 ID 数据的方式，对前往景区的主要客源进行调查分析，根据出行心理学相关理论，选择旅游交通标志的引导路径；对引导路径上的主要节点进行类型划分，有针对性地进行不同方式的标志设置，形成初始方案，其中，以网络问卷与实际问卷相结合的方式，重点研究超长路段旅游交通标志设置时间间隔与距离间隔；应用三维仿真软件对方案进行场景模拟，结合调查问卷的方法优化方案，最终对方案结果进行效果评价。

第六章　基于认知心理学的城市道路交通标志动静态视认研究

第一节　驾驶人认知心理学理论

认知心理学体现在人对所接受外部信息的加工、感知识别、注意与记忆方面，每个过程都展现了人类大脑的识别加工、逻辑思维、内心活动等。本章主要基于驾驶人的认知心理，从驾驶人观看交通标志所产生的生理、心理活动角度出发，研究驾驶人视觉特性、大脑属性变化等因素对视认交通标志的影响。

一、认知心理学概述

认知心理学是人类心理行为机制的集中体现，其主要核心是内部心理输入和输出之间的过程，也就是人们在认知过程中的高级心理活动。与传统的心理学研究相比，认知心理学主要是将人的心理活动作为变量来研究其他因素对其影响的规律。对于其研究特点而言，由于不能直接观察人的内部心理活动，所以专家们只能通过可观察到的现象去推敲人们的心理过程，但是仅凭推测是不足的，所以认知心理学的专家更注重研究人脑本身，从而揭示人类认知活动的本质。目前一些学者把认知心理学总结为以下四个过程：把人脑看作类似于计算机的信息加工系统；强调人脑中已有的知识和知识结构对人的行为和当前的认识活动有决定性作用；强调认知过程的整体性；产生式系统。该部分描述与信息论的阐释相类似，但是认知心理学不仅关注简单的系统输入和输出，往往更注重分析人类心理活动在信息加工过程中体现的作用。

二、驾驶人视觉特征

驾驶人的认知心理研究，包含了注意、记忆、知觉、表象、语言和思维等方面，而本章更强调驾驶人在视认交通标志时的内心活动和语言逻辑等，驾驶人的视觉特征是驾驶人认知过程的基础条件，也是捕捉驾驶人认知心理的特征之一。

1. 视力

视力是研究驾驶人认知心理的基础，是分辨微小物体以及细微部分的能力。识别远处目标或物体的能力称为远视力，识别近处目标或对象的能力称作近视力。在本章中，主要基于驾驶人的动视力和静视力，获取驾驶人的视认理解时间。动视力是指眼睛在观察移动物体时，感知、捕捉目标影像的能力。而静视力的定义是指眼睛在观察全都处于静止状态下的目标对象。通过动静结合的实验方式,完成捕捉驾驶人的心理活动和视认时间。基于前人的研究,驾驶人在高速行车环境下,其生理状态也有相应变化,主要体现在:随着速度的增高,驾驶人的动视力逐渐降低。本章通过两种实验方案,捕捉驾驶人视认交通标志时的理解时间。实验一主要基于静视力视认时间研究标志的聚类方法,实验二主要基于动视力视认时间研究标志的信息关系,研究指标会在下文具体阐释。

2. 视野

视野也分为静视野和动视野,静视野是指在人的头部和眼球处于固定状态下,眼睛所能观看到正前方目标的空间范围,当眼睛在转动时,所能看到的空间范围称为动视野。前人的研究也表明当行车速度较快时,驾驶人的眼球越容易注视远方,其视野范围会变小,驾驶人的心理活动也会产生变化,如注意力会随着视力向中心聚拢而无法顾及两侧,容易造成交通事故。本章在进行研究时将驾驶人的视野固定在一个平面内,即双眼可视区域大约在60°左右的区域,研究在该有效视野内驾驶人所能注视的全部交通标志。

三、驾驶人信息获取模型

驾驶人在行车过程中感知和接受刺激,产生了感知、记忆、反馈等机制,形成认知感觉和心理活动,构成了信息接受刺激获取模型。该模型主要包括了信息判断决策模块、信息输入输出模块、操作决断和执行模块、驾驶人周边环境和自身处理交通信息的条件、方式等特征的约束模块。

1. 模型的运行机制

(1)第一部分运行机制体现在驾驶人信息获取过程中。由于大脑感知的内容是有限的,所以存在一定的信息阈值限制。驾驶人的感知觉从外部环境中判断交通信息,借助知觉对信息进行筛选和选择,然后存于大脑的短时记忆中,并将其他信息资源分配到其他感知类别中,接着进行对交通信息的深度加工。此时大脑处于积极状态中,需要处理的任务多且复杂,使注意力更加集中。

(2)第二部分运行机制体现在信息处理的决策模块。其主要功能是在特定的交通特性和外界环境下,大脑利用短时记忆将交通信息分配到感知类别中,进行深度加工后做出断定和决策。这个过程主要通过3种方式竞争的形式来实现,从而选出最佳决策方案。贾洪飞在他的文章中详细阐述了比较器在进行比较和分析的过程(表6-1)。

驾驶人三种信息方式加工的区别　　表6-1

处理方式	特点	需要注意资源量	需要记忆资源量	处理速度	准确度	与模块5的交互程度
前馈处理方式	利用直觉和条件反射直接输出判断信息	不需要	不需要	最快	最差	最低
信息模块处理	利用输入信息搜索与之匹配模板并激活输出参与竞争	较多	较多	较快	较差	较低

续上表

处理方式	特　点	需要注意资源量	需要记忆资源量	处理速度	准确度	与模块5的交互程度
信息推理分析处理	利用推理分析并结合上述两种方式和模块5输出判断信息	大量	大量	最慢	较好	最高

两个运行机制完成后,驾驶人可以进行快速反应并执行命令,根据外界消息的内容,对应相应的驾驶行为来操作车辆。驾驶人执行预期任务时所做出的驾驶行为主要包含以下方面:控制制动踏板减速;控制制动踏板加速、转向操作;操控车灯等,以改变车辆的行驶状态,同时形成负反馈机制,将自己的操作结果反馈给大脑,以接收新的消息和刺激。周而复始,使驾驶人不断调节驾驶状态以适应新的道路交通环境,在确保交通安全的情况下完成整个驾驶任务。

2. 模型的特点

基于对上述模型的剖析可知,在加工和处理信息的过程中,该模型主要有以下5个特点。

(1)反馈与负反馈机制。即在驾驶人认知和感知过程中,每一步都会将成功和失误向上一层进行反馈。

(2)比较器竞争机制。在信息处理和加工模式中,分别进行了对比处理、协同竞争、适者优先3种加工方式,提高了处理的准确性。

(3)引入机制。即将驾驶人的短暂记忆和感知注意机制引入到驾驶人信息处理和加工模型中。

(4)思维定向机制。驾驶人在面对诸多不同的交通环境时,其认知系统受到了驾驶人的主观模式影响,如当驾驶人面对某种特定环境时,习惯使用自身的一些逻辑思维和特性适应当前环境,通过自己曾处理过的环境和认知对象产生的熟悉度来判断自己的路径选择。

(5)全面可协调机制。在加工过程中,驾驶人不仅运用了"自上而下"的固有方式,还建立了多维的"自下而上"的信息加工模型,使驾驶人更全面地理解交通环境的产生与改变,从而也更好地反馈了驾驶人的认知感知过程。

3. 驾驶人获取的信息量

基于前人的研究成果,以视认交通标志为例,在进行驾驶人获取信息量的判定时,主要将交通标志分为以下两种。

(1)单义性交通标志。该种标志具有通用的颜色、形状和符号,规范中给予严格要求,当一块交通标志只传递一条信息时,即信号源只给驾驶人发出一种消息,则定义其为单义性交通标志,如通常人们所见的警告标志、禁令标志等。

(2)多义性交通标志。该种标志的特殊性体现在可传达多种信息源,即一块标志可以传达多种信息,则定义其为多义性交通标志,如指路标志,由于给道路使用者提供的方向地点不同,所以不同指路标志分别具有2~6条指路信息。多义性标志根据其类型不同,可分为一般道路指路标志和高速公路指路标志。

第二节　基于认知心理学的单一交通标志分类研究

一、交通标志分类方法概述

研究交通标志信息阈值时，诸多学者将交通标志分为单义性交通标志和多义性交通标志。也有一些学者基于交通标志的理解性，并结合组内同质性检验结果，对交通标志进行分类。但是这些分类方法没有涉及驾驶人的视认特性，忽略了视认时间对于交通标志分类的影响。本章结合驾驶人认知心理特性，通过数学方法对驾驶人视认理解时间进行聚类，实现对交通标志的分类。

二、实验方案设计

基于百度实景地图和实地调查中交通标志布设的实际情况，选取常见交通标志共42块，运用AUTOCAD软件进行绘制。基于驾驶人视认特性，本文采用E-PRIME软件对驾驶人进行交通标志视认理解实验，通过一定的数学方法对视认理解时间进行聚类，实现交通标志的分类。具体实验设计思路如图6-1所示。

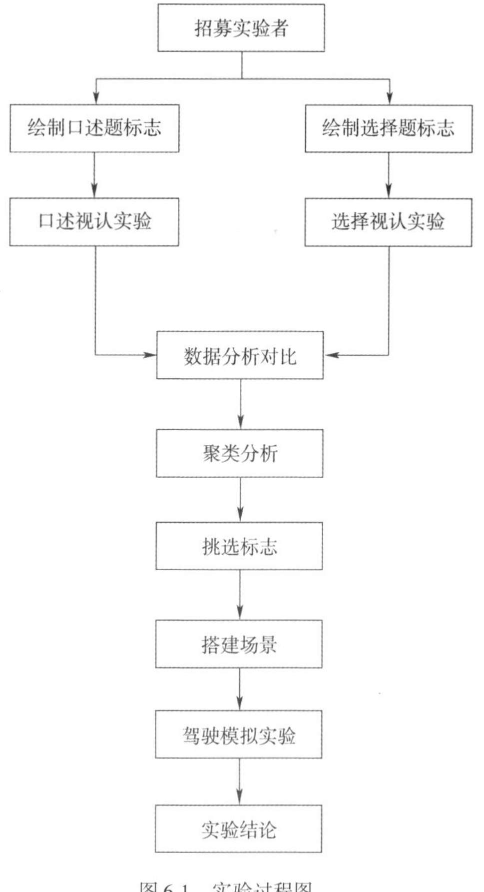

图6-1　实验过程图

1. 实验对象及要求

依据统计学公式，确定最小样本量：

$$n=\frac{Z^2\delta^2}{E^2} \tag{6-1}$$

式中：E——可接受的抽样误差。允许误差越小，所需样本量越大，当允许误差小于3%时，若再提高精度，则所需样本量成倍增加。本文计算中选取值为3%；

Z——标准误差的置信水平。其表示估计结果的可靠性。置信度越高，要求的样本越大。本文选取置信度为95%，对应的$Z=1.96$；

δ——方差。表示样本间的离散程度。当未知方差的情况下，可用样本率进行预估。当样本率$P=0.5$，此时$p(1-p)$达到最大，即方差取得最大值。结合实验条件，本文中的δ选取0.08。

因此，实验共招募40名被试者，要求20名男生，20名女生，年龄为20～50岁，驾驶经验为1～2年、2～3年、3～4年、5年及5年以上。被试者不能佩戴眼镜，(矫正)视力均在5.0

以上,无色弱和色盲。被试者在实验前和实验中均禁止服用精神活性物质,包括咖啡因、尼古丁、茶和啤酒。

2. 实验过程

(1)实验问卷调查。

问卷内容主要包括被试者的个人属性特征以及影响交通标志视认的因素。个人属性包括驾驶人性别、年龄、驾驶经验;心理因素包括个人情绪、实验环境;生理因素包括驾驶疲劳、刺激强度。

(2)实验一:以口述方式视认交通标志图片实验。

本文涉及的交通标志包含指路标志、指示标志、警告标志、禁令标志、辅助标志等。被试者填写好问卷以后,按照下述流程,进行交通标志视认实验,其中所有交通标志均按照《道路交通标志和标线　第2部分》的要求进行绘制,采用随机播放顺序,实验过程如图6-2所示。

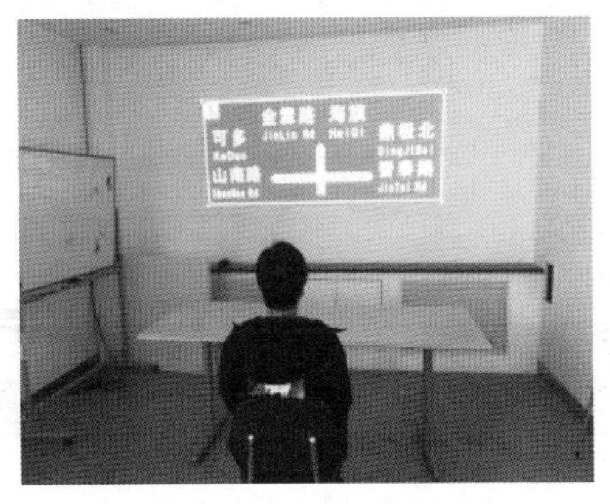

图6-2　交通标志视认实验过程

①实验前对被试者进行简单培训,说明实验中注意事项。

②利用E-Prime操作平台,对上述交通标志进行视认时间测试。实验开始前播放实验手册,被试者表示看懂后,操作员按“空格键”进行预实验,当声明“开始实验”后,屏幕上播放一张交通标志图片,被试者说出标志内容,如果回答正确,操作员按“Y”键,开始出现下一张图片,被试者说出标志内容;如果回答错误,操作员按“N”键,开始出现下一张图片。告知操作员“明白”以后,开始正式实验。

③当标志图片为指路标志时,屏幕中先会显示驾驶人所需要到达的目的地名称,然后根据标志内容,对交通标志进行“左转、直行、右转”判断,并由操作员判断口述结果,操作员完成按“Y”键或“N”键后,出现下一张图片。

④正式实验和预实验操作方式一样,直至完成所有交通标志图片的视认。

⑤操作员检查操作平台数据、整理好实验材料,确保未遗漏信息,完成实验。

(3)实验二:以选择题方式视认交通标志图片实验。

考虑实验过程中,由于每个交通标志的名称长短不一,会影响E-Prime后台记录的视认理解时间,所以本章提出实验方案二,利用选择题方式排除标志名称不同而造成的时间误差。选择题的问题字符数均为12,选项字符数均为4,共涉及3个选项。同时按照下述流程完成实验二,标志播放顺序采用随机播放,实验过程如图6-3所示。

图6-3　实验二交通标志视认实验过程

①实验前对被试者进行简单培训,说明实验中注意事项。

②利用E-Prime操作平台,对上述交通标志进行视

认时间测试。实验开始前会播放实验手册,被试者表示看懂后操作员按“空格键”进行预实验,当声明“开始实验”后,屏幕上播放一张交通标志图片,被试者根据图片显示的选项,回答根据自己理解的标志内容,口述图片对应的选项,如“A”“S”“D”,操作员根据其口述选项选择对应的按键,按键完成后开始出现下一张图片。

③当标志图片为指路标志时,屏幕中先会显示被试者所需要到达的目的地名称,然后根据标志内容,对交通标志进行“左转命令、直行命令、右转命令”判断,并口述判断的对应选项;

④同实验一的步骤(4)、步骤(5)。

三、初步实验成果

本节主要基于被试者的认知心理,运用 E-PRIME 软件平台,通过口述和选择两个实验,汲取被试者对于交通标志的视认时间,在经过一系列数据处理后,完成聚类分析,见表 6-2。

标志分类结果　　表 6-2

标志种类				
1 类	2 类	3 类	4 类	5 类
左转	时间范围	大型车靠右	减速让行	指路 4
掉头	严禁酒驾	公交专用道	停车让行	指路 5
禁止掉头	禁止电话	禁止大型车	禁止超车	指路 6
禁止左转	系安全带	禁止货车	事故多发路段	易滑
直行	二环路区域内	注意慢行	注意 T 型交叉口	道路不平
禁止直行	左转直行	限速 40	注意交叉口	—
右转	禁止左直	注意行人	注意非机动车	—
禁止右转	禁止右直	注意儿童	注意信号灯	—
—	右转直行	禁止机动车	无人看守铁路	—
—	行驶方向标志	注意危险	—	—

第三节　交通标志组合信息阈值研究

一、标志组合实验概述

根据聚类分析结果,分别从 5 种交通标志中选择 1 个交通标志进行排列组合,研究同一平面(同一支撑结构)上多种交通标志组合设置的信息阈值。为了便于得出本章实验的结论,分别选择表 6-3 的标志进行实验,因为能通过驾驶人主观的驾驶行为判断驾驶人是否理解这 5 种交通标志。如限速标志,若驾驶人出现超速情况,即其没有读懂该交通标志;如车道行驶方向标志,若驾驶人如果未按照规定车道行驶,即其没有读懂该交通标志。《道路交通标志和标线　第 2 部分》对停车让行标志的限制要求是规定其单独设置,但是考虑驾驶人的驾驶特性,通过其是否停车判断驾驶人是否读懂交通标志,所以本文中暂且将其与其他标志组合。对于已选的 5 块实验标志,根据聚类特有可知,每块标志均可在同类中进行替换。

多块交通标志组合实验选取的交通标志见表6-3。

多块交通标志组合实验选取的交通标志 表6-3

类 别 1	类 别 2	类 别 3	类 别 4	类 别 5
禁止左转或直行标志	车道行驶方向标志	限速标志	减速让行或停车让行	指路标志

指路标志的设置可规定驾驶人固定行驶路线，通过驾驶人是否按正确路线行驶，以及对应的减速、停车行为等，判断驾驶人是否全部理解同一平面内的交通标志。

研究标志信息阈值的传统方法是采用视认时间突变，即随着标志的信息数逐渐增多，视认时间会不断线性增长，当出现视认时间突变时，即认为此时对应的信息数为信息阈值。本文采用视认时间逐差法研究多种标志信息组合的阈值。以下是视认时间逐差法的介绍。

(1)确定最大交通标志视认时间。在人机系统中，开始视认标志到视认标志结束时的距离是一定的，而行驶的平均速度也是不变的，利用距离与速度的关系，可以得出对应路段内最大视认交通标志时间。

(2)确定单块交通标志视认时间。

(3)用交通标志最大视认时间分别减去每块交通标志视认时间，直至出现负数，即认为该种组合情况下是交通标志设置的信息阈值。

通过构建视认时间与交通标志信息数的相互转化关系，借助一元方程组的求解，得出交通标志信息数的阈值。本实验中主要应用的软件为3DMAX、驾驶模拟仓和眼动仪，以下会分别介绍。

1. 眼动仪

实验应用德国SMI(Senso Motoric Instruments)公司生产的眼动仪记录驾驶人在行驶过程中的注视点轨迹、视觉搜索规律、坐标点等数据，刘博华的基于仿真技术的驾驶人标志视认安全性研究中已经对其使用要求进行介绍，本文沿用该使用规范。

2. 3DMAX 场景搭建

为了研究多种交通标志组合情况下的信息阈值，本文借助于3DMAX软件搭建与实际路况相仿的实验道路，作为驾驶模拟实验的场景，场景的搭建主要包括以下三方面。

(1)铺设实验道路。实验道路包括道路标线、路缘石等，路网结构为网状，且设置好正确路径。各个交叉口间距大于1500m，道路宽度为3.75m，单向4车道，天气状态设置为晴。

(2)搭建道路周边场景。周边场景主要包括道路景观、植物绿地等，结合现实道路周边情况，使模拟场景更接近于实际，如图6-4所示。

a)

b)

图6-4 道路周边场景图

(3)设置全部交通标志。由于标志的设置情况过多,本章只研究将其设置在道路右侧的情况。其中粘贴方式,位置和高度等均按《道路交通标志和标线　第 2 部分》要求,以下进行详细介绍。排列方式按照如下规定:标志板在一个支撑结构上并设时,应按禁令、指示、警告的顺序,先上后下,先左后右地排列。各个标志的颜色、形状、边框和衬边、字符、尺寸、图形等均按照《道路交通标志和标线　第 2 部分》中要求所设置。因实验器材缘故,共搭建 3 种场景,15 种组合形式,多种交通标志组合设置情况见表 6-4、图 6-5 所示为实际标志组合搭建的场景。

标志组合形式　　表 6-4

组合形式			
2 种	3 种	4 种	5 种
指路 + 禁止直行	指路 + 禁止直行 + 车道行驶方向	指路 + 禁止直行 + 车道行驶方向 + 限速	指路 + 禁止直行 + 车道行驶方向 + 限速 + 停车让行
指路 + 车道行驶方向	指路 + 禁止直行 + 限速	指路 + 禁止直行 + 车道行驶方向 + 限速 + 停车让行	—
指路 + 限速	指路 + 禁止直行 + 停车让行	指路 + 禁止直行 + 限速 + 停车让行	—
指路 + 停车让行	指路 + 车道行驶方向 + 限速	指路 + 车道行驶方向 + 限速 + 停车让行	—
—	指路 + 车道行驶方向 + 停车让行指路 + 限速 + 停车让行	—	—

a)

b)

图 6-5　实际标志组合搭建的场景

3. 驾驶模拟

本章驾驶模拟实验采用三屏幕主动式汽车驾驶模拟器,该模拟器上,安装了转向盘、离合器、挡位等操作部件,操作部件上还安装了传感器,通过传感器采集系统采集获取相关数据,然后输入计算机系统。模拟器的内部安装有一台计算机,一个屏幕,学员在操作转向盘等部件的时候,屏幕上的图像会实时地跟着变化,并且会对学员的错误操作进行提示,例如换挡位踩下离合器。由于用户操作会对屏幕中显示的图像产生影响,故名主动式,又名互动式。对于这种模拟器,不同厂家的硬件配置都相似,主要区别在于软件的功能。驾驶模拟器示意图如图 6-6 所示。

a)

b)

图 6-6　驾驶模拟器示意图

二、标志组合实验方案设计

1. 实验对象及要求

实验招募被试者共 40 名,20 名男性,20 名女性,年龄为 20～50 岁不等,驾驶经验分为 5 年以上和 5 年以下。

2. 实验过程

(1)实验问卷调查。

问卷内容主要包括被试者的个人属性特征以及视认交通标志影响因素。个人属性数据已经获得,视认交通标志影响因素分为心理因素和生理因素,同时保证其他因素(如酗酒、疲劳等因素)不影响本次实验。

(2)实验过程。

①预实验。预实验主要由 10 名被试者参与,实验内容为单一标志视认。实验过程如下:

a. 对被试者进行问卷培训,告知被试者指定的行驶路线;

b. 确定被试者是否认知如下 5 种标志,即车道行驶方向标志、停车让行标志、指路标志、限速标志和禁止左转标志;

c. 被试者佩戴眼动仪,进行坐标标定;

d. 被试者启动模拟器,由电脑记录实验视频,操作员在后台记录驾驶人开始认知标志和认知标志结束的坐标和速度;

e. 整理实验数据,实验结束。

②正式实验。正式实验共 40 名被试者参与,实验内容为多种交通标志组合视认。实验过程如下:

a. 对被试者进行问卷培训,并告知被试者每个标志对应的驾驶行为;

b. 告知被试者每个场景指定行驶路线,实验共 3 个场景,共 15 个交叉口;

c. 佩戴眼动仪，进行坐标标定；

d. 被试者启动模拟器，由计算机记录每个实验的视频；

e. 整理实验数据，实验结束。

三、标志组合实验数据处理

1. 预实验数据处理

本实验数据处理方法简单，但是数据量较大，需要提取视频文件，将被试者注视点注视在交通标志的时间进行提取。提取方法应用编程软件，后台记录每块交通标志注视点开始视认与注视点结束视认的时间。通过大量视频数据处理，得出以下每块单一交通标志的注视时间。见表6-5。

单一交通标志视认时间和比例 表6-5

标 志 类 型	平均视认时间(ms)	相互比例关系
禁止左转	417	1
限速40	692	4.17
车道行驶方向	980	2.35
停车让行	1385	3.32
指路标志(6个路名数)	2017	4.48
视认总和	5491	

根据预实验结果可知，基于驾驶人的认知心理，操作员可以记录驾驶人开始观看标志和观看标志结束的坐标和平均速度。

数据处理过程见表6-6，所以可知当平均视认距离 $L_{BC}=68\text{m}$，平均行驶速度 V_{BC} 等于17.2m/s时，驾驶人在驾驶过程中识别交通标志的最大视认时间为3.95s。

预实验视频处理数据 表6-6

驾驶人编号	视认距离(m)	平均速度(m/s)
1	68	17.0
2	73	18.2
3	74	16.2
4	66	15.6
5	62	17.3
6	69	16.1
7	71	17.5
8	64	17.7
9	62	16.8
10	71	19.6
平均值	68	17.2
最大视认时间	3.95s	

2. 正式实验数据处理

正式实验数据处理同理预实验，目的是提取眼动仪记录实验视频的视认时间。对被试者注视点坐落在每块交通标志的视认时间进行提取，共处理 40 个视频，每个视频提取 15 个交叉口数据，每个交叉口中需对每块交通标志的注视时间进行提取，共计 3000 条数据。

当将禁止右行标志、车道行驶方向标志、限速 40 标志、停车让行标志与指路标志共同组合时，每块交通标志的视认时间见表 6-7。

每块交通标志视认时间汇总表 表 6-7

标志类型	单一情况下平均视认时间（ms）	组合情况下视认时间（ms）	单一情况下视认时间比例	组合情况下视认时间比例
禁止右转	417	405	1	1
限速 40	692	538	1.47	1.32
车道行驶方向	980	743	2.35	1.83
停车让行	1385	982	3.32	2.42
指路标志（6 个路名数）	2017	1329	4.84	3.28
视认时间总和	5491	3997	—	—

根据 5 种交通标志组合形式的数据处理可知，5 种交通标志的视认时间总和（3997ms）大于被试者最大视认时间（3950ms），所以可知 5 种交通标志的设置已经超过被试者所能理解的信息阈值。数据处理结果显示，当对交通标志进行多种组合时，被试者的视认时间明显小于标志单一设置的视认时间，并且各标志之间的视认关系也是不同的（体现在交通标志视认比例不同，并且比例均减小）。究其视认时间变小的原因主要是多种交通标志组合的影响，被试者在有限时间内需视认所有标志，比视认单一标志时的眼动更为复杂，精力更为集中，导致被试者心理产生更多紧迫感。标志与标志之间的视认时间比例变小，这说明交通标志与标志之间存在着相互影响，其视认关系会随着标志的增多或者减少而变化，所以研究各个交通标志信息的关系时不应按照固有的单义以及多义的信息，而是需要按照标志的复杂程度和排布规律进行研究。

当禁止直行标志、限速 40 标志、停车让行标志与指路标志共同组合时，每块交通标志的视认时间见表 6-8。

每块交通标志视认时间汇总表 表 6-8

标志类型	单一情况下平均视认时间（ms）	组合情况下视认时间（ms）	单一情况下视认时间比例	组合情况下视认时间比例
禁止右转	417	392	1	1
限速 40	692	448	1.47	1.14
停车让行	1385	711	3.32	1.81
指路标志（6 个路名数）	2017	1429	4.84	3.64
视认时间总和	4511	2980	—	—

根据以上 4 种交通标志组合形式数据处理可知，4 种交通标志的视认时间总和（2980ms）小于被试者最大视认时间（3950ms），所以可知 4 种交通标志的设置在被试者所能

理解的信息阈值范围内。

同理,每种交通标志的视认时间依然小于单一交通标志的视认时间,而且标志之间的视认比例减小,同样也说明了交通标志之间相互影响的作用。当禁止左行标志、限速 40 标志、车道行驶方向标志与指路标志共同组合时,每块交通标志的视认时间见表 6-9。

每块交通标志视认时间汇总表 表 6-9

标志类型	单一情况下平均视认时间(ms)	组合情况下视认时间(ms)	单一情况下视认时间比例	组合情况下视认时间比例
禁止右转	417	399	1	1
限速 40	692	452	1.47	1.13
车道行驶方向	980	923	2.35	2.31
指路标志(6 个路名数)	2017	1289	4.84	3.23
视认时间总和	4106	3063	—	—

当禁止右转标志、停车让行标志、车道行驶方向标志与指路标志共同组合时,每块交通标志的视认时间见表 6-10。

每块交通标志视认时间汇总表 表 6-10

标志类型	单一情况下平均视认时间(ms)	组合情况视认时间(ms)	单一情况下视认时间比例	组合情况下视认时间比例
禁止右转	417	417	1	1
车道行驶方向	980	922	2.35	2.21
停车让行	1385	1019	3.32	2.44
指路标志(6 个路名数)	2017	1432	4.84	3.43
视认时间总和	4799	3790	—	—

当限速 40 标志、停车让行标志、车道行驶方向标志与指路标志共同组合时,其数据处理见表 6-11。

每块交通标志视认时间汇总表 表 6-11

标志类型	单一情况下平均视认时间(ms)	组合情况下视认时间(ms)	单一情况下视认时间比例	组合情况下视认时间比例
限速 40	692	497	1.47	1
车道行驶方向	980	718	2.35	1.44
停车让行	1385	809	3.32	1.62
指路标志(6 个路名数)	2017	1452	4.84	2.92
视认时间总和	5074	3476	—	—

同理,根据以上 4 种交通标志组合形式的 3 种情况,由数据处理可知,4 种交通标志的视认时间总和分别是 3063ms、3790ms 和 3476ms,均小于被试者认知心理的最大视认时间(3950ms),可知 4 种交通标志的设置均在被试者所能接收的信息阈值范围内。可以得出结论:每种交通标志的视认时间均小于单一交通标志的视认时间,而且标志与标志之间的视认

比例减小,同样也说明了交通标志之间影响的相互作用;各种交通标志之间的比例关系,是随着多种交通标志组合形式的不同,产生相应的变化。

上述实验数据处理结果已经证明交通标志信息之间的关系并不是简单地通过信息内容增加而进行叠加的,需要通过一定的数学方法研究其相互关系。为了探究4种交通标志的信息关系,仅靠视认时间平均值的比例关系研究是不科学和不严谨的。本文在对比结构方程、方程组求解等方法的优劣后,最终选取了比较典型的解决四种参数相互关系的研究方法——四元一次方程组。求解方法为构建四元一次方程组:

$$\begin{cases} a1x + b1y + c1z + d1w = e1 \\ a2x + b2y + c2z + d2w = e2 \\ a3x + b3y + c3z + d3w = e3 \\ a4x + b4y + c4z + d4w = e4 \end{cases} \tag{6-2}$$

其中 x、y、z、w 为待求量,即为4种交通标志的相互关系,而 a、b、c、d 的值即为40位驾驶人视认时间数据。a 代表驾龄为1~2年的平均视认时间,b 代表驾龄为2~3年的平均视认时间,c 代表驾龄为3~4年的平均视认时间,d 代表驾龄为5年及以上的平均视认时间,e 值即为标志单一设置时4种交通标志视认时间的总和。以禁止左行、限速40、车道行驶方向与指路标志共同组合时为例,将 x 值归一化,也就是将视认时间最小的禁止左行标志的信息量规定为1个信息单元。给予被试者的驾驶经验重新将视认时间进行数据处理的结果见表6-12。

基于驾驶经验交通标志视认时间分类结果 表6-12

已 知 数	1	2	3	4
a	432	411	397	282
b	508	488	472	379
c	719	692	628	548
d	1147	952	1022	1208
e	4106	4106	4106	4106

经过四元一次方程组的求解,x、y、z、w 的值分别为1,1.4,1.6,2。所以四种标志的对应关系为1:1.4:1.6:2。将求解结果与单一视认交通标志比例进行对比(表6-13)。

单一交通标志视认与组合交通标志视认比例对比 表6-13

标 志 类 型	单一情况下视认时间比例	组合情况下视认时间比例
禁止右转	1	1
限速40	1.47	1.4
车道行驶方向	2.35	1.6
指路标志(6个路名数)	4.84	2

通过数据对比可知,交通标志在单一设置时与多种设置时,由于受交通标志间相互影响,各标志视认比例是不同的,即各个交通标志之间信息倍数是不同的。当4种交通标志进行组合时,信息倍数关系为1:1.4:1.6:2,信息阈值为6。

四、标志组合实验结果分析

基于驾驶模拟实验结果可知，本次实验可得结论如下。

（1）指路标志与其他标志在组合设置情况下，种类不能超过4种。当标志种类超过4种时，会超过驾驶人在有限时间内所能承受的最大信息量，因而容易产生危险，造成交通事故。

（2）同一交通标志在组合情况下设置相比于交通标志在单一情况下设置的视认时间较短。并且，各种标志之间的信息倍数关系随交通标志的增减而变化，究其原因主要受交通标志之间信息内容相互作用的影响。不同标志的内容组合会给驾驶人带来不同的心理负荷，因而驾驶人在视读各类组合交通标志时，会产生不同的视认时间。

（3）当其中4类交通标志组合时，其信息倍数关系分别是1:1.4:1.6:2。所以交通标志在组合情况下的信息阈值6，即驾驶人在进行多种交通标志组合视认时，交通标志信息数不能超过6条。

第四节　基于交通标志组合有效性的评价分析

一、交通标志评价方法概述

传统交通标志评价方法主要基于层次分析法、模糊综合评价等，分别构建得到了单一交通标志版面内部的关系，如交通标志尺寸、字体大小等；又如标志规范符合率、无遮挡率等。还有一些学者主要运用马尔科夫链构建驾驶人与交通标志之间的相互关系，如发现交通标志、识读交通标志等。但是这些评价指标的选取，仅仅是围绕指路交通标志进行的筛选，没有构成各种交通标志之间的评价方法。

1.评价原则

多种交通标志评价原则与单种交通标志评价原则相一致，主要实现以下原则：

（1）有效性和科学性原则；

（2）灵活性和可比性原则；

（3）静态与动态相结合原则；

（4）定量指标和定性指标相结合原则。

2.评价思路和指标选取

由于本次评价的目的在于将多种交通标志设置有效性进行排序，所以在对城市道路交通标志设置调查的基础上，提出“价值（Values）-目标（Goal）-指标（Criteria and Standards）”（VGCS）逻辑评价思路，以构建多种交通标志评价体系。价值主要体现在多种交通标志的排布与优化建议方面，目标体现在将多种交通标志有效性进行排序上，指标则体现在5种交通标志的版面设计、表达含义等方面。如图6-7所示，评价有效性的交通标志分别包括指路标志、车道行驶方向标志、禁止右转标志、限速40标志、停车让行标志。

3.评价体系构建

综合考虑本章第一节、第二节、第三节的研究内容，为构建一个综合和全方位的多种交通标志有效性评价体系，本章选取每种交通标志作为方案层，选取交通标志有效性因素（熟悉性、具体性、简单性、意义表达性、语言接近性)作为准则层,选取交通标志有效性作为目标层。经过对5种交通标志的剖析和对驾驶人的调查,可得出以下评价指标体系(图6-8)。

图6-7 评价指标的确立

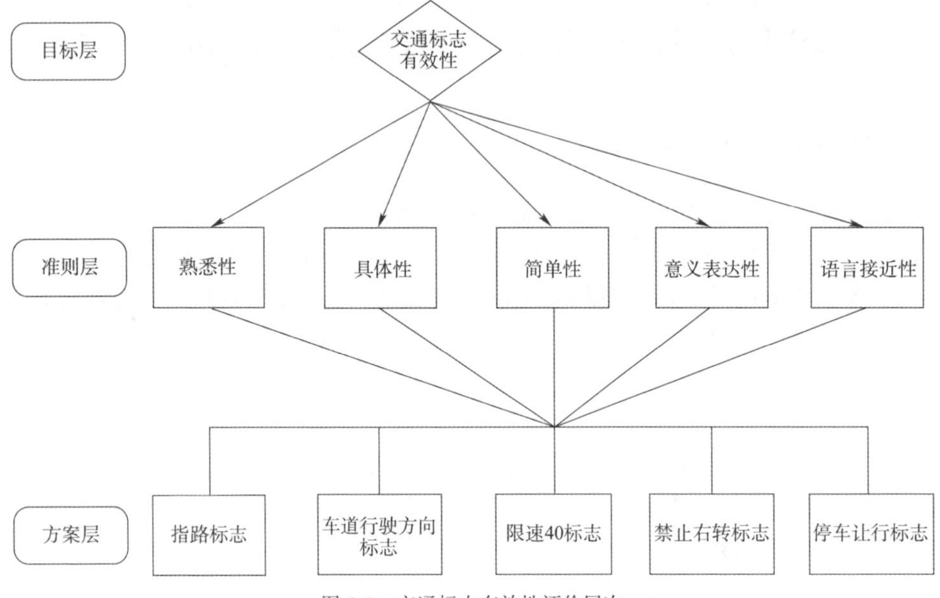

图6-8 交通标志有效性评价层次

4.指标体系的测算

经过对方案层中标志的调查和剖析,5种标志共有的特性为熟悉性、具体性、简单性、意义表达性、语言接近性,分别对每种特性进行指标介绍。

(1)简单性:指交通标志的设计简单明确,无多余的元素和细节。

(2)相似性:指简化的交通图形,即用设计相似图片的形式来表示实际事物。

(3)熟悉性:指交通图形符号能让人对熟悉的事物产生联想。

(4)意义表达性:指交通图形符号传达的意义是否与实际相同。

(5)语言接近性:指交通图形所传达的意义是否与真实含义接近。

以上5种指标不是驾驶人针对单一交通标志设置的认知,而是基于5种交通标志设置在同一平面内的识读,由于交通标志之间的相互影响与作用,每种交通标志的特性会产生变化。

二、基于层次分析法评价多种交通标志

1. 概述

层次分析法(Analytic Hierarchy Process,AHP)是一种无结构的、解决多准则方案的决策方法,其核心思想是将一个复杂化的系统分解成方案、准则、目标等层次,在此基础上运用多层矩阵进行定性与定量的决策分析。该方法主要运用于具有多级分层交错标志的系统,一般来说,很难用量化方法评价的决策问题,层次分析法可结合判断矩阵求解相关问题。如在交通工程中,可以解决交通规划、交通工具选择、交通管理方面等决策问题。

2. 基本原理

层次分析法的基本原理是将一个复杂的系统问题,逐步分解成各组成要素,将这些要素按照一定逻辑和支配关系分组,建立一个递阶层次结构,通过每两组进行比较的方式,确定各层级中各要素的重要程度,通过构建方案层、准则层、目标层的相互关系,确定决策方案重要程度总体排序,给予决策者做出综合判断和方案选择。

3. 具体步骤

本文以评价 5 种交通标志的有效性为例,5 种交通标志分别为指路标志、车道行驶方向标志、限速 40 标志、禁止右转标志、停车让行标志。

(1)交通标志有效性评价指标体系结构模型。

已经对交通标志有效性评价指标体系进行构建,分别包含方案层准则层和目标层(图 6-8)。

(2)构造准则层对目标层的比较判断矩阵。

通过随机调查和专家打分的形式,构造准则层(熟悉性、具体性、简单性、意义表达性、语言接近性)对目标层(交通标志有效性)的比较矩阵表(表 6-14)。

准则层对目标层的比较矩阵表　　表 6-14

P	A_1	A_2	A_3	A_4	A_5
A_1	1	1/2	4	2	2
A_2	2	1	6	5	5
A_3	1/4	1/7	1	1/2	1/4
A_4	1/2	1/5	1	1	1
Av_5	1/2	1/5	4	1	1

因此,可以求出相应的矩阵为:

$$P=\begin{pmatrix}1 & 1/2 & 4 & 2 & 2\\ 2 & 1 & 6 & 5 & 5\\ 1/4 & 1/6 & 1 & 1/2 & 1/4\\ 1/2 & 1/5 & 1 & 1 & 1\\ 1/2 & 1/5 & 4 & 1 & 1\end{pmatrix}$$

(3)转化布尔矩阵检验其一致性。

矩阵 P 所对应的布尔矩阵为:

$$P^{*}=\begin{pmatrix}1&0&1&1&1\\1&1&1&1&1\\0&0&1&0&0\\0&0&1&1&1\\0&0&1&1&1\end{pmatrix}$$

因为 $P^{*}\cdot P^{*}=P^{*}$,即:

$$\begin{pmatrix}1&0&1&1&1\\1&1&1&1&1\\0&0&1&0&0\\0&0&1&1&1\\0&0&1&1&1\end{pmatrix}\cdot\begin{pmatrix}1&0&1&1&1\\1&1&1&1&1\\0&0&1&0&0\\0&0&1&1&1\\0&0&1&1&1\end{pmatrix}=\begin{pmatrix}1&0&1&1&1\\1&1&1&1&1\\0&0&1&0&0\\0&0&1&1&1\\0&0&1&1&1\end{pmatrix}$$

故可以认为该矩阵 P 的相容性好,即该矩阵通过一致性检验。通过求解最大特征根和对应的特征向量,计算一致性比率 CI 也小于0.1,所以验证了该矩阵通过一致性检验。

(4)计算权重向量。

因此,特征向量(W_1、W_2、W_3、W_4、W_5)为(1.516、3.129、0.349、0.631、0.833)^T。

$$W_1=\sqrt[5]{1\times\frac{1}{2}\times4\times2\times2}=1.516$$

$$W_2=\sqrt[5]{2\times1\times6\times5\times5}=3.129$$

$$W_3=\sqrt[5]{\frac{1}{4}\times\frac{1}{6}\times1\times\frac{1}{2}\times\frac{1}{4}}=0.349$$

$$W_4=\sqrt[5]{\frac{1}{2}\times\frac{1}{5}\times1\times1\times1}=0.631$$

$$W_5=\sqrt[5]{\frac{1}{2}\times\frac{1}{5}\times4\times1\times1}=0.833$$

对其进行归一化处理,得到权重集 $W=(0.234、0.485、0.054、0.098、0.129)^T$。

(5)构造方案层对准则层的比较判断矩阵。

方案层中5种交通标志对准则层中任意1个因素均产生影响,在考虑每种交通标志的每种特性基础上,分别构造出 A_1、A_2、A_3、A_4、A_5 共5种矩阵。其中对于矩阵的处理方法均按照上述层次分析法原理进行求解,得到以下权向量计算结果(表6-15)。

方案层对准则层的权向量 表6-15

K	1	2	3	4	5
W_{A1}	0.228	0.386	0.057	0.220	0.109
W_{A2}	0.124	0.091	0.374	0.207	0.204
W_{A3}	0.286	0.126	0.354	0.127	0.107
W_{A4}	0.338	0.156	0.220	0.132	0.154
W_{A5}	0.198	0.038	0.405	0.216	0.098

(6)综合评估与决策。

在进行评估之前,首先求出方案层对目标层的组合权向量:

$$W_{总} = AW \tag{6-3}$$

即:

$$\begin{pmatrix} 0.228 & 0.386 & 0.057 & 0.220 & 0.109 \\ 0.124 & 0.091 & 0.374 & 0.207 & 0.204 \\ 0.286 & 0.126 & 0.354 & 0.127 & 0.107 \\ 0.338 & 0.156 & 0.220 & 0.132 & 0.154 \\ 0.198 & 0.083 & 0.405 & 0.216 & 0.098 \end{pmatrix} \cdot \begin{pmatrix} 0.234 \\ 0.485 \\ 0.054 \\ 0.098 \\ 0.129 \end{pmatrix}$$

经过计算,得出 $W_{总}$ 为(0.276,0.133,0.173,0.200,0.141)。其中每一层的布尔矩阵均满足传递性,所以均通过一致性检验。因此,5 种交通标志的有效性顺序分别为指路标志、禁止右转标志、限速 40 标志、停车让行标志、车道行驶方向标志。

三、评价结果分析

通过比较 5 种交通标志在同一平面内设置的熟悉性、具体性、简单性、意义表达性、语言接近性等有效性评价指标,基于层次分析法和验证的可行性结果,最终得到交通标志有效性顺序,即设置重要程度分别为指路标志、禁止右转标志、限速 40 标志、停车让行标志、车道行驶方向标志。所以当同一平面内出现 5 种交通标志时,建议在平面内剔除车道行驶方向标志,以保证其他交通标志视认的有效性。当设置指路标志、禁止右转标志、限速 40 标志、停车让行标志这 4 种交通标志时,如果受道路交通条件或其他硬件条件限制,为保证交通标志的视认性,可以将停车让行标志从平面内移除,与《道路交通标志和标线　第 2 部分》要求保持一致,停车让行需单独设置。

第七章　复杂环境中交通标志的醒目性研究

第一节　交通标志醒目性研究理论

一、研究背景

交通标志醒目性是枢纽空间引导标志系统发挥其引导功能的重要因素之一。目前,我国在设置行人引导标志时还缺乏工程指导和实施依据。通过对交通标志设置对比度与交通标志背景环境复杂度进行实验,搭建交通标志醒目性评价模型,研究枢纽交通标志设置环境醒目性的评判标准,有利于指导枢纽空间中乘客交通标志的设计工作,一方面使得乘客能够在更短时间内搜索到所需要的交通标志引导信息;另一方面也使得交通标志的设计与设置能够按照一定的量化标准执行,更好地指导交通标志设置工作。

因此,在大型交通枢纽内部,行人视野空间存在的干扰因素太多,很难在短时间内搜索到所需的交通引导信息,要想充分发挥乘客交通标志的引导功能,首先需要保证交通标志设置的醒目性。良好的交通标志醒目性使得交通标志在枢纽空间中充分发挥其引导、确认功能,从而提高乘客的出行效率,保障枢纽交通安全。

二、基本概念

1. 枢纽空间

本研究中的枢纽空间主要指公共交通客运枢纽的内部空间和外部一定范围内的空间。枢纽空间主要为乘客提供各种交通方式间的换乘服务。

2. 视觉搜索

视觉搜索是使用眼睛来完成一系列短暂的定位,并在此期间收集信息,即通过眼睛的快速移动,眼动点散布到目标物的各个部位。本研究中视觉搜索是指人的眼睛对环境的扫描过程,从而寻找指定的目标物体。

3. 颜色对比度

对比度是指一幅图像中明暗区域最亮的白和最暗的黑之间不同亮度层级的测量,差异范围越大则对比度越大,差异范围越小则对比度越小。颜色对比度是指色调从亮到暗的逐渐变化。提高对比度可使不同的色调更明显,降低对比度可使色调变化更平滑。

4. 数字图像

数字图像又称数码图像或数位图像,是指用二维数字组形式表示二维图像。数字图像是由模拟图像数字化得到的、以像素为基本元素的、可以用数字计算机或数字电路存储和处理的图像。

5. 像素

像素是用来计算数码影像的一种单位，如同摄影的相片一样，数码影像也具有连续性的浓淡阶调，若把影像放大数倍，会发现这些连续色调是由许多色彩相近的小方点所组成，这些小方点就是构成影像的最小单位"像素"。这种最小的图形单元在屏幕上显示的通常是单个染色点。越高位的像素，其拥有的色板也就越丰富，越能表达颜色的真实感。

6. 灰度

灰度是指纯白、纯黑以及两者中从黑到白的一系列过渡色。通常所说的黑白照片、黑白电视，实际上被称为灰度照片、灰度电视较确切。灰度色中不包含任何色相，即不存在红色、黄色这样的颜色。灰度通常的表示方法是百分比，范围从 0% 到 100%。

7. 图像熵

熵是表示物质状态的一个物理量，它表示该状态可能出现的程度。图像熵表示为图像灰度级集合的比特平均数，单位为比特/像素，信息熵既描述信源的不确定性，也描述图像信源的平均信息量。邻域熵反映图像灰度的离散程度。本章将灰度引申为一维特征值。

三、视觉认知特性

视觉搜索是一种复杂的认知过程，是人获取外界信息的重要方式。视觉搜索一般要求个体在某一背景找到某一特定刺激。

1. 视觉搜索过程

Splitz 和 Drury 认为视觉搜索过程可以分为搜索阶段和决策阶段。在搜索阶段，搜索者完成搜索并找到目标；而在决策阶段，搜索者判定搜索到的目标正确与否。针对"搜索-决策"两阶段模型，Megaw 将其进一步细化，并将视觉搜索过程分为了搜索、发现、判断和决策输出四个阶段。四阶段模型较两阶段模型更为细化，其中搜索阶段是指通过头、眼睛以及其他身体相关部分的摆动，对搜索区域进行搜索的阶段；发现阶段是指在搜索过程中发现某一目标的阶段；判断阶段是指判断搜索目标是否为所需目标的阶段；决策阶段是经决策后作出相应判断的阶段。

2. 视觉搜索方法

视觉搜索方式主要可以分为系统搜索方式和随机搜索方式。系统搜索方式的凝视点通常是有规律且不重复的；而随机搜索方式的凝视点都随机地分布在搜索区域内部。

国内外相关研究指出，视觉搜索区域可以分为结构性视觉搜索区域与非结构性视觉搜索区域。其中，结构性视觉搜索区域的内容按照一定的结构排列，其区域内部结构是有规则的，搜索者会根据区域内部规则对目标物进行系统搜索；而在非结构区域内部，搜索者通常采用随机搜索策略和系统搜索策略相结合的方式进行视觉搜索。

3. 驾驶人搜索行为

1995 年，美国学者 Dingus 和 Thomas A. 研究了驾驶过程中驾驶人眼睛的扫视行为并对眼动数据进行分析，总结了驾驶人扫视行为特征。Sodhi M. 等学者利用安装在驾驶人头部的眼睛追踪装置，对不同驾驶任务下驾驶人的眼动情况进行记录，并分析了驾驶室内各种装置对驾驶人注意力的吸引程度以及对行程安全的影响。

总结国内外对视觉认知特性的相关研究,当前对视认特性的基本规律已有较为深入的研究,并在驾驶实验的基础上,运用一般性视觉搜索理论分析了驾驶人的视觉搜索行为特征,为行人对交通标志的视觉搜索行为特征分析提供了相关理论基础以及实验方法依据。

四、图像视觉感知

1. 颜色对比度

人们在观察物体时,常常是许多不同颜色的物体同时存在,相邻区域的不同颜色相互影响,同一颜色在不同背景下会产生不同的颜色感觉。同时观看或相继观看视场中相邻两部分,对所呈现颜色差异的主观判断称为颜色对比。它包括色调对比、彩度对比、明度对比、亮度对比。

对于相同的背景,颜色对比有助于颜色恒常知觉。Land 和 McCann、Switkes 和 Crog-nale 的研究表明:在不同照明下,相同表面和背景的相对对比关系不变,被试者因而可以保持很高程度的颜色恒常。表面处于相异的背景条件下,一般恒常程度会下降。相异背景会干扰表面与背景的相对对比关系。同一表面处于不同的背景条件下,人感知到的表面色会因背景的不同而发生变化,这就是所谓的环境效应。

颜色对比度属于颜色心理学的相关内容,国外学者对此有较为深入的研究。分别对色度、亮度、饱和度的对比度进行了相关研究,并通过局部对比方法表征目标的颜色对比情况。目前,交通领域的主要研究是针对交通标志版面与字符视认性之间的颜色对比关系。

2. 图像复杂度

M. Ferraro 和 G. Boccignone 通过建立图像的尺度空间表示,利用尺度维上的熵来建立兴趣图,从而引导注意。T. Kadir 在统一框架下讨论了尺度、显著性和场景描述的问题,以灰度图作为图像的描述模型,将相邻信息熵作为特征空间的显著性度量函数,用相邻尺度间的差分作为尺度空间的显著性度量,选择使得局部熵最大时的尺度为最佳尺度,从而完成对图像的显著性度量。

目标对象的出现情况主要反映图幅中目标个数的多少,目标个数的多少可以直接反映图像的复杂程度,如果目标个数较多,则该图像一般较复杂,图像中对象出现情况可以用边缘比率来描述,因为边缘是目标的显著特征。

五、交通标志识别

1. 交通标志视认

Hashim Al-Madani, Abdul-Rahman Al-Janah 研究了不同版面类型、不同信息量的交通标志对驾驶人视觉行为的影响程度,发现驾驶人的视觉搜索时间随信息量的增加而增大,图形标志的视觉搜索时间比文字标志的搜索时间稍长,驾驶人搜索陌生信息时间较长。

上海交通大学的隽志才从认知心理的角度研究了驾驶人对交通标志的视认性,建立了基于认知心理学的驾驶人信息处理过程概念模型,总结了影响交通标志视认性的两类因素,即驾驶人因素和交通标志物理因素。潘晓东等人探讨了光线对标志视认性的影响,得出标志的视认距离随车速提高而降低,逆光的视认性最差。

2. 交通标志检测

在交通标志识别方面,国外学者做了大量基础性研究。为了克服自然场景下交通标志颜色和形状所受的外界影响,在交通标志检测中模拟人眼视觉注意机制进行的研究已得到初步应用。

为了克服光照的影响,一些研究者提出将获取的 RGB 图像转化到 HSV 空间,然后再进行彩色图像的分割。N. Kehtamavaz 等人在 HSV 色彩空间通过设定色调分量、饱和度分量的阈值范围,检测出红色区域作为可能禁令标志区域。H. x. Liu 等人建议采用在归一化的 HIS 颜色空间进行再分割的思想。尽管基于 HSV 彩色空间的检测算法较好地消除了光照敏感对目标的影响,但由于从 RGB 空间到 HSV 空间的转换是非线性的,因此计算量较大,而且在转化过程中,可能导致转化的信号发生很大变化,从而使原始图像失真较严重。

综上所述,国外在交通标志视认与交通标志检测方面进行了大量的实验研究,交通标志视认是从人的角度主观视认交通标志上的信息,而交通标志检测是根据交通标志的颜色、形状、图符等信息,通过计算机进行识别。本章正是结合这两方面,借鉴国外相关研究理论及其方法,研究枢纽空间中交通标志的醒目性特征。

第二节　实验前期分析

一、枢纽空间交通标志图像库

为了收集实验材料,对北京市各交通枢纽进行实地调研,采集交通标志图片,建立交通标志图像库,并对其进行分类汇总。

图像采集工作所用的相机型号为索尼 WX170,像素为 1820 万,具备了采集高清图片的功能。图像采集过程中的相机设置参数为:感光度设置成 ISO1600;白平衡设置成自动模式;光圈值大小设置成 F4.5。

本次标志图像库的图片采集地点为北京市交通枢纽的内部和外部空间,采集到的样本几乎涵盖北京市所有公共交通客运枢纽。采集时间为工作日的白天,采集工作历时半个月。

统一将图片大小处理成 867 × 650 像素,并分类汇总,输入标志图像库,为实验研究的实验素材筛选提供方便。工作人员将采集到的图片按照拍摄地点和拍摄类型进行了汇总。本次交通标志采集工作共采集悬挂类交通标志 657 个,附着式交通标志 315 个,立柱式交通标志 102 个。采集时间从 2012 年 11 月 3 日开始,至 2012 年 11 月 19 日截止。采集过程中有针对性地对各种复杂环境的交通标志进行了采集,并且按照复杂程度将交通标志分成 3 类,初步定义为简单、中等和复杂环境背景下的交通标志。

二、枢纽空间交通标志特征分析

综合客运交通枢纽并非交通建筑单体,而是一个完整的基础设施空间。交通标志需设置在枢纽空间中,枢纽空间的环境在一定程度上会影响到标志设置的醒目性。所以,首先需要对北京市各交通枢纽的空间布局进行分析。根据前期对北京市各交通枢纽的调研可知,北京市交通枢纽普遍具有如下特点:①交通枢纽内部和外部集中了多种交通方式,各交通方式场站之间的界限不明显,换乘标志杂乱,导致行人很难迅速搜索到所需的交通标志,易失去方位感;②交通枢纽内部和外部的换乘空间较大,而换乘大厅连接各交通方式的站台层通道较封闭,空间较小;③交通枢纽内乘客流线复杂,换乘通道较多,需要有醒目的交通引导标志。

结构性区域里的内容按照一定结构排列,搜索区域内容时搜索者会严格按照排列的结构进行搜索。非结构性视觉搜索区域又称为自由区域,这个区域内的内容没有呈现一定的排列结构,所以,搜索者也没有相关的搜索约束。枢纽空间中的物体并没有按照一定顺序排列,交通标志的安装位置也没有严格顺序,所以,本研究认为枢纽空间为非结构区域。

根据以上结论可知,由于枢纽空间多为非结构性空间,交通标志在行人视野上半部分的位置(除去边缘位置)。因此,在实验素材的选取时,应考虑枢纽空间的交通标志处需于所拍摄图片的上半部。此点作为工作人员在图像库中筛选实验图片的条件之一。

三、枢纽空间行人搜索行为特征分析

1.眼动参数描述

乘客在枢纽空间行走时,需要采取各种方式进行眼动搜索。本研究涉及的眼动特征参数主要有以下几种。

(1)注视点。

当眼睛对准目标物体时,目标物体的影像落在视网膜的中央窝上,从而达到最清楚的视觉活动的过程称为注视。通常情况下,在注视过程中,眼球被认为是固定不动的。注视点反映的是一段时间内人所注意的空间焦点,人会趋向于根据以往的经验注视较为醒目的重要区域。

(2)眼跳点。

眼睛在搜索目标物体时,眼动点由一个物体转移到另一个物体,或由于周边视野上出现特异的刺激物,视网膜周边部位做出反应,眼球转动,促使注视点做跳跃运动。眼跳的形式分为两种,包括外源性眼跳和内源性眼跳。外源性眼跳是由外源性刺激引起的眼跳,内源性眼跳是由个体主动发起的眼跳。

(3)搜索时间。

搜索时间是行人从产生搜索行为至搜索到交通标志的所用时间。搜索时间应该包括眼跳潜伏时间、净搜索时间和按键时间。

眼跳潜伏时间是眼跳开始运动的不应期所用时间,因为视觉信息引起感觉转换以及眼肌运动路径延迟,所以,在眼跳执行之前存在一段大约100ms应期。净搜索时间是被试者从眼跳潜伏期以后至眼跳第一次到达目标兴趣区的时间。按键时间是被试者搜索到交通标志到按键完成所用的时间。

因为本研究需要确定枢纽空间交通标志与其背景环境复杂度之间的关系,所以选取的眼动参数为注视点、眼跳点和搜索时间。注视点和眼跳点能够共同反映搜索交通标志时的眼动情况,眼跳是搜索交通标志时眼睛的运动过程,而注视是发现干扰因素时眼睛的静止状态,搜索时间虽然不是眼动的直接行为特征,但可以反映眼动搜索的绩效,因此,本研究也将搜索时间归为眼动特征的一部分。

2. 搜索过程分析

乘客在枢纽空间进行交通标志搜索，其全过程包括以下三个基本方面：提出信息需求、搜索目标物、获得引导信息。

(1)提出信息需求。

当乘客不确定自己所需要的路径，或者已经明确自己所需路径但需要知道路径引导信息时，往往会先提出这种路径引导的信息需求，然后搜索枢纽空间的引导标志，其目的是找到自己所需的路径引导信息。这一阶段是行人搜索交通标志的初始阶段，并没有触发搜索行为。

(2)搜索目标物。

乘客有了路径引导的信息需求后，便会搜索符合目标物特征的交通标志，这时采用的搜索方式可以分为随机搜索、系统搜索、系统搜索和随机搜索同时进行三种方式。在实际生活中，搜索过程往往是结合以往经验对目标物同时进行随机搜索和系统搜索。此搜索阶段，搜索者会发现可能的目标物，但不会发现目标物上的文字。(可能是搜索人距目标标志的距离超过其视认距离，或者是搜索人的注视点没有完全集中在标志上而导致的结果)

(3)获得引导信息。

当搜索者经历过前面两个阶段，已经发现远处目标物时，便会向目标物走近，进一步搜索自己所需的路径引导信息，如方向信息、文字信息、图像信息等。这时，搜索者需要向交通标志移动，达到其视认距离，或者将注视点集中到交通标志上，从而发现交通标志上的各种信息，满足自己对引导信息的需求。

交通标志醒目性研究体现在搜索者搜索交通标志的过程中，搜索时间长短直接反映交通标志是否醒目。

本研究主要针对搜索交通标志的前两个阶段，不包括获得引导信息这个阶段。

3. 搜索特征分析

系统搜索方式的眼动点通常是有规律且不重复的。在搜索过程中，组成搜索的一系列眼动点不重复地分布在搜索区域内，即第 a 个眼动点只能随机分布到前$(a-1)$个眼动点所没有覆盖过的区域。眼动点之间会有重复，这次覆盖的区域和下次覆盖的区域之间可能存在重叠。

为了验证被试者对交通标志的视觉搜索模式为随机搜索，本研究选取了 6 名被试者，分别对 6 张图片进行了眼动搜索。选取被试者在搜索时眼跳点和注视点较多的图片，以便于进行被试者搜索模式的分析。本研究只对眼动搜索策略进行定性研究，结果只为说明被试者眼动搜索为随机搜索，而不对搜索策略进行定量分析。

本研究按照时间序列，对眼动点的坐标位置进行分析，证明被试者的视觉搜索过程符合随机搜索。实验所用眼动仪的记录频率为 50Hz，即每 0.02s 记录一次眼动点的数据。在短时间内，眼动点可能集中在小范围区域，实验输出数据时将这些小范围内的眼动数据合并为同一数据。

为了更加形象地得到眼动点分布情况，通过 matlab 软件编程，将眼动仪输出的眼动点坐标对应到图像中进行描点，得到 6 个被试者对于 6 张图片的眼动搜索点位置图，并将眼动点按照时间序列进行标注。如被试者 1 对图片 1 的搜索，眼动搜索结果如图 7-1 所示(为了眼动点显示更清楚,将底图亮度调低)。

图 7-1　眼动点分布图

图 7-1 中的标号为按照时间顺序眼动点的分布次序,1 代表第一个眼动点,6 代表最后一个眼动点。将图 7-1 的结果转化为眼动点轨迹图,如图 7-2 所示。

图 7-2　眼动点轨迹图

由图 7-2 可以看出,眼动点随着时间的变化,出现较多的折点,并且眼动点之间没有呈现出一定的规律性。

第 2 名被试者至第 6 名被试者也分别对 6 张图片进行眼动搜索,得到其眼动点分布图,并处理成眼动点轨迹图如图 7-3 ~ 图 7-6 所示。

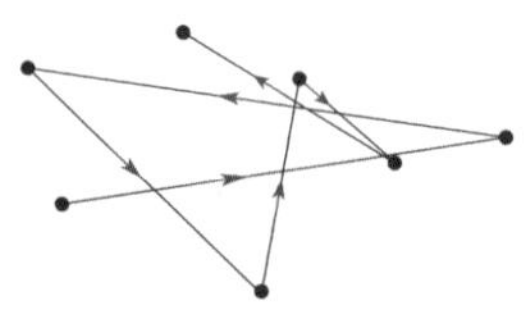

图 7-3　图片 2 的眼动轨迹图

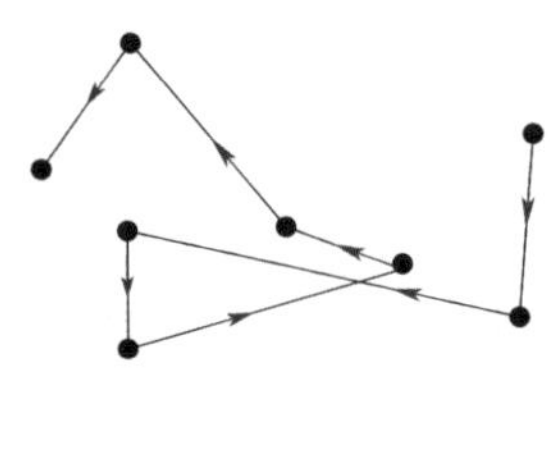

图 7-4　图片 3 的眼动轨迹图

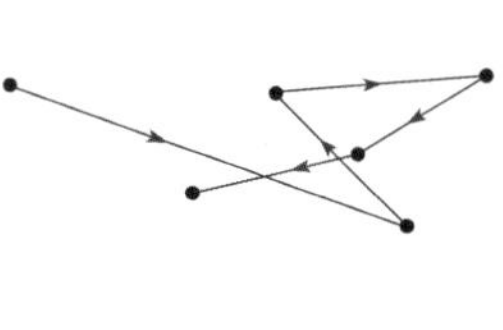

图 7-5　图片 4 的眼动轨迹图

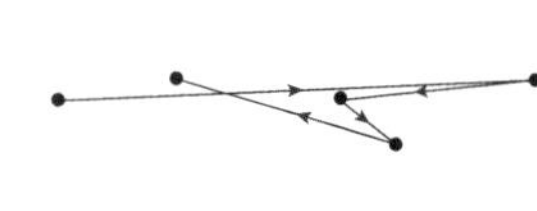

图 7-6　图片 5 的眼动轨迹图

由图 7-3 ~ 图 7-6 可以看出，被试者的眼动搜索没有如系统搜索那样从左至右、从上至下的明显规律，眼动点的跳动性较强，而且相邻眼动点之间的连线存在较多的折点，这说明搜索没有系统性，符合随机搜索的一般规律。这个结论也是符合行人搜索目标物的一般特征，因为随机搜索方式是一种比系统搜索更加有效的搜索方式。因此，本研究认为，被试者搜索交通标志符合随机搜索的模式。当然，视觉搜索存在短时记忆效应，视觉搜索的很多模型中都假设大脑存在一种对先前注视过的目标眼跳抑制，也就是说眼跳更趋向于指向新目标，而不是指向已经检查过的目标。大量的眼动实验数据也证实了这一假设。所以，视觉搜索通常既有随机搜索，又有系统搜索，随机搜索中也存在系统搜索。当搜索目标所在区域只占搜索区域很小比例、目标搜索时间小于 30s 时，在其他各种约束不变的情况下，搜索时间数据也显示基本符合随机搜索方式。

综上所示，本研究中的视觉搜索策略符合随机搜索策略。

第三节　实验过程及结果分析

一、实验图像筛选

本研究选用的实验材料取自北京市交通枢纽内部或者周边区域。交通标志的设计与设置均符合北京市地方标准《公共交通客运标志　第一部分：总则》（DB11/T 657.1—2009）。标志的颜色一般为基准色蓝色（不含禁止、警告和消防安全有关的标志）。标志上的中文字体为黑体字体，英文字体为 Arial 或 Arial bold 字体。

通过对交通标志与行人搜索特征分析，拟定实验材料图片筛选原则如下。

1. 图片中限定只有一个交通标志

本次研究是针对枢纽空间的交通标志进行单目标搜索，即搜索是针对一个目标进行，而不是多个目标的搜索同时进行，因此要求图片中只能出现一个交通标志，并且搜索背景中不能出现与搜索目标具有相同结构特征的物体。结构特征相似的物体对搜索绩效(反映搜索的速率和正确率)的影响较大，也可能会出现搜索错误的情况。

2. 图片中交通标志需满足一定的尺寸要求

交通标志醒目性研究中，视觉搜索的着重点是反映标志轮廓的特征上，如交通标志的颜色和形状，而不是交通标志上面的文字、图符和方向特征，也就是说，当行人发现具有交通标志形状、颜色特征的物体时，即完成本次搜索。所以，要求采集的图片上交通标志尺寸足够小，并且大小应当基本一致。被试者不必清楚视认图片中交通标志上各种文字、图符信息，而主要通过颜色以及形状特征判断其是否为交通标志。

3. 图片中交通标志颜色、形状特征规定

实验用图片中交通标志版面的基准色为蓝色，字体和图符的颜色为白色。本研究限定交通标志的形状为长方形，不对圆形和三角形标志做研究。

4. 交通标志应处于图片第一、第二象限中间位置

在枢纽空间中，交通标志设置多为悬挂式或者附着式，所以，交通标志一般位于行人视野的上半部空间。又因为人的视野是圆域，所以进行图片筛选时应考虑交通标志位于图片第一、第二象限靠中间的位置，如图 7-7 所示。

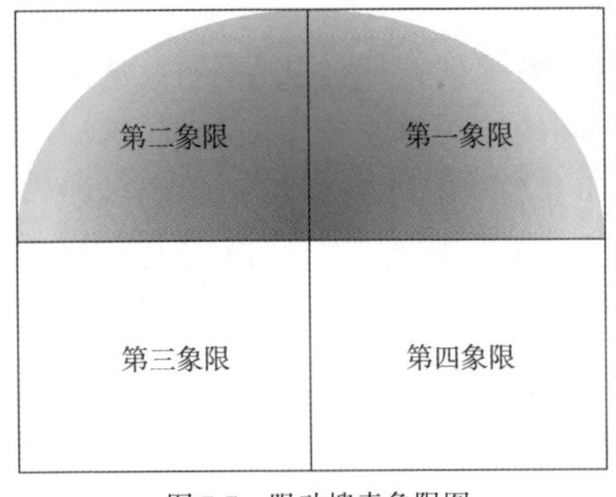

图 7-7　眼动搜索象限图

5. 图片背景环境的复杂程度应有所区分

实验所用的图片应具备一定的区分度，其区分度主要体现在背景环境的复杂程度上，即应该具有较简单的背景环境和较复杂的背景环境。这样筛选图片的目的是使所得数据之间梯度大，从而提高模型精度。

根据以上五条原则，在图像库中选出 3 张图片作为 HSV 敏感度实验的实验素材，这 3 张图片的背景明暗程度有较大的差别(因为背景环境的亮度对人的视觉感受影响较大)，目标表面在较亮的背景下显得亮度较低，而在较暗的背景下显得亮度较高，这是由于侧抑制(原指神经元彼此之间发生的抑制作用，此处指外界景物在眼中所形成的影像因环境明暗产生的对比效应)造成的颜色认知现象。本实验选取了 10 张图片作为眼动实验的实验素材，这 10 张图片的背景环境复杂程度梯度变化明显。

二、HSV 敏感度实验

1. 实验目的

不同色度、饱和度和亮度的图片，使人的视觉系统对其敏感度产生差异。乘客对枢纽空间内部交通标志的色度、饱和度和亮度具有不同的视认敏感程度。为了使颜色特征能够更准确描述视觉系统的主观感受，本研究通过模拟实验的方法，分别对 HSV 色彩空间的 H、S、V

三个参量进行敏感度分析，从而赋予 H、S、V 三个参数不同的权重，将三个颜色分量合并成为一维特征值 W。

2. 实验设计思路

针对上述实验目的，总结出本实验的设计思路：通过改变图片中交通标志的色度、亮度和饱和度的值，研究被试者对不同图片中交通标志颜色参数改变的敏感度。即按照一定的梯度，改变图片中交通标志 H、S、V 三个参数的值，测试被试者对图片的改变是否敏感，并确定敏感点的位置。通过 H、S、V 三个色彩参数改变的敏感点确定色彩参数的权重，并最终确定一维特征值 W。颜色敏感度实验的设计思路如图 7-8 所示。

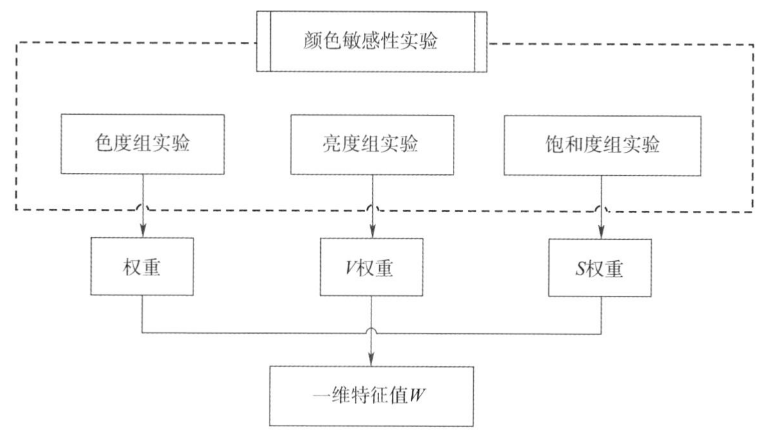

图 7-8 颜色敏感度实验设计思路

3. 实验前准备

实验材料包括不同颜色参数的图片、播放设备和记录问卷。工作人员找到几名被试者，对交通标志颜色改变的敏感范围进行了预实验。通过前期预先分析，确定色度、饱和度、亮度值调整的范围为[0,50]。在这个范围内，被试人员对颜色参数的改变会有所反应，但超过这个范围，被试人员对颜色参数的改变不敏感。

本实验共选取了不同枢纽场景下的 3 张图片，其背景亮度按照从高到低的顺序排列。通过 matlab 软件计算，三张图片的平均灰度值依次为 131.56、87.81、54.23。因为 RGB 图片灰度值的取值范围为[0,255]，而灰度可以理解为亮度，并且在枢纽空间中，131.56 的亮度值比较高，而 54.23 的亮度值比较低，所以，本研究将这 3 张图片依次定义为高亮度图片、中亮度图片、低亮度图片，如图 7-9 所示。每张图片按照 H、S、V 分组，处理成色度组(H)、亮度组(V)和饱和度组(S)组。因为在 HSV 颜色空间中，色度的取值范围为[0,306]，亮度和饱和度的取值范围为[0,1]，本研究将色度、亮度、饱和度均归一化到[0,255]。设定各组图片的颜色参数改变步长为 1，且只改变其相对应的颜色参数，各组分别有 50 张图片，总计 150 张图片，实验图片的参数形式为(h,s,v)。

以亮度组实验为例，前 50 组实验所选取图片分别为：第 1 组为(0,0,0)和(0,1,0)，第 2 组为(0,0,0)和(0,2,0)，第 3 组为(0,0,0)和(0,3,0)，……，第 10 组为(0,0,0)和(0,10,0)，……，第 50 组为(0,0,0)和(0,50,0)。色度实验与饱和度实验同理进行设定，见表 7-1。

a)高亮度图片

b)中亮度图片

c)低亮度图片

图 7-9　颜色敏感性实验图片

颜色敏感性实验参数设定　　表 7-1

组　别	色度组(*H*)		亮度组(*V*)		饱和度组(*S*)	
第 1 组	(0,0,0)	(1,0,0)	(0,0,0)	(0,1,0)	(0,0,0)	(0,0,1)
第 2 组	(0,0,0)	(2,0,0)	(0,0,0)	(0,2,0)	(0,0,0)	(0,0,2)
第 3 组	(0,0,0)	(3,0,0)	(0,0,0)	(0,3,0)	(0,0,0)	(0,0,3)
…	…		…		…	
第 50 组	(0,0,0)	(50,0,0)	(0,0,0)	(0,50,0)	(0,0,0)	(0,0,50)

实验工具:实验室台式计算机,鼠标,个人信息问卷。

被试者:样本量为 30 人,其视力均在 1.0 以上,无色盲色弱患者,被试者均对北京市交通枢纽引导标志的形式较熟悉。

4. 实验流程

(1)实验培训。

被试者坐在实验计算机前,工作人员对其进行实验前培训:告知被试人员主要观察图片中标志区域,切换图片,观察前后两张图片在色彩方面是否有所改变。切换图片的动作只能进行一次(考虑到被试人员可能对前后图片进行反复比较,导致实验结果误差较大,因此应避免这种情况的发生)。

(2)实验过程。

实验开始时,工作人员点击鼠标,待计算机屏幕中显示图片,被试者仔细观察第一张图片,并发出口令“切换”,工作人员随即点击鼠标进行图片的切换。被试者仔细观察切换后的图片,并对比前后两张图片是否存在差异,被试者需在短时间内做出判断,判断完毕后告诉工作人员图片中交通标志是否有改变。待工作人员记录下结果,与此同时点击鼠标进行第二组实验,实验依次进行。

三、眼动搜索实验

1. 实验目的

眼动搜索实验目的是得到不同背景环境复杂度情况下的相关眼动指标。通过眼动实验,得到眼动点分布数据、眼动点分布轨迹以及被试者搜索交通标志的时间。可以通过分析搜索时间数据获知被试者搜索枢纽空间交通标志的快慢程度,直观地反映出交通标志设置是否醒目;可以通过眼动点分布数据获知被试者搜索枢纽空间交通标志的眼动特征,间接地反映出交通标志背景环境的复杂程度。

2. 实验设计思路

针对上述实验目的，对实验方法进行分析总结，制订出眼动搜索实验的实验流程。通过眼动搜索实验，测试不同被试者对交通标志的搜索时间和不同被试者的眼动点分布区域。眼动搜索实验的设计思路如图 7-10 所示。

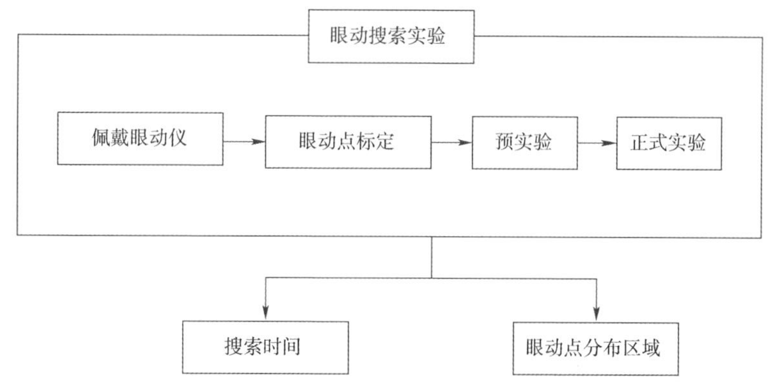

图 7-10　眼动搜索实验设计思路

3. 实验前准备

(1)实验素材。

经过筛选，从标志图像库中按照不同复杂度等级选取枢纽场景图片 10 张，图片中交通标志大小基本相同，以像素为衡量交通标志大小的标准。本研究选取像素为 600 ~ 700 之间的交通标志图片，在此像素范围内，不会对交通标志的搜索绩效产生显著性影响。每张图片中只有一个引导标志，标志均位于图片的第一、第二象限靠中间的位置，如图 7-11 所示。

图 7-11　眼动搜索实验图片

(2)实验仪器

①眼动仪。本研究使用 SMI 的 iView X HED 眼动仪。它是一款先进的视频式眼动追踪系统，集(被试)活动的自由性和设置、操作的便捷性于一体。该眼动仪具有坚固轻便的头盔设计；所采用眼动追踪算法强大且便于调整，能够确保在特殊环境条件下数据的精确性；用户界面友好，系统集成性管理，可以实现实时数据定性预览；眼部摄像头采集的图像可以进行实时分析，被试者注视位置以及辅助信息被添加到视频图像上，并能够对相关信息进行储存。

系统可采集所有相关的眼动数据，并可实现快速精确地控制和分析，在被试者移动或固定条件下测查凝视位置及瞳孔大小。用户视频窗口可记录注视指针、时间标记、任务信息等相关数据。

②投影仪。投影仪是一种可以将图像或视频投射到幕布上的设备,通过不同的接口同计算机、VCD、DVD、BD、游戏机、DV 等相连接,从而播放相应的视频信号。根据工作方式不同,投影仪有 CRT、LCD、DLP 等不同类型。本实验选用明基 MS517F 投影仪,采用 DLP 投影技术,其亮度为 2700 流明,对比度为 13000:1,屏幕比例为 4:3,投影尺寸为 37 ~ 300 英寸,色彩数目为 10.7 亿色。本实验利用该投影仪设备进行实验图像的播放。

(3)实验场地。虽然交通枢纽较为空旷,采光条件较好,但受实验条件所限,因而选取北京工业大学阶梯教室作为本次实验的实验场地。阶梯教室较为空旷,视野较为开阔,能够达到较好的模拟现实效果。考虑到枢纽空间行人搜索标志时通常处于慢速行走或静止站立状态,所以,要求被试者静止站立在距离投影仪屏幕 5m 的地方进行实验。

(4)实验人员。实验人员分为工作人员和被试者。本次实验选取两名工作人员交替进行。工作人员均有交通相关专业背景,对实验流程和眼动仪操作较为熟悉,其在实验中负责基本操作,并且对被试者进行简单的培训。本次实验选取被试者 30 人,年龄在 20 ~ 30 岁之间,裸眼视力均达到了 0.9 以上,无色盲色弱患者,身高分布在 160 ~ 180cm 之间,且均对北京市交通枢纽引导标志的形式较为熟悉。

(5)实验时间。由于本实验采集的样本数量较大,为了避免工作人员工作量过大,并且确保样本质量,实验需分阶段进行。实验历时较长,从第一名被试者到最后一名被试者,实验次数达到 30 次,本实验的全过程历时两个月。

4. 实验流程

(1)佩戴眼动仪。

佩戴眼动仪的工作需要工作人员与被试者协作完成。在佩戴眼动仪之前,工作人员需告知被试者佩戴眼动仪的相关注意事项。

(2)眼动点标定。

①眼动点标定原理。首先固定几个注视点,当眼睛凝视各注视点时,眼动仪测量相应的瞳孔中心位置,以此确定注视点变化与瞳孔中心位置改变之间存在的映射关系;在实际测量过程中,根据设备检测到视频中眼睛瞳孔中心位置十字丝的变化,计算出眼睛注视点的位置,并将其叠加在视场上。

以上过程涉及不同的参照系。头部摄取视场的摄像机所处参照系中,视场是人在测试过程中所注视的外界位置信息,是描述人眼注视的实际位置,也就是视线的终点。在这个参照系中,眼睛注视点的位置将唯一确定。提取左、右眼信号的摄像机所处参照系,人眼的运动表征点、瞳孔中心位置(左、右)在这两个参照系中的投影点坐标也是唯一确定的。

保证眼动仪系统运行的前提是实现人眼参照系与视场参照系之间的“映射”,即由后者所得的瞳孔中心坐标推知人眼在前者中的真实注视点位置。眼动仪标定所要解决的问题就是如何实现和确定两种参照体系之间的一一对应关系。

②眼动点标定过程。眼动点标定过程需要工作人员与被试者配合完成,标定前工作人员需告知被试者相关注意事项。使用头盔式眼动仪,采用相对复杂的五点标定法实验,具体步骤如下。

a. 佩戴眼动仪,确保眼球在镜片的中央,调整摄像头的位置和焦距,保证被试者眼部视觉清晰。

b. 选取五点，被试者在头部不发生移动的情况下，按照要求依次注视各点，以标定被试者的注视点。

c. 当仪器注视点随被试者眼球移动而同时变化，且其位置能够基本重合时，说明眼动仪的标定完成，可以进行实验。如果注视点与被试者眼球移动位置不一致，需要重新标定。

d. 标定前准备过程中，需要首先确认眼动仪上的摄像头是否捕捉到被试者眼睛，如果没有捕捉到，需要调整头盔与被试者头部的相对位置，直到眼动仪电脑屏幕中出现眼睛的画面。如果眼睛位于眼动仪电脑屏幕中，观察屏幕中眼睛瞳孔的中间位置是否出现黑色十字丝，若未出现黑色十字丝，需要调整眼动仪上的摄像头与眼睛的角度，直到黑色十字丝出现。这里黑色十字丝与白色十字丝分别代表视线的终点和瞳孔的中心位置，实验标定过程如图 7-12 所示。

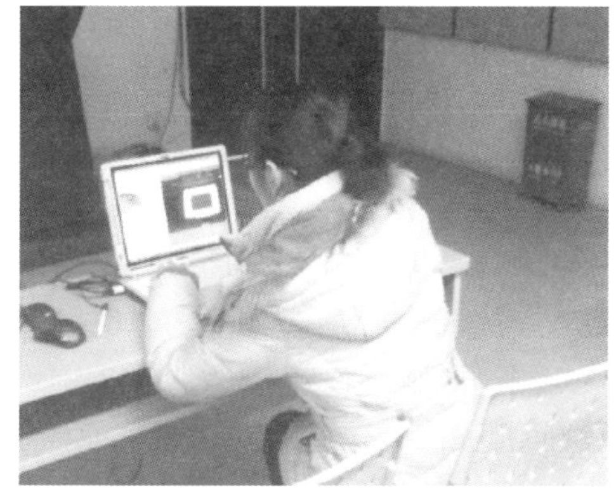

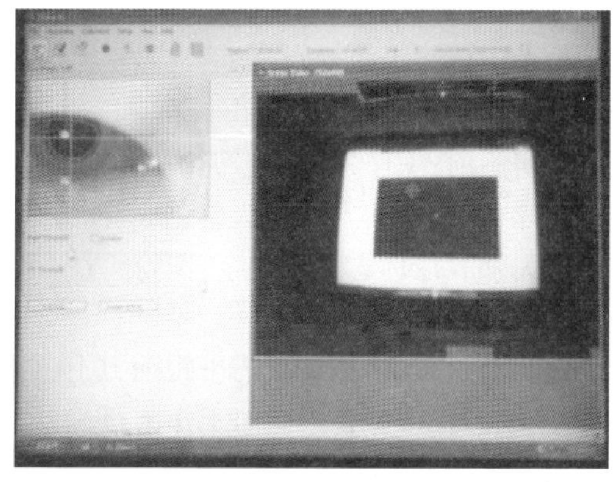

图 7-12 实验标定过程

e. 以上工作完成后，开始正式进行标定。标定过程开始，由工作人员指定投影仪屏幕上的五个点。根据以往经验，五个定点应该选取屏幕左上、右上、左下、右下、中间这五个位置，如图 7-13 所示。图中央深色圆点位置即为被试人员标定时所需注视的点。

图 7-13 实验标定点示意图

f. 完成五点标定过程后，工作人员需进行眼动点标定精度的验证工作。此时，工作人员要求被试者的眼睛注视点随着鼠标的运动而运动，但头部不能转动。如果屏幕上的眼动点移动路径与鼠标的移动路径吻合较好，说明眼动仪标定精度较高，标定较为成功，可以开始正式实验；如果眼睛注视点与鼠标位置不重合或者在某块区域内两者位置不重合，则实验需重新进行标定。每位被试者在实验前均需进行眼动点的标定工作。开始实验前，需要对每张图片眼动点的精度进行验证，以确保实验数据的真实可靠。

(3)实验培训。

完成标定工作后，工作人员需要对被试者进行实验步骤以及注意事项的讲解，确保被试者能按照要求顺利进行实验。

①实验步骤：

a. 工作人员发出口令，实验开始；

b. 实验开始瞬间，被试者点击鼠标，前方投影仪屏幕上出现图片；

c. 被试者对前方投影仪的图片进行搜索，待发现交通标志后立即点击鼠标，完成此次搜索任务；

d. 前方屏幕上出现对话框，显示出本次实验的搜索时间，工作人员进行记录，实验结束。

②实验注意事项：

a. 实验前，工作人员需告诉被试者所有实验涉及的交通标志均为北京市交通枢纽中的交通标志，且交通标志均为蓝色色底、深蓝色底或偏黑色底，文字为白色；工作人员还需告诉被试者无须看清标志上的文字、图符、方向等相关信息，只要认为发现的物体是交通标志，立即点击鼠标结束实验；

b. 实验过程中，被试者需平视前方，头部不能移动，不能和眼动仪发生相对移动；

c. 实验时，被试者不能向工作人员确认标志或询问相关情况，如果认为发现交通标志，立即点击鼠标结束实验；

d. 工作人员对被试者培训完毕后，将被试者带到指定位置，此时，被试者需保持眼动仪与头部的相对位置不动，完成以上步骤后即开始预实验。

(4)预实验。

预实验所选用的图片为3张，不同于正式实验所选用的图片，但其实验要求与正式实验相同。每位被试者在进行正式实验之前均需进行预实验。预实验的目的首先是让实验人员充分掌握实验的流程，以确保实验的成功率；其次是让工作人员了解眼动点标定是否存在误差，以确保实验的准确性。

(5)正式实验。

被试者做好准备，工作人员发出口令，实验随即开始。被试者点击鼠标，前方屏幕由黑色立即转换为实验图片。此时，被试者立即开始搜索交通标志，待搜索到交通标志立即点击鼠标，实验停止，前方屏幕显示出搜索时间，工作人员记录每位被试者对每张实验图片的搜索时间。工作人员依次播放10组正式实验图片，在每一次实验结束后，有30s休息时间以保证被试者实验过程无眼睛疲劳状态。

(6)实验错误处理。

实验时，若工作人员发现被试者的眼动点和其实际注视的目标点不重合时，需进行重新标定。若被试者在实验过程中因迟疑而耗费时间过长，实验失败，将此次样本数据舍弃。

四、实验结果分析

1. HSV 敏感度实验结果

HSV 敏感度实验分别选用了高亮度、中亮度和低亮度的 3 张图片。图片的颜色参数 H、S、V 按照步长为 1 进行改变。若被试者 P9 的亮度改变值为 4，说明当图片的亮度改变差值为 4 时，9 号被试者能够感受到亮度的变化。数字含义表示被试者对 H、S、V 改变的敏感点，即感受到图片中交通标志产生变化时的颜色参数改变值。

实验结果分别如下。

(1) 低亮度图片敏感度分析。

低亮度图片 HSV 敏感度实验共 30 名被试者，实验结果见表 7-2。

低亮度图片颜色敏感性实验结果　　表 7-2

被试者	色度(H)	亮度(V)	饱和度(S)	被试者	色度(H)	亮度(V)	饱和度(S)
P1	25	3	54	P16	14	7	53
P2	24	4	63	P17	22	7	49
P3	8	7	45	P18	35	4	54
P4	18	4	34	P19	12	5	42
P5	22	9	44	P20	16	7	58
P6	14	5	59	P21	24	6	53
P7	23	5	48	P22	24	9	44
P8	31	4	55	P23	10	6	53
P9	15	6	34	P24	19	8	58
P10	19	7	54	P25	15	7	44
P11	24	8	45	P26	16	7	48
P12	23	6	35	P27	21	5	49
P13	12	7	65	P28	26	8	43
P14	13	8	54	P29	21	8	57
P15	25	9	43	P30	21	6	58

通过对低亮度图片 HSV 敏感度实验结果分析，可知其色度敏感点的期望值为 19.7，亮度敏感点的期望值为 6.41，饱和度敏感点的期望值为 49.82，说明对于低亮度图片，被试者对交通标志亮度的改变较为敏感，对色度改变的敏感度次之，对饱和度改变的敏感度最差。经计算，低亮度图片色度的方差为 38.06，亮度的方差为 1.35，饱和度的方差为 31.90，说明被试者对于低亮度图片色度和饱和度的敏感度波动较大，对于亮度的敏感度波动较小（期望值指试验中每次可能的结果乘以其结果概率的总和）。

(2) 中亮度图片敏感度分析。

中亮度图片 HSV 敏感度实验共 30 名被试者，实验结果见表 7-3。

中亮度图片颜色敏感性实验结果　　表 7-3

被试者	色度(H)	亮度(V)	饱和度(S)	被试者	色度(H)	亮度(V)	饱和度(S)
P1	7	3	26	P16	4	2	27
P2	4	5	17	P17	5	4	34
P3	6	4	34	P18	5	3	33
P4	2	3	20	P19	3	6	23
P5	3	2	31	P20	7	5	26
P6	5	5	22	P21	7	3	34
P7	6	2	34	P22	8	2	25
P8	5	2	29	P23	5	4	35
P9	5	3	28	P24	8	6	36
P10	4	5	33	P25	8	6	32
P11	5	2	23	P26	8	4	33
P12	5	3	31	P27	7	4	37
P13	5	5	29	P28	9	4	28
P14	4	2	31	P29	9	6	33
P15	7	3	25	P30	8	6	34

通过对中亮度图片 HSV 敏感度实验结果分析,可知其色度敏感点的期望值为 5.79,亮度敏感点的期望值为 3.81,饱和度敏感点的期望值为 29.4,说明对于中亮度图片,被试者对交通标志色度与亮度改变的敏感度较高,对饱和度改变的敏感度较低。经计算,中亮度图片色度的方差为 3.50,亮度的方差为 0.60,饱和度的方差为 26.95,说明被试者对中亮度图片色度和亮度的敏感度波动较小,而对饱和度的敏感度波动较大。

(3)高亮度图片敏感度分析。

高亮度图片 HSV 敏感度实验共 30 名被试者,实验结果见表 7-4。

高亮度图片颜色敏感性实验结果　　表 7-4

被试者	色度(H)	亮度(V)	饱和度(S)	被试者	色度(H)	亮度(V)	饱和度(S)
P1	3	2	17	P9	4	2	16
P2	2	2	18	P10	2	3	35
P3	4	4	38	P11	2	2	17
P4	2	4	31	P12	2	3	18
P5	5	3	28	P13	3	1	38
P6	3	3	23	P14	4	4	39
P7	4	2	24	P15	2	2	33
P8	3	2	23	P16	3	1	18

续上表

被试者	色度(*H*)	亮度(*V*)	饱和度(*S*)	被试者	色度(*H*)	亮度(*V*)	饱和度(*S*)
P17	3	2	21	P24	4	5	21
P18	4	2	25	P25	5	2	24
P19	2	5	16	P26	3	3	26
P20	2	2	25	P27	5	4	34
P21	2	3	27	P28	5	3	29
P22	3	2	28	P29	5	3	33
P23	2	2	35	P30	5	5	33

通过对高亮度图片 HSV 敏感度实验结果分析，可知其色度敏感点的期望值为 3.28，亮度敏感点的期望值为 2.81，饱和度敏感点的期望值为 26.44，说明对于高亮度图片，被试者对交通标志色度和亮度改变的敏感度较高，而对于饱和度改变的敏感度较低。经计算，高亮度图片色度的方差为 1.02，亮度的方差为 0.35，饱和度的方差为 25.980，说明被试者对高亮度图片色度和亮度的敏感度波动较小，而对饱和度的敏感度波动较大。

(4)综合分析。

综合分析以上 3 个实验可知，被试者对图片中交通标志亮度的敏感度较高，对于色度的敏感度次之，对于饱和度的敏感度很低。

对以上 3 个实验的数据进行统计分析，得到 3 类图片的色度(*H*)、亮度(*V*)、饱和度(*S*)敏感点的综合平均值。其中，色度敏感点的平均值为 9.59，亮度敏感点的平均值为 4.34，饱和度敏感点的平均值为 35.22。将以上平均值数据进行归一化处理，求其平均变化率，计算公式为：

$$\mu_s = \frac{\frac{1}{B_s}}{\frac{1}{B_s} + \frac{1}{B_l} + \frac{1}{B_b}} \tag{7-1}$$

$$\mu_l = \frac{\frac{1}{B_l}}{\frac{1}{B_s} + \frac{1}{B_l} + \frac{1}{B_b}} \tag{7-2}$$

$$\mu_b = \frac{\frac{1}{B_b}}{\frac{1}{B_s} + \frac{1}{B_l} + \frac{1}{B_b}} \tag{7-3}$$

式中：μ_s，μ_l，μ_b——色度、亮度、饱和度的平均变化率，且 $\mu_s + \mu_l + \mu_b = 1$。

由此可得色度敏感度 μ_s 的平均变化率为 0.287，亮度 μ_l 的平均变化率为 0.635，饱和度 μ_b 的平均变化率为 0.078。

敏感度平均变化率越高，其变化的速度越快，越容易感受到图片色彩的变化；相反，平均变化率越低,其变化的速度越慢,越难感受到图片色彩的变化。平均变化率能够综合反映被试者对图片中交通标志 HSV 三个参数改变的敏感程度。

2. 眼动实验结果

眼动实验主要得到寻找交通标志的平均眼动搜索时间和眼动点分布区域。其中,平均眼动搜索时间与标志设置的醒目性直接相关,而眼动点的分布区域与标志设置的醒目性间接相关,在一定程度上反映人在不同场景下对交通标志的搜索行为。实验所得搜索时间数据和眼动点坐标数据通过 TXT 文本输出,其中,搜索时间数据可以由实验直接获得,而眼动点分布数据需要对文本数据进行进一步处理获得。

(1)平均眼动搜索时间。

通过对 30 名被试者进行眼动实验,每名被试者连续进行 10 次实验,每次实验搜索 1 张图片中的交通标志。由于实验中存在导致实验中断、样本数据无效的偶然事件,故有效数据样本需在保证实验按照既定的规则完成,实验过程中没有出现意外情况,且眼动点标定精度满足所需要求的前提下获取。经过整理,最终获得有效样本数据共 300 个。

眼跳执行之前存在一段大约 100ms 的不应期,这一时期内的任何视觉信息无法影响眼跳目标的选取。不应期在视觉搜索中会对搜索成绩及搜索策略产生一定的影响。另外,按键时间也包括在实验中搜索时间中。所以,本实验所得平均搜索时间满足式(7-4):

$$T_s = T - T_n - T_j \tag{7-4}$$

式中:T_s——眼动搜索时间,s;

T——实验中记录的搜索时间,s;

T_n——不应期的时间,s;

T_j——按键时间,s。

这里不应期时间取 0.1s,按键时间一般在 0.01 ~ 0.40s 间波动,因为被试者个体之间反应时间存在差异,本研究取中间值 0.20s 作为按键时间。眼动搜索实验被试者总数为 30 人,利用拉依达准则法(3σ)将异常数据剔除,每张图片搜索时间的均值和 3σ 值见表 7-5。

异常数据剔除准则 表 7-5

图片编号	1	2	3	4	5	6	7	8	9	10
均值 μ	2.560	1.922	3.701	3.569	2.883	2.504	3.103	2.553	2.777	2.997
3σ	2.148	1.784	2.784	2.285	1.974	1.768	2.679	2.129	2.674	2.775
$\mu+3\sigma$	4.708	3.706	6.485	5.854	4.857	4.272	5.782	4.682	5.451	5.772
$\mu-3\sigma$	0.412	0.138	0.917	1.284	0.909	0.734	0.424	0.424	0.103	0.222

表 7-5 中,μ 与 σ 分别表示正态总体的数学期望和标准差。此时,在实验数据值中出现大于($\mu+3\sigma$)或小于($\mu-3\sigma$)数据值的概率是很小的,因此,根据式(7-4)将大于($\mu+3\sigma$)或小于($\mu-3\sigma$)的实验数据值作为异常值,予以剔除。

最后确定出每张图片的样本量总数为 30。根据眼动搜索实验所得结果,按照式(7-4),可得平均眼动搜索时间(表 7-6)。

眼动搜索时间　　表 7-6

图片编号	1	2	3	4	5	6	7	8	9	10
样本数	30	30	30	30	30	30	30	30	30	30
搜索时间均值(s)	2.079	1.614	3.373	3.046	2.449	2.056	2.643	1.798	2.133	2.377
最大搜索时间(s)	4.481	3.659	5.544	5.141	3.339	2.418	4.524	4.605	4.689	3.987
最小搜索时间(s)	1.233	0.858	0.921	1.920	1.723	0.811	1.717	0.718	0.905	0.624
搜索时间中位数(s)	2.348	1.783	3.067	3.287	2.840	2.103	2.783	1.648	2.434	2.574

均值是一个很重要的数值特征,用来描述一个群体的平均水平,其严格的数学定义非常的简单,即一个关于概率测度的随机变量积分。本研究中,对于不同背景环境复杂度的图片而言,搜索时间均值能够反映其搜索难易程度,所以,本研究采用搜索时间均值作为搜索绩效的评价指标。不同图片的平均搜索时间分布较不均匀,离散性较大,其结果如图 7-14 所示。

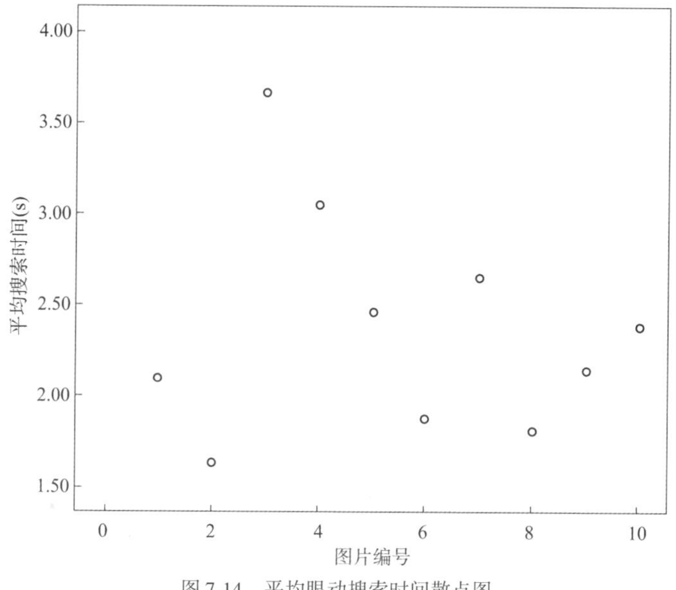

图 7-14　平均眼动搜索时间散点图

(2)眼动点分布。

要得到眼动点的分布图,需要对实验数据进行两步处理。

步骤一:根据实验所得眼动点坐标数据,通过 matlab 的相应代码将不同时刻的眼动点位置图像还原进入视频图像中进行叠加,使不同时刻的眼动点分布于同一张图上。其中某一位被试者的眼动点分布如图 7-15 所示。

步骤二:通过步骤一可以得到不同被试者的眼动点分布图。此时通过 matlab 程序,结合 photoshop 将不同被试者对同一图像的眼动点进行叠加,从而得到针对所有实验者对于每张图片眼动点的分布区域图。其中某一张图片的最终眼动点分布如图 7-16 所示。

以交通标志中心点为中心,向外辐射出正方形区域,直到其涵盖图中 80% 的眼动点停止,该正方形区域即为 80% 眼动区域。实验中存在对实验结果造成影响的无效眼动点,为了剔除这些无效眼动点所覆盖的范围,本研究选取了集中于目标区域的 80% 眼动点所覆盖区域,如图 7-17 所示。

图 7-15　单个被试者眼动点分布图

图 7-16　最终眼动点分布图

图 7-17　80% 眼动点分布区域图

本研究将 80% 眼动区域定义为 80% 眼动点所覆盖区域内像素的总和。经过对实验结果的分析，80% 眼动区域大小见表 7-7。

80%眼动区域大小　　表 7-7

图片编号	1	2	3	4	5	6	7	8	9	10
80%区域大小	129375	96100	229761	207936	128164	70532	119280	82369	44521	69696

表 7-7 中 10 张图片的 80% 眼动区域范围在 44521 ~229761 个像素之间，说明不同背景环境，被试者的眼动搜索范围存在明显的差异，该结论如图 7-18 所示，不同图像间代表图像大小的散点离散性较大。

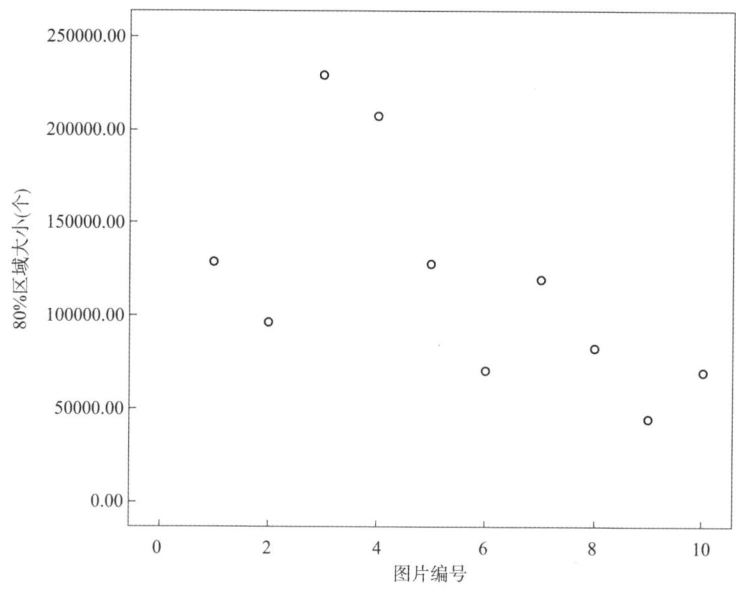

图 7-18　80%眼动区域大小散点图

第四节　交通标志醒目性模型构建

一、颜色空间选取

交通标志模型的构建需要基于某一特定颜色空间，为了更好地反映人的视觉特性，本研究对 RGB 颜色空间与 HSV 颜色空间进行了比选。

1. RGB 颜色空间

光谱中最重要的颜色是红（R）、绿（G）、蓝（B）三基色，三基色可以组合成任意颜色。RGB 颜色空间是一个立方体三维坐标空间结构，其坐标轴分别用红、绿、蓝表示。RGB 空间较常用于图像采集设备和图像显示设备，所以 RGB 颜色空间是彩色数字图像处理中最基础、最常用的颜色空间。

RGB 颜色空间的主要缺点如下：

①RGB 模型不能直观地反映人的认知特性；

②RGB 模型中两个色点之间的距离不等于两个颜色之间的知觉差异；

③RGB 颜色空间对采集设备和显示设备的依赖性较强，不能很直观的描述颜色空间。

2. HSV 颜色空间

HSV 颜色空间是从人的心理感知角度建立的。H(色度)是指一种颜色在色谱中所对应的主波长，S(饱和度)相当于颜色的纯度，V(亮度)是感觉的均匀量。

HSV 颜色空间的三维表示从 RGB 立方体演化而来。设想从 RGB 沿立方体对角线的白色顶点向黑色顶点观察，就可以看到立方体的六边形外形，六边形边界表示色彩，水平轴表示纯度，明度沿垂直轴测量。HSV 颜色空间可以用一个圆锥空间模型来描述，如图 7-19 所示。

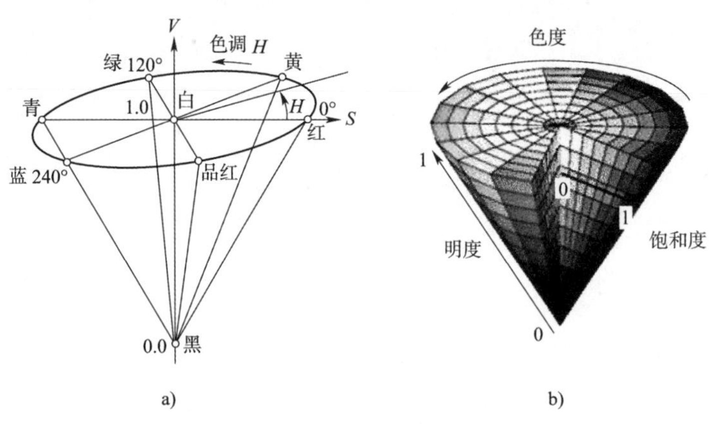

图 7-19　HSV 颜色空间

HSV 颜色空间反映了人观察颜色的方式，具有两个显著的特点：其一，亮度分量可以独立于图像的颜色信息之外；其二，色调和饱和度分量体现了人感受颜色的两种角度。该模型中颜色的参数分别是：色度(H)，饱和度(S)，亮度(V)。HSV 模型的三维表示从 RGB 立方体演化而来。六边形边界表示色彩，水平轴表示纯度，明度沿垂直轴测量，所以 HSV 模型适用于以人的视觉系统来感知颜色的视觉系统研究中。

颜色特征对图像本身的尺寸、方向、视角的依赖性较小，具有较高的鲁棒性。RGB 颜色空间是一种在我们日常生活中经常使用的颜色表示法，但是 RGB 颜色空间与人眼的感知差异很大，而 HSV 颜色空间比较符合人眼的视觉特性。为了使算法更符合人的视觉特性，本研究采用较能符合人眼感知特性的 HSV 颜色空间，按照一定的关系，将 RGB 空间的像素点(R,G,B)变换到 HSV 空间的像素点(H,S,V)，其转化公式如下：

$$H \in [0,360), S \in [0,1), V \in [0,1) \tag{7-5}$$

$$MAX = \mathrm{MAX}(R,G,B) \tag{7-6}$$

$$MIX = \mathrm{MIX}(R,G,B) \tag{7-7}$$

若 $MIX = MIN$，则
$$\begin{cases} H = 0 \\ S = 0 \\ V = \dfrac{MAX}{255} \end{cases}$$

若 $MIX \neq MIN$，则

当 $G \geqslant B$ 时：
$$\begin{cases} H = \dfrac{(MAX - R + G - MIN + B - MIN)}{MAX - MIN} \times 60 \\ S = 1 - \dfrac{MIN}{MAX} \\ V = \dfrac{MAX}{255} \end{cases}$$

当 $G \leqslant B$ 时：
$$\begin{cases} H = 360 - \dfrac{(MAX - R + G - MIN + B - MIN)}{MAX - MIN} \times 60 \\ S = 1 - \dfrac{MIN}{MAX} \\ V = \dfrac{MAX}{255} \end{cases}$$

将交通标志设置的背景环境转化为数字图像进行处理，像素为处理的最小基本单元，每个像素包含其颜色信息（色度、亮度、饱和度）。本研究采用 HSV 颜色空间，将每个像素的色度（H），饱和度（S），亮度（V）进行加权处理，得到一维特征值 W，然后再通过代表每个像素单元的一维特征值 W 对图像进行运算处理。

通过分析比较 RGB 颜色空间和 HSV 颜色空间的优缺点，从行人视认特性的角度出发，选取 HSV 颜色空间，对交通标志醒目性进行量化评价。

二、环境复杂度评价指标

枢纽空间交通标志醒目性是一种定性描述，本研究将醒目性转化成描述交通标志设置背景整体复杂程度的邻域熵和描述交通标志与其局部背景的颜色对比度两项指标。这两项指标作为客观指标，而行人的搜索时间作为主观指标，从人的角度考虑交通标志醒目性，将客观指标和主观指标进行相关性分析，构建醒目性评价模型，综合评价交通标志设置背景环境醒目性。

1. HSV 的加权处理

通过 HSV 敏感性实验，判断色度、饱和度、亮度对识别交通标志的影响，并赋予权重。将 H、S、V 三个分量归一化到[0,255]上，公式如下所示：

$$H = h \div 360 \times 255 \tag{7-8}$$

$$S = s \times 255 \tag{7-9}$$

$$V = v \times 255 \tag{7-10}$$

式中：h、s、v——图片中每个像素的色度、饱和度、亮度的值；

H、S、V——经过归一化处理后，转化为无量纲的色度、饱和度、亮度的值。

色度、亮度、饱和度能够共同反映图像的颜色特征。本次研究需要将 H、S、V 三个分量进行加权处理，使其三个分量按照一定的比例组合，得到能够综合反映像素颜色性质的一维特征值 W。

$$W = a \times H + b \times S + c \times V \tag{7-11}$$

其中，$a + b + c = 1$，且 $a,b,c \in (0,1)$，可得 $W \in (0,255)$。

这里将敏感度实验得到的色度、亮度、饱和度的敏感性变化率作为权重值赋予参数 a、b、c。颜色敏感度实验得到色度敏感度的平均变化率 μ_s 为 0.287，亮度的平均变化率 μ_l 为 0.635，饱和度的平均变化率 μ_b 为 0.078，所以权重参数值 $\mu_s = 0.287$，$\mu_l = 0.078$，$\mu_b = 0.635$，且 $a + b + c = 1$。可得一维特征值 W 的表达公式如下：

$$W = 0.287 \times H + 0.0778 \times S + 0.635 \times V \tag{7-12}$$

通过加权处理，像素的颜色信息不再由 H、S、V 三个分量表示，而是由 W 值取代。

2. 图像邻域熵

从宏观角度分析，枢纽空间中交通标志的背景复杂程度是决定其醒目性的主要因素。背景越复杂，人们越难从背景环境中发现交通标志；相反，背景越简单，人们越能够迅速从背景环境中发现交通标志。本研究中复杂程度通过交通标志背景邻域熵来描述。

本研究定义的邻域熵反映了图像 W 值的离散程度。在邻域熵大的地方，图像 W 值相对较为均匀；邻域熵小的地方，图像 W 值离散性较大，而与图像 W 值的均值无关。由于图像中目标图像的背景具有平稳性，由邻域熵的定义可知，其邻域熵较均匀且具有较大的熵值。对于小目标区域，W 值起伏较大，其熵值较小，最小熵值即为目标所处位置。

将标志区域视作图像的最小单元区域，并将图像 80% 邻域根据最小单元分割成 N 个网格区域。分别计算每个网格区域的 W 均值，从而按照式(7-13)～式(7-15)计算图像 80% 邻域的熵值。

首先计算每个网格内 W 值的均值 $f(i,j)$：

$$f(i,j) = \frac{\sum 网络(i,j)^{w(h,s,v)}}{Num} \tag{7-13}$$

计算出网格内 W 值均值 $f(i,j)$ 后，再计算其 W 值的分布概率 P_{ij}：

$$P_{ij} = \frac{f(i,j)}{\sum_{i=1}^{M} \sum_{j=1}^{N} f(i,j)} \tag{7-14}$$

通过 W 值的分布概率 P_{ij}，计算出每幅图像 80% 邻域的熵值 H_{ij}：

$$H_{ij} = -\sum_{i=1}^{M} \sum_{j=1}^{N} P_{ij} \ln p_{ij} \tag{7-15}$$

3. 颜色对比度

从微观角度来讲，决定枢纽内部交通标志醒目性的关键因素是该标志本身与其周围区域的颜色对比度情况。颜色对比度越大，人们越容易发现交通标志；颜色对比度越小，人们越难发现交通标志。本研究将颜色对比度具体为枢纽中交通标志与其周围区域的 W 差值。W 差值越大，则标志区域与周围区域的颜色对比度越大；W 差值越小，则标志区域与周围区域的颜色对比度越小。

本研究定义的标志区域为标志边框以内的区域，如图 7-20 所示。标志外围区域根据交通标志在图象中的大小而定。此外围区域不能取太大，否则无法反映局部对比度的情况；也不能取太小，否则不足以与交通标志区域形成对比。本研究根据图片中交通标志的大小情况，为方便起见，选取标志边框以外延伸 20 个像素的区域为标志外围区域，但不包括标志区域本身，如图 7-21 所示。

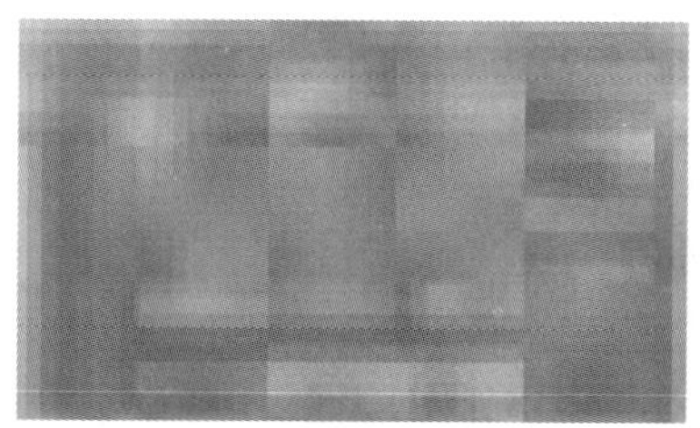
图 7-20　标志区域图

图 7-21　标志外围局部区域图

计算标志与其周边区域 W 值的差值，从而反映交通标志内外区域的 W 值对比情况，即颜色对比度。其计算公式如下：

$$f(w) = \frac{\sum_{\text{标志外围区域}} w_{(i,j)}}{num'} - \frac{\sum_{\text{标志区域}} w_{(i,j)}}{num''} \tag{7-16}$$

式中：　$f(w)$——W 差值；

$\sum_{\text{标志外围区域}} w_{(i,j)}$——标志外围区域各个像素 W 值的和；

$\sum_{\text{标志区域}} w_{(i,j)}$——标志区域各个像素 W 值的和；

num'——交通标志外围区域像素的个数；

num''——交通标志区域像素的个数。

三、构建环境复杂度量化评价模型

1. 影响因素分析

假定行人对交通标志的搜索时间服从正态分布，样本相互独立且方差相同，在其他参数条件一致的情况，利用 SPSS 数据分析软件，运用统计学原理对可能影响搜索时间的因素（如被测者的性别、年龄、视力，邻域熵，W 差值等）采用均值检验或方差分析等方法，检验其对搜索时间的影响是否显著。

（1）性别。

选取样本参数满足一定精度条件下的男、女两组样本，样本总量为 30。采用 T 检验，取 $\alpha = 0.05$。表 7-8 所示为检验的部分结果，T 检验值均小于 $T_{0.025}(29) = 2.045$，结果表明：性别对交通标志搜索时间的影响不显著。

性别对搜索时间的影响　　表 7-8

年　龄	矫正视力	图片编号	性　别	观测样本	T 检验值	检验结果
20～30 岁	>1.0	1	男	12	0.616	$\lvert t\rvert < T_{0.025}(27)$ 无显著性差异
			女	18		
		2	男	12	0.026	
			女	18		
		3	男	12	0.048	
			女	18		
		4	男	12	0.009	
			女	18		

(2)年龄。

在确定性别对搜索时间无显著性影响的基础上,对数据进行重新分类。选取年龄小于25岁与年龄大于25岁的两组样本,因为交通枢纽中引导标志的使用者大多数为年轻人,所以本研究选取的被试者年龄在20~30岁之间。样本总量为30,采用T检验,取$\alpha=0.05$。年龄对搜索时间的影响见表7-9,可知在矫正视力大于1.0的基础上,对图片1~4的样本进行了T检验,T检验值均小于$T_{0.025}(29)=2.045$,结果表明:年龄对地面标记视认距离无显著性影响。

年龄对搜索时间的影响　　表7-9

矫正视力	图片编号	年　龄	观测样本	T检验值	检验结果
>1.0	1	[20,25]	14	1.522	$\|t\| < T_{0.025}(29)$ 无显著性差异
		[25,30]	16		
	2	[20,25]	14	0.409	
		[25,30]	16		
	3	[20,25]	14	0.283	
		[25,30]	16		
	4	[20,25]	14	1.203	
		[25,30]	16		

(3)视力。

在确定性别与年龄对搜索时间无显著性影响的基础上,对数据进行重新分类。按照1.0为界限,分为视力从0.9~1.0(包括1.0)和视力从1.0~1.5两类,因为标准视力为1.0,且普通行人通过矫正后的视力大多在0.9以上,所以本研究选取的被试者的矫正视力均大于0.9,样本总量为30,采用T检验,取$\alpha=0.05$。

视力对搜索时间的影响见表7-10,对图片编号1~4的样本进行了T检验,T检验值均小于$T_{0.025}(29)=2.045$,结果表明:视力对地面标记视认距离无显著性影响。

视力对搜索时间的影响　　表7-10

图片编号	视　力	观测样本	T检验值	检验结果
1	[0.9,1.0]	16	0.217	$\|t\| < T_{0.025}(29)$ 无显著性差异
	(1.0,1.5]	14		
2	[0.9,1.0]	16	0.011	
	(1.0,1.5]	14		
3	[0.9,1.0]	16	0.001	
	(1.0,1.5]	14		
4	[0.9,1.0]	16	0.168	
	(1.0,1.5]	14		

(4)邻域熵。

通过眼动实验确定眼动点分布区域以后,确定80%眼动点覆盖的区域,再通过式(7-4)～式(7-6)计算可知,80%邻域熵的结果见表7-11。

80%邻域熵大小　　表7-11

图片编号	1	2	3	4	5	6	7	8	9	10
80%邻域熵	0.9763	0.9992	0.9973	0.9977	1.0000	0.9948	0.9985	0.9999	0.9992	0.9751

本研究定义的邻域熵是反映整个图片像素区域 w 值分布的均匀程度,当人们进入枢纽空间搜索交通标志,首先会对其周围环境产生一种整体感觉,本研究通过图片的混乱程度来描述,作为一个宏观的变量,本研究认为其与搜索时间有关,混乱程度选择的评价指标是邻域熵,将其作为模型的自变量之一。

(5)颜色对比度。

本研究中颜色对比度即 W 差值,W 值为图像每个像素包含的 H,S,V 三个值的一维特征值,能够综合反映图片的颜色特征。运用 matlab 软件对图像进行分析,通过式(7-7)计算可知,颜色对比度的计算结果见表7-12。

颜色对比度计算结果　　表7-12

图片编号	1	2	3	4	5	6	7	8	9	10
80%邻域熵	0.6213	0.7109	0.2871	0.2879	0.3284	0.3284	0.2874	0.5989	0.4573	0.3703

本研究定义 W 差值是反映图片中标志区域与其周围区域颜色均值对比情况的量。相对于邻域熵,W 差值在局部反映交通标志与其周围环境的颜色对比情况,本研究认为 W 差值作为微观变量,与搜索时间有关,将其作为模型的自变量之一。

(6)自变量相关性分析。

相关性分析是研究变量间密切程度的一种常用统计方法,相关系数是描述相关关系强弱程度的统计量。本研究用皮尔逊相关系数分析自变量之间的相关性。邻域熵和 W 差值为本次研究模型的自变量,为了研究两个变量之间的相关性,对其进行相关性分析,分析结果见表7-13。

相关性分析结果　　表7-13

自　变　量		邻　域　熵	颜色对比度
邻域熵	皮尔逊相关	1	-0.157
	显著性[Sig.(2-tailed)]	—	0.665
	样本量(N)	10	10
颜色对比度	皮尔逊相关	-0.157	1
	显著性[Sig.(2-tailed)]	0.665	—
	样本量(N)	10	10

根据表7-13分析可知,皮尔逊系数 $r<0$,说明邻域熵与 W 差值可能存在负相关关系,因为皮尔逊相关系数 $r=-0.157$,说明邻域熵与 W 差值两者的相关性极其微弱,几乎没有线性相关性。

2. 模型搭建

(1)偏相关分析。

为了建模的需要,需要分析自变量与因变量之间的关系,运用 SPSS 统计分析软件,对数据进行分析。由于初步确定模型中有两个自变量,一个因变量,所以应对自变量与因变量进行偏相关分析,确定偏相关系数的大小,从而确定自变量与因变量之间相关性是否显著。

①邻域熵与搜索时间。通过观察可以看出,邻域熵小的实验图片,交通标志设置背景环境较复杂,色彩不均匀;邻域熵大的实验图片,交通标志设置背景环境较简单,色彩较均匀。通过对实验数据进行分析,图片编号 3、4、5、7 的颜色对比度相差范围均在 0.001 以内,可以将其作为控制变量,对搜索时间与邻域熵进行偏相关分析,分析结果见表 7-14。

搜索时间与邻域熵相关性分析 表 7-14

控制变量	变　量		搜索时间	邻域熵
颜色对比度	搜索时间	皮尔逊相关(*Pearson Correlation*)	1	-0.980
		显著性(*Sig.* (2-*tailed*))	—	0.127
		自由度(*df*)	0	1
	邻域熵	皮尔逊相关(*Pearson Correlation*)	-0.980	1.000
		显著性(*Sig.* (2-*tailed*))	0.127	—
		自由度(*df*)	1	0

根据表 7-14 分析可知,搜索时间与邻域熵的皮尔逊相关系数为 -0.980,说明两者呈负相关关系,且相关性很高。

②颜色对比度与搜索时间。因为图片编号 2、4、5、8、9 的邻域熵改变值较小,均在 0.001 范围内,可以将这些图片的邻域熵作为控制变量,对研究颜色对比度与搜索时间进行偏相关分析,分析结果见表 7-15。

搜索时间与颜色对比度相关性分析 表 7-15

控制变量	变　量		搜索时间	邻域熵
邻域熵	搜索时间	皮尔逊相关(*Pearson Correlation*)	1.000	-0.961
		显著性(*Sig.* (2-*tailed*))	—	0.039
		自由度(*df*)	0	1
	邻域熵	皮尔逊相关(*Pearson Correlation*)	-0.961	1.000
		显著性(*Sig.* (2-*tailed*))	0.039	—
		自由度(*df*)	2	0

根据表 7-15 分析可知,搜索时间与颜色对比度的皮尔逊相关系数为 -0.961,说明两者呈成负相关关系,且相关性很高。且 $sig.\ (2\text{-}tailed) = 0.039 < 0.05$,说明相关性较强。

(2)拟合模型。

根据前面的分析,本研究选用搜索时间作为因变量,邻域熵和颜色对比度作为两个自变量,进行模型的拟合,采用多种回归模型对数据进行拟合,包括线性、二次函数、对数、指数、幂函数等组合方式,运用准牛顿法(BFGS)进行多次迭代,最后都达到收敛判断标准。其回归曲线方程、估计参数和相关系数之平方见表7-16。

回归模型拟合优度表　　表7-16

回归模型	回归方程	估计参数	拟合优度值(R^2)
线性函数+线性函数	$z=a\cdot x+b\cdot y+c$	$a=-2.7,b=-2.26,c=5.76$	0.6312
线性函数+对数函数	$z=a\cdot x+\ln(b\cdot y)+c$	$a=-2.68,b=-0.32,c=1676.80,d=3.54$	0.6280
线性函数+幂函数	$z=a\cdot x+c\cdot y^b+d$	$a=-2.58,b=-0.32,c=1676.80,d=3.54$	0.6742
线性函数+指数函数	$z=a\cdot x+c^{(b\cdot y)}+d$	$a=-2.69,b=0.02,c=0.24,d=3.14$	0.6301
对数函数+对数函数	$z=a\cdot\ln(x)+b\cdot\ln(y)$	$a=-2.30,b=-20.78$	0.6512
对数函数+幂函数	$z=a\cdot\ln(x)+c\cdot y^b$	$a=-1.26,b=-3.48,c=1.18$	0.6670
对数函数+指数函数	$z=a\cdot\ln(x)+c\cdot b^y$	$a=-1.26,b=0.03,c=39.97$	0.6670
幂函数+幂函数	$z=a\cdot x^b+c\cdot y^d$	$a=1.083,b=-11.07,c=1.80,d=8.37$	0.7815
指数函数+指数函数	$z=a\cdot b^x+c\cdot d^y$	$a=82.43,b=2.17,c=8.73,d=0.005$	0.7803
对数函数内嵌指数函数+指数函数	$z=\ln(x^a)+b\cdot y^c$	$a=-1.26,b=1.18,c=-3.47$	0.6670
对数函数内嵌指数函数+对数函数内嵌指数函数	$z=b\cdot\ln(x^a)+d\cdot\ln(y^c)$	$a=-0.03,b=74.59,c=0.12,d=-168.28$	0.6512
……			

对比其拟合优度值，可以认为线性函数和指数函数组合形式拟合优度值(R^2)最高，拟合效果最好。拟合后的函数表达式如下：

$$T(w)=1.08\times F(w)^{-0.1107}+1.8\times H(w)^{-8.37} \tag{7-17}$$

式中：$T(w)$——搜索时间，s；

$F(w)$——w 差值；

$H(w)$——邻域熵。

本文通过1stopt非线性拟合软件，运用准牛顿法(BFGS)，共迭代32次，计算结果达到收敛判断标准。标准差为0.24，说明数据间波动较小；残差平方和为0.60，说明估计值与实际值相差不大；相关系数的平方为0.7815，反映出模型的拟合优度较好。

3. 模型验证

为了确定研究拟合所得模型的可靠性，采用验证实验的方法将所得结果与模型计算结果进行比较。

实验场地仍然选择阶梯教室，选取10名被试者对1张交通标志图片进行验证实验，被试者年龄分布在20~30岁之间，裸眼视力或者矫正视力均在0.9以上。以误差百分比作为判断模型可靠性的指标，其误差百分比公式为：

$$\mu=\frac{t}{t_1}\times100\% \tag{7-18}$$

$$t=|t_1-t_2| \tag{7-19}$$

式中：t——搜索时间差值，s；

t_1——模型计算得出的搜索时间，s；

t_2——验证实验搜索时间,s;

μ——模型的误差百分比。

通过对 10 名被试者进行验证实验,运用式(7-10)、式(7-11)计算实验结果的误差百分比(表 7-17)。

验证实验结果分析 表 7-17

被试者编号	模型计算得出的搜索时间 t_1(s)	验证实验搜索时间 t_2(s)	时间差值 t(s)	误差百分比 μ
1	2.3843	2.7983	0.414	17.36%
2	2.3843	2.389	0.0047	0.20%
3	2.3843	2.3212	-0.0631	-2.65%
4	2.3843	3.6783	1.294	54.27%
5	2.3843	1.6732	-0.7111	-29.82%
6	2.3843	2.7202	0.3359	14.09%
7	2.3843	2.3432	-0.0411	-1.72%
8	2.3843	1.4628	-0.9215	-38.65%
9	2.3843	2.7492	0.3649	15.30%
10	2.3843	3.1273	0.743	31.16%
平均值	2.3843	2.4963	0.142	5.95%

表 7-17 中验证实验的平均搜索时间为 2.4963s,与模型计算所得的搜索时间(2.3843s)的差值为 0.112s,误差百分比为 5.95%,其误差百分比小于 10%,认为模型拟合结果较好,能够较好地反映交通标志设置背景环境复杂程度与行人搜索时间之间的关系。

第五节 醒目性等级划分

一、邻域熵等级划分

本研究中,邻域是指行人搜索某块交通标志时,视线所覆盖的范围。熵值能够描述交通标志设置背景环境的整体醒目性特征。背景环境图像的复杂程度,或者说背景图像分布均匀程度,在一定程度上影响着行人搜索交通标志的时间。

因为交通标志图像库中交通标志设置环境几乎涵盖了北京市所有交通枢纽中交通标志设置场景,所以可以通过对图像库中的交通标志设置环境进行分析计算,确定交通标志图像熵值的范围。

通过对 1074 张交通标志图片进行计算,得到如下结果:最大图像熵值为 1;最小图像熵值为 0.9145;图像熵值的取值范围为[0.9145,1]。本研究以 0.02 为梯度,将图像邻域熵划分为 5 个区间范围,按照邻域熵值由小到大分为 5 个等级:等级越高,图像中所含的信息量越少,W 值分布越均匀;相反,等级越低,图像中所含信息量越多,W 值分布越离散。邻域熵区间划分以及每个区间内图片的数量见表 7-18。字母 D_L 代表邻域熵等级。

80%邻域熵等级划分　　表 7-18

邻域熵等级	范围区间	图片数量
D_L1	[0.90,0.92)	2
D_L2	[0.92,0.94)	35
D_L3	[0.94,0.96)	109
D_L4	[0.96,0.98)	309
D_L5	[0.98,1.00]	619

现实枢纽空间中,邻域熵等级越高,所处范围区间的图片数量越多。由表 7-18 可知,拍摄的枢纽空间图片 W 值离散性较小,整体颜色参数分布较均匀。

二、颜色对比度等级划分

本研究中,交通标志背景环境颜色对比度用 W 差值来反映,W 差值描述了交通标志本身与其周围局部区域的颜色对比度情况。交通标志背景环境的颜色对比度能够反映交通标志设置的局部醒目性特征,W 差值的大小对交通标志的醒目性有较大的影响。

在交通标志设计与设置工作中,为了提高交通标志的醒目性,发挥交通标志在枢纽空间中的路径引导功能,设计工作者会采用交通标志灯箱内置灯源和标志版面附着反光膜等办法来提高交通标志的醒目程度。本研究确定枢纽空间邻域熵的大致范围,并按照一定梯度划分等级。

对交通标志图像库中的 1074 张图像进行分析可知,交通标志的 W 差值的分布区间为(0,1)。因此,本研究将 W 差值以 0.2 为梯度进行等级划分,共划分为 5 个等级:等级越高,说明交通标志与其局部背景的颜色对比度越高;反之,等级越低,说明交通标志与其局部背景的颜色对比度越低。等级划分结果见表 7-19,字母 D_Y 代表颜色对比度等级。

颜色对比度等级划分结果　　表 7-19

颜色对比度等级	范围区间	图片数量
D_Y1	[0.00,0.20)	48
D_Y2	[0.20,0.40)	227
D_Y3	[0.40,0.60)	389
D_Y4	[0.60,0.80)	328
D_Y5	[0.80,1.00]	82

由表 7-19 可知,交通标志图片的颜色对比度多分布在 D_Y3 和 D_Y4,其次是 D_Y2,D_Y5 和 D_Y1 分布的交通标志图片较少,大体呈正态分布。

三、交通标志醒目性等级

这里首先要明确交通标志醒目性主要由两方面因素决定:一方面是交通标志与其背景的颜色对比度;另一方面是交通标志背景环境的邻域熵值。通过对交通标志背景环境邻域熵与交通标志局部颜色对比度的等级划分,确定不同等级下,行人搜索时间的取值范围,结果见表7-20。例如,当交通标志背景环境邻域熵处于等级3(D_L3),交通标志局部颜色对比度处于等级2(D_Y2)时,行人的交通标志搜索时间的取值区间为2.58~4.69s。

交通标志醒目性等级评价二维表 表7-20

颜色对比度	邻域熵				
	D_L1	D_L2	D_L3	D_L4	D_L5
D_Y1	(5.14,+∞)	(4.69,+∞)	(4.32,+∞)	(4.01,+∞)	(3.75,+∞)
D_Y2	(3.40,5.70)	(2.95,5.41)	(2.58,4.69)	(2.27,4.32)	(2.01,4.01)
D_Y3	(3.07,3.96)	(2.62,3.40)	(2.25,2.95)	(1.94,2.58)	(1.68,2.27)
D_{Y4}	(2.96,3.63)	(2.50,3.07)	(2.13,2.62)	(1.82,2.25)	(1.56,1.94)
D_Y5	(2.90,3.51)	(2.45,2.96)	(2.07,2.50)	(1.77,2.13)	(1.51,1.82)

行人在枢纽空间搜索交通标志的时间取值范围是从1.51s开始,至无穷大。取值无穷大,说明交通标志设置背景环境复杂,并且交通标志与局部背景区域的颜色对比度几乎为0。

行人对交通标志的搜索时间能够直观反映出交通标志的醒目性。本研究采用搜索时间指标对交通标志设置醒目性进行分级,共分为5级,字母D_X代表醒目性等级。其中以搜索时间为评价醒目性好坏的直观指标,并以各自等级下的最大搜索时间作为评价交通标志设置环境等级的依据。等级划分的情况见表7-21。

交通标志设置环境醒目性等级 表7-21

醒目性等级	搜索时间(s)	交通标志设置环境
D_X1	(0,2.5)	$D_L=D_L5$ 且 $D_Y \geq D_Y3$ $D_L=D_L4$ 且 $D_Y \geq D_Y4$ $D_L=D_L3$ 且 $D_Y \geq D_Y5$
D_X2	(2.5,3.5)	$D_L=D_L4$ 且 $D_Y=D_Y3$ $D_L=D_L3$ 且 $D_Y4 \geq D_Y \geq D_Y3$ $D_L=D_L2$ 且 $D_Y5 \geq D_Y \geq D_Y3$
D_X3	(3.5,4.5)	$D_L5 \geq D_L \geq D_L4$ 且 $D_Y=D_Y2$ $D_L=D_L1$ 且 $D_Y5 \geq D_Y \geq D_Y3$
D_{X4}	(4.5,5.5)	$D_L3 \geq D_L \geq D_L2$ 且 $D_Y=D_Y2$
D_X5	(5.5,+∞)	$D_L=D_L1$ 且 $D_Y2 \geq D_Y \geq D_Y1$ $D_Y=D_Y1$

可以通过改变交通标志设置环境来改变交通标志的醒目性,交通标志设置位于不同的D_L和D_Y区间,其醒目性不同。

枢纽空间交通标志实际设置工作中,在充分考虑枢纽空间物理结构与交通标志流线设计的基础上,应对交通标志的设置背景环境复杂度以及交通标志与其背景区域的颜色对比度加以考虑,如交通标志背景环境中颜色与明暗程度应尽量单一,且避免出现广告;采用LED内置的交通标志也能加大其与其局部背景的颜色对比度,增加醒目性。在设计枢纽空间引导系统时,应按照交通标志的重要性,设定其不同的醒目性等级,充分发挥交通标志的路径指引功能与目标确认功能。

第八章　基于驾驶人视认性的 LED 主动发光标志研究

第一节　基于驾驶人的 LED 标志视认性理论基础

作为传递交通信息的有效载体,能否将交通标志版面上的图形符号、文字等法定信息向驾驶人传递,并被驾驶人有效视认,体现了交通标志是否具有优异的视认性。保障交通标志的视认性,尤其是在夜间等道路环境能见度不足条件下的标志视认性,对行车安全、出行效率都起到至关重要的作用。

最小视认距离作为评价交通标志视认性以及交通标志设置有效性的重要指标之一,是研究 LED 标志夜间视认性的理论基础。本章基于驾驶人的视认特性,对 LED 标志夜间视认性进行研究,从驾驶人的视觉机能及特性出发,结合《认知心理学》《工业心理学》以及《道路交通系统中驾驶行为理论与方法》中的理论知识,分析驾驶人在夜间的道路环境条件下的最小视认距离,为下一步的实验设计方案提供科学、严谨的理论支撑。

一、人的视觉机能及视认特性

1. 视觉刺激

感觉器官是人类获取知识的基础,人类的感觉器官包括视觉、听觉、触觉、味觉、嗅觉、深度感觉和平衡感觉,其中,人类获取的信息中有 70% ~80% 来自视觉。图 8-1 所示为人的眼球断面,眼睛呈球状。眼睛前面覆盖着透明的角膜,角膜中有虹膜,最里面有晶状体。

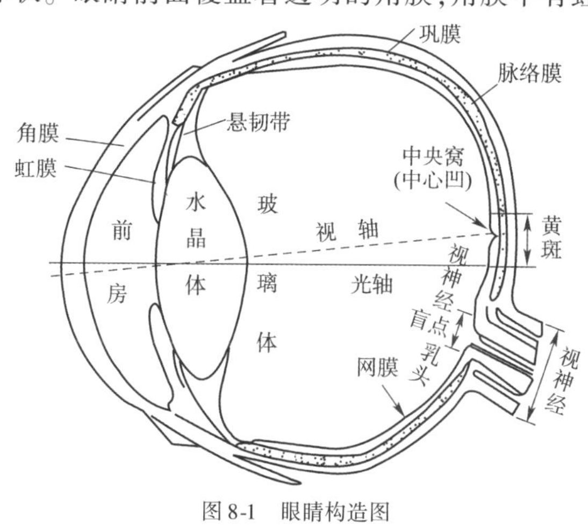

图 8-1　眼睛构造图

视觉的适宜刺激是光。图 8-2 所示为全部电磁光谱中的可见光谱,光是放射的电磁波,呈波形的放射电磁波组成广大的光谱,其波长差异极大,从最短的宇宙射线到无线电和电力波。由图 8-2 可知,人类视力所能接受的光波只占整个电磁光谱的一小部分,小于 1/70。在正常情况下,人的双眼所能感觉到的波长大约是 380 ~ 780nm。

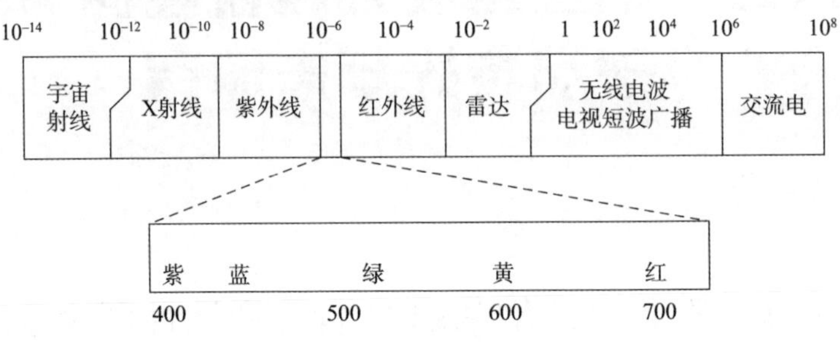

图 8-2　全部电磁光谱中的可见光谱

2. 视觉机能

(1)视力与视角。

视力是眼睛分辨物体细微结构能力的一个生理尺度,其以临界视角的倒数表示。检查人眼视力的标准规定,当临界视角为 1 分时,视力等于 1.0,此时视力为正常。当视力下降时,临界视角必然要大于 1 分,于是视力用相应小于 1.0 的数值表示。其中,视力的大小还随年龄、观察对象的亮度、背景的亮度以及两者之间亮度对比度等条件的变化而变化。

视角是确定被看物尺寸范围的两端点光线射入眼球的相交角度,视角的大小与观察距离及被看物体上两端点的直线距离有关。眼睛能分辨被看物体最近两点的视角,称为临界视角,如图 8-3 所示。

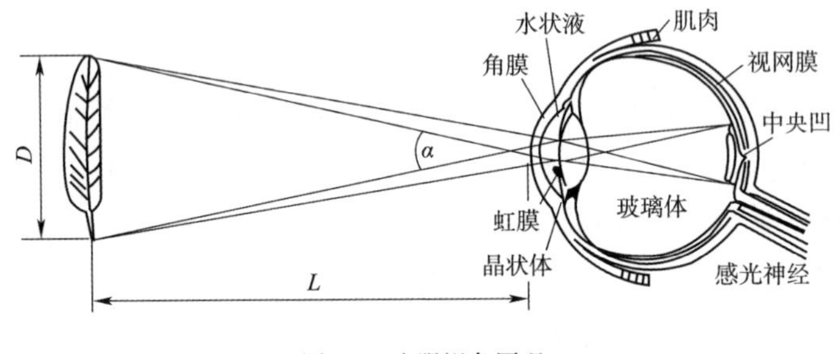

图 8-3　人眼视角原理

(2)视野。

视野是指在人的头部和眼球固定不动的情况下,眼睛观看正前方物体时所能看见的空间范围,常以角度来表示。视野的大小和形状与视网膜上感觉细胞的分布状况有关,可以用视野计来测定视野的范围。

二、交通标志夜间最小视认距离研究

1. 夜间最小视认距离分析

对于交通标志的视认距离研究,大多数国内外的学者将逆反射标志作为研究对象,本节主要对逆反射标志的视认距离研究进行梳理与总结。驾驶人对标志信息的视认和处理是一个极其复杂的过程，一般来说，交通标志的视认过程包括发现标志、识别标志、认读标志、理解标志和采取行动5个阶段，如图8-4所示。

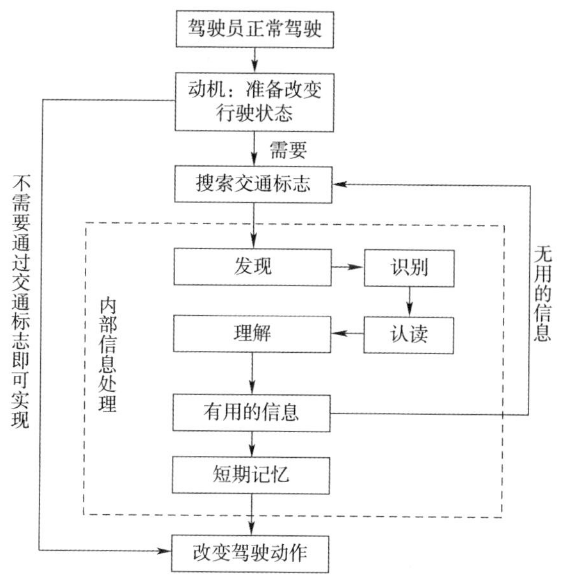

图8-4　信息处理流程图

我国对于标志视认距离的研究，主要根据交通运输部公路科学研究院的《公路交通标志视认性及设置有效性研究》的要求，通过大量现场实验和理论分析方法建立了交通标志汉字字高的通用模型，得到了不同汉字字高的指路标志与视认距离间的定量关系，见表8-1。

不同字高下的视认距离值　　表8-1

字高(cm)	30	35	40	45	50	60	65
视认距离(m)	72.8	83.6	92.5	103.6	111.4	120.4	124.9

根据美国《交通管理设施设置技术手册》(《Manual on Uniform Traffic Control Devices》,MUTCD)的要求，选取了视认性指数作为指标来反映视认距离与标志字高之间的关系，规定文字性交通标志的最小视认距离应该满足1英寸字高达到30英尺的视认距离，大约1cm字高达到3.6m的视认距离。随着美国对标志的字体进行改进，以及对于老年驾驶人不断增多的考虑，最新的研究成果则提高了原有规定的最小视认距离，以1英寸字高达到40英尺的视认距离的标准，大约1cm字高需要能够达到4.8m的最小视认距离对交通标志进行设置。

2. 夜间最小视认距离确认

(1)视认距离。

驾驶人的视力分为动视力与静视力，根据动、静视力相关性的研究结果，驾驶人在动态行车且行车速度小于120km/h时视野变窄，注视交通标志信息的时间缩短，但没有从根本上改变或者影响驾驶人的视力，所以驾驶人能清晰视认标志信息的距离与静态视认时基本上没有变化。所以在本文所研究的视认距离是在行车速度小于120km/h的条件下进行讨论。

驾驶人视认指路交通标志的先后顺序依次是发现、识别、判断和行为操作 4 个步骤,以十字交叉口为例,标志安装在路侧 F 点,驾驶人视认过程中实时地点的分布大致如图 8-5 所示。

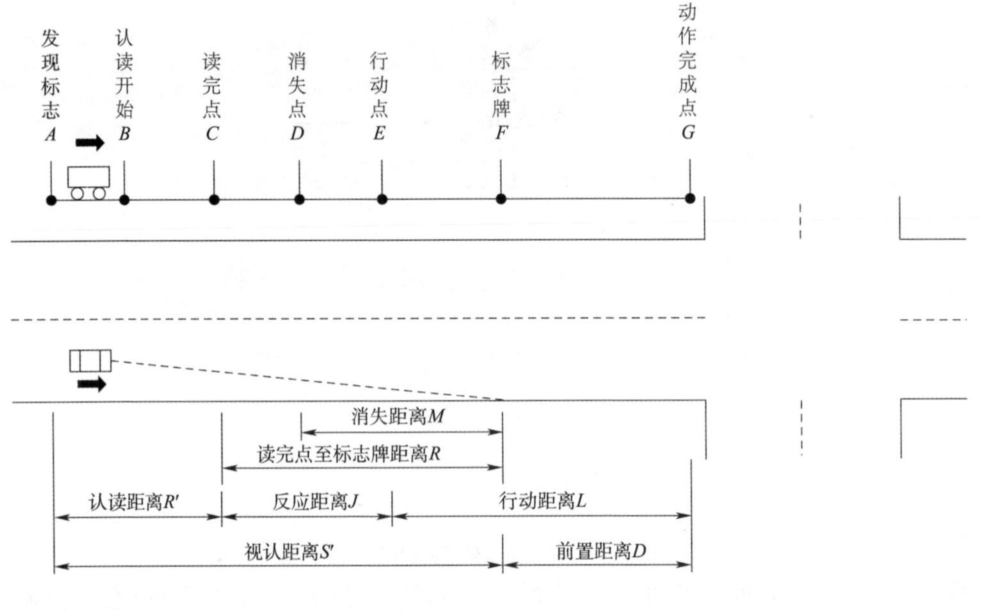

图 8-5 驾驶人视认标志的过程

按照安全视认距离的验算公式为:

$$S \geqslant V \times t + M \tag{8-1}$$

式中:S——视认距离,m;

V——车辆行驶速度,m/s;

t——视读及反应时间,s;

M——消失距离,m。

根据现行国家标准规定,标志版面目的地信息为 6 条时的视读时间 2.5s,故 t 取 2.5s,对于消失距离的取值则在下一节中继续讨论。

(2)消失距离。

视认过程中,首先,驾驶人在发现标志后依次识别标志的颜色和形状;然后,进入视认距离范围内,驾驶人才开始阅读、理解标志信息,并采取相应的驾驶行为;最后,驾驶人驶入标志的消失距离,标志从驾驶人视野中消失。要使驾驶人在有效距离内完成对标志信息内容的视认,就必须保证相应车速条件下驾驶人对汉字的感知、阅读和理解时间。

对于逆反射标志,驾驶人在夜间主要依靠车灯的照射和反光膜的逆反射作用视认交通标志,与白天的情况不同。夜间交通标志的消失距离不仅与驾驶人的垂直视角有关,而且与汽车前车灯的光照性能、车型坐高(视高)和反光膜特性有关。

那么夜间交通标志的消失距离计算依据有:①反光膜的逆反射性能;②驾驶人的夜间垂直视野的大小;③汽车前照灯的性能。视认原理大致如图 8-6 所示。

基于以上理论，在充分考虑行车安全性，路侧标志的垂直可视角度 $\alpha = \phi/2$，d 取 15°，则 $\phi = 2 \times 15° = 30°$，$\phi$ 表示驾驶人视认标志汉字的水平视野和垂直视野角度的大小，为 30°，同理，驾驶人的水平视野的角度 $\beta = \phi/2 = 15°$（图 8-7）。

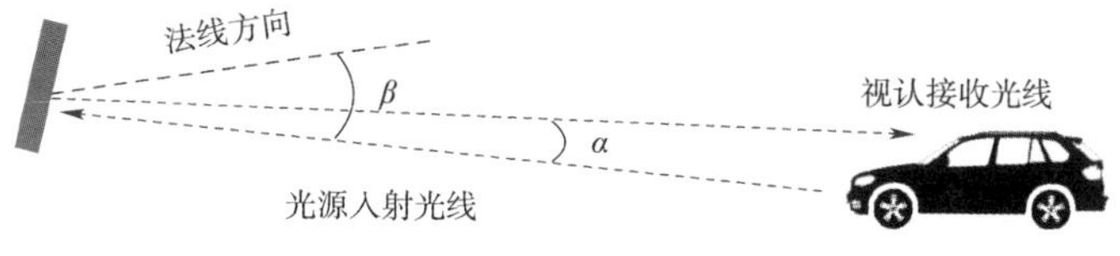

图 8-6　反光膜逆反射原理

α-驾驶人的观察角；β-车灯的入射角。

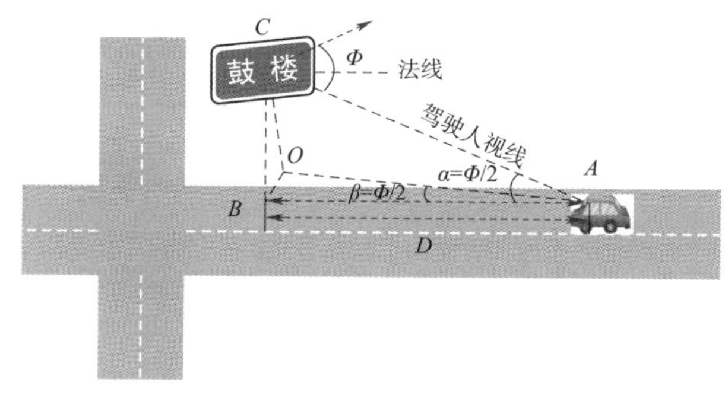

图 8-7　标志消失距离示意图

以常见的小汽车为例，驾驶人的视线高度大致为 1.2m，一般公路上交通标志的安装高度为 5m 左右，如图 8-7 所示，△AOC、△AOB 和△ABC 都是直角三角形。其中，OB 是汽车所在位置到标志外侧边缘的距离，取值为 14.2m。《交通标志与标线　第 2 部分》认为驾驶人头部转动时，驾驶人的水平视野有效范围为 36°；头部不转动时，有效范围为 18°。那么消失距离 D 的大小就是直角△AOB 中直角边 BA 的大小。计算如下：

$$D = |BA| = OB \cdot \cot b = 14.2 \cdot \cot 18° = 43.7(\text{m}) \tag{8-2}$$

此计算方法考虑的是驾驶人平面内水平方向视角（水平视野）大小。当标志以门架方式设置时，驾驶人的观测条件是按图 8-7 中 AC 所示的垂直方向（立体方向），应考虑驾驶人在垂直视野上方可视角度大小。研究成果表明：人眼的水平视野应大于垂直视野，所以，不能简单地用平面直角△AOB 来计算消失距离的大小。汽车所在位置到标志外侧边缘距离 OB 为 14.2m，与垂直方向的偏离视平线的值相差较大，本研究以直角△ABC 为依据，计算步骤如下：驾驶人头部转动时，驾驶人的水平视野有效范围为人眼在水平面内的视野，双眼视区大约在左右 60°以内的区域；垂直平面的视野的最大视区为视平线以上 50°和视平线以下 70°，本文取 45°作为水平视角值。那么，消失距离 D 的大小就是直角△AOB 中直角边 BA 的大小。线段 BC 表示的高度为标志板的视认中心高度（一般为 6.5m）减去驾驶人的视高（以小汽车为例，取 1.2m），BC 的数值为 6.5 − 1.2 = 5.3m。在直角△ABC 中有：

$$D = |BA| = |BC| \cdot \cot b = 14.2 \cdot \cot 45° = 14.2(\text{m}) \tag{8-3}$$

考虑实际大气能见度和交通安全余度，取 2 倍余量作为设计依据，消失距离设计值取

30m 较合理。结合式(8-1)计算驾驶人在不同设计速度道路上行驶时视认交通标志的视认距离,道路设计速度为 30km/h 的算例如下:

$$S \geqslant V \times t + M = 8 \times 2.5 + 30 = 50(\mathrm{m})$$

同理,根据以上理论推导,对不同设计速度公路上交通标志的最小视认距离分别计算,见表 8-2。

最小视认距离理论值 表 8-2

速度(km/h)	速度(m/s)	视认距离(m)	速度(km/h)	速度(m/s)	视认距离(m)
120	33	113	60	16	71
100	27	99	40	11	57
80	22	85	30	8	50

(3)夜间最小视认距离的选取。

综合以上理论分析与表 8-1、表 8-2 的计算结果,可以得到各级公路交通标志在白天应满足的最小视认距离值。其中,交通标志的设置距离除了需要满足白天的视认条件外,还需要满足夜间的视认条件,所以本文以夜间与白天具有同等视认距离为原则,确定交通标志夜间的最小视认距离。

对于文字型的交通标志、高速公路和设计速度在 100km/h 以上的一级公路,指路标志字高应在 60cm 以上,因此,规定夜间最小视认距离为 120m。对于设计速度、运行速度为 80km/h 的一级公路、二级公路,字高应在 50 ~ 60cm,综合理论值与白天的视认距离,确定夜间最小视认距离为 90m。其他二级公路、三级公路,设计速度、运行速度多为 60km/h、40km/h,综合表 8-1 和表 8-2 的要求,选取 70m 为夜间最小视认距离。四级公路的设计速度多为 30km/h、20km/h,字高为 30cm 以下,以 50m 作为夜间最小视认距离。各级公路交通标志的夜间最小视认距离见表 8-3。

各级公路交通标志的夜间最小视认距离 表 8-3

道 路 等 级	设计速度(km/h)	字高(cm)	夜间最小视认距离(m)
高速公路、快速路	100	60	135、120
一、二级公路	80	60	90
二、三级公路	60、40	40	70
四级公路	30、20	30	50

第二节 LED 标志夜间视认性实地实验

本节针对不同类别的 LED 标志,合理确定实验用各类 LED 标志尺寸与版面设计,以满足实验需求和视认要求。结合前文对 LED 标志夜间视认距离的研究,指导设计实验场地,制定夜间视认实验方案。通过研究 LED 标志夜间视认性,实地实验获取各类交通标志在满足驾驶人夜间视认要求的前提下,所需的最低亮度值以及驾驶人所能接受的最大亮度值,最终得到 LED 标志的夜间视认亮度值。

一、实验设计

1. 实验设计目的

驾驶人的视认过程是一个复杂的过程，其中影响驾驶人视认交通标志的因素主要分为：光源、目标、接受者、接受者与目标之间的几何关系，以及视认环境。对于逆反射标志而言，标志本身并不会主动发出光线，前照灯作为光源，主要影响驾驶人的视认，标志则是驾驶人视认的主要目标，汽车前照灯发出光线后则产生逆反射光线让接受者（即驾驶人）发现并识别目标。最后结合接收到的交通信息操作车辆，完成驾驶动作。

对于LED标志而言，驾驶人并不需要获取逆反射光线，而是直接获取LED光源发出的光线，因此，LED标志能否发出合适的光线是保障驾驶人视认性的关键。本文以LED标志为主要实验对象，通过科学合理地设计LED标志夜间视认实验，以获取各类LED标志在满足驾驶人夜间视认要求的前提下，所需的最低亮度值以及驾驶人视认标志过程中感觉刺眼不适时的最高亮度值为目的，为LED标志的相关视认性参数研究提供理论支撑和数据基础。

2. 实验场地

实验场地的选取应满足无外界光源干扰、行车安全的要求。本次实验选取位于北京市通州区的交通运输部公路交通试验场气象试验室（以下简称试验室）作为试验路段。试验室是一个大型封闭厂房，在关闭厂房大门及照明灯具后，试验路段无其他外部光源干扰，且道路路况较好，路面平整无障碍物。

通过机械工程车辆完成各标志牌的安装、电力连接与调试工作，在安装标志时，标志放置位置及悬挂高度均能调节，可满足本实验的相关试验要求。试验路段的具体参数如图8-8所示。

试验路段为一条长直线路段，全长约250m，宽度约4m；试验室顶部设有钢制梁（图8-8中C处）用于固定交通标志；实验室两端为可开关的卷闸门，以便车辆完成进出隧道与掉头等操作（图8-8中O、F处）。

根据本章第一节对LED标志夜间视认距离的研究，设置5处标志视认点，在距离钢制梁（C处）50m、70m、90m、120m、135m处的车道右侧分别放置反光锥形桶，用以提示与标定视认距离，并按照视认距离大小由远到近的顺序分别编号。

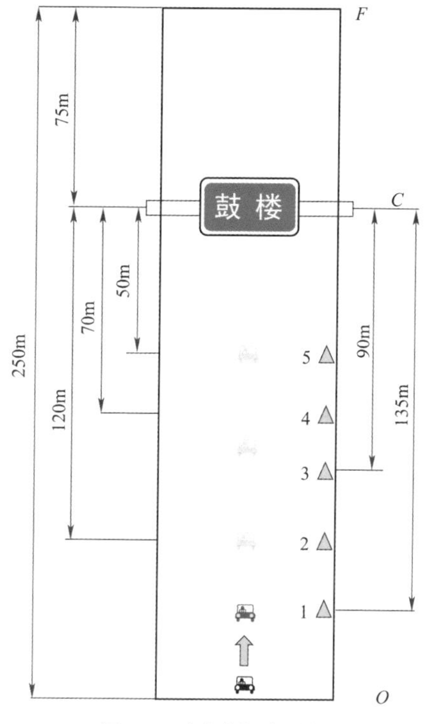

图8-8　试验路段平面图

3. 实验车辆

试验车辆的选取应考虑普遍性与典型性，本次试验选取的车辆为小型客车，车型为奔驰Viano自动挡，车况良好，车辆外观如图8-9所示。

试验车辆及与试验相关的重要几何参数见表8-4，试验车辆在机动车中具有一定的典型意义。

图 8-9　试验车辆

试验车辆几何参数　　表 8-4

车型	车高(m)	座高(m)	灯高(m)	驾驶人视高(m)
奔驰 Viano	1.92	0.79	0.84	1.65

二、实验被试者招募

本实验采用随机抽样方法,根据中心极限定理,N >30 时呈正态分布,因此本实验选取 53 名被试者,其中男性 33 名,女性 20 名。男性被试者的平均年龄为 47.82 ±9.59 岁,平均驾龄为 13.03 ±5.98 年;女性被试者的平均年龄为 44.65 ±9.70 岁,平均驾龄为 7.35 ±6.07 年;所有被试者的平均年龄为 46.62 ±9.64 岁,平均驾龄为 10.89 ±6.00 年,具体统计数据见表 8-5。

被试者情况统计　　表 8-5

性　别	人数(人)	年龄均值(岁)	驾龄均值(年)
男	33	47.82 ±9.59	13.03 ±5.98
女	20	44.65 ±9.70	7.35 ±6.07
总体	53	46.62 ±9.64	10.89 ±6.00

年龄方面,为了得到可靠的数据并满足大多数驾驶人的需求,本项目招募了 18 ~60 周岁之间各年龄段的被测试人员,男女比例为 3:2。

驾龄方面兼顾了缺少经验的驾驶人与经验丰富的驾驶人,驾龄为 1 ~5 年的新手驾驶人占 23%,驾龄为 6 ~10 年的驾驶人最多,占 30%,驾龄为 11 ~15 年、16 ~20 年的驾驶人分别占 23% 和 17%,驾龄在 20 年以上的驾驶人最少,占总人数的 8%,驾驶人驾龄分布总体呈正态分布。

对男、女被试者的年龄和驾龄分别进行了显著性分析。使用 SPSS 22.0 软件分析数据,数据结果表明:男、女被试组间的驾龄不存在显著性差异[$F(2,51)=0.308, p=0.126>0.05$];男、女被试组间的年龄不存在显著性差异[$F(2,51)=0.184, p=0.368>0.05$]。由此可知,本次实验所招募的被试者中,男、女驾驶人的个体属性之间无显著性差异,即被试人员对于 LED 标志亮度的视认状况均在同一个水平。

三、实验过程

结合实验目的合理设计夜间视认实验,完成以上实验准备工作并准备好相关实验设施,组织被测试人员开始夜间实地视认实验,实验流程图如图8-10所示。

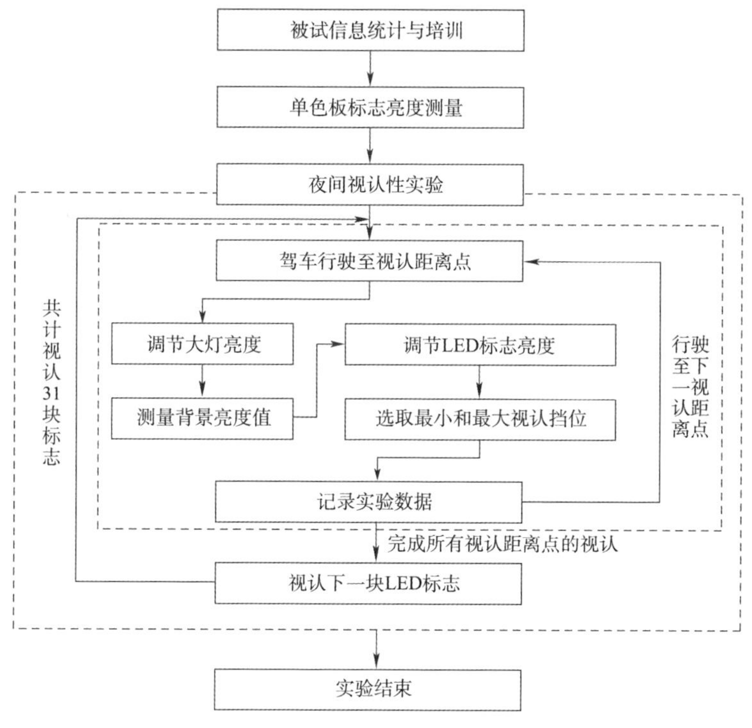

图8-10　夜间视认实验流程图

1. 被试信息统计与实验培训

对被试者进行编号,统计被试者的年龄、性别、驾龄、视力等相关信息(附录B中附表1),对被试者进行实验培训以使其了解实验流程与注意事项,并告知其将在暗环境下进行标志视认实验。

2. 单色板标志亮度测量

由于用仪器直接测量标志目标部分(文字或图案)的亮度值,会因测量区域亮度不均而产生较大的误差。因此,在夜间实地视认实验开始前,首先对三种颜色(红色、白色、黄色)的单色板标志亮度进行测量,将测得的亮度值作为基础亮度值,以减小反复测量所造成的实验误差。在夜间环境下,在5个视认点处架设三脚架,使用CX-2B亮度计分别测量各视认点的25个电压挡位下单色板标志的亮度值,并记录在单色板亮度值记录表中。

3. 标志背景部分的最低亮度视认实验

首先请被试者从起点驾车出发,到达指定视认位置即停车视认标志;根据每块实验标志尺寸、字高确定其视认点。被试者在视认点挡位处停好车后,关闭所有标志的LED照明以及其他外部照明设施,在车内进行静态视认实验。

通知实验车灯亮度控制人员开启并逐级增加车灯发光强度,并告知被试者挡位数值,让被试者能够看清标志背景轮廓、准确识别背景亮度,通过亮度计测量该挡位下的背景亮度值,完成背景亮度记录表(附录C中的附表2)。所在视认点视认完成后,移至下一视认点,重复视认过程。在完成全部视认点的视认实验后,告知被试者回到起点处,等待下一步实验。

4. 标志目标部分的最低亮度视认实验

通知 LED 标志控制人员开启并逐级增加相应 LED 标志的电压挡位(亮度),并告知被试挡位数值,让被试者能够看清 LED 标志目标部分(文字和图案)的最低电压挡位,同时记录标志视认不清、感到刺眼难受时的最高电压挡位,如图 8-11 所示,最后填写完成 LED 标志目标部分视认记录表格(附录 D 中的附表 3)。所在视认点视认完成后,移至下一视认点,重复视认过程。

图 8-11 LED 标志目标亮度调节

在完成全部视认点的视认实验后,告知被试者回到起点处,更换实验 LED 标志,等待下一步实验。

四、实验结果统计与分析

1. 文字型标志描述性统计

根据夜间实地视认实验中被试者选取的视认亮度挡位,结合视认标志目标部分的颜色以及视认距离,将被试的视认挡位替换为对应颜色的单色板标志亮度值。

根据被试者填写的夜间视认亮度挡位,统一使用 SPSS 22.0 软件处理视认亮度值数据,对各 LED 标志在不同视认距离下的最小和最大夜间视认亮度值进行描述性统计。

(1)高速公路指路标志。

高速公路指路标志发光部分为白色,背景部分为绿色。

①目标部分夜间视认亮度值。高速公路指路标志发光部分的夜间视认亮度值分布情况见表 8-6。可以发现,对于同一字高的高速公路指路标志,驾驶人的夜间视认亮度值随着夜间视认距离的降低而降低,表现出夜间视认距离近则所需的夜间视认亮度值小的规律。

高速公路指路标志发光部分夜间视认亮度值(cd/m²) 表 8-6

视认距离(m)	135		120		90		70		50	
视认亮度值(字高 60cm)	最小	最大	最小	最大	最小	最大	最小	最大	最小	最大
	92.0	491.7	57.4	439.2	28.9	391.6	—	—	—	—

②背景部分夜间视认亮度值见表 8-7。

高速公路指路标志背景部分夜间视认亮度值(cd/m²) 表 8-7

视认距离(m)	135	120	90	70	50
视认亮度值(字高 60cm)	11.5	7.2	3.6	—	—

(2)一般公路指路标志。

一般公路指路标志发光部分均为白色,背景部分均为蓝色。

①目标部分夜间视认亮度值。一般公路指路标志发光部分的夜间视认亮度值分布情况见表8-8。可以发现,对于同一字高的一般公路指路标志,驾驶人的夜间视认亮度值随着夜间视认距离的降低而降低,表明出夜间视认距离近则所需的夜间视认亮度值小;对于同一夜间视认距离的一般公路指路标志,驾驶人的夜间视认亮度值随着字高的减小而增大,表明出字高越小则所需的夜间视认亮度越大的规律。

一般公路指路标志发光部分夜间视认亮度值(cd/m²)　　表8-8

字高(cm)	视认距离(m)									
	135		120		90		70		50	
	最小	最大	最小	最大	最小	最大	最小	最大	最小	最大
60	86.4	474.2	57.4	451.2	18.0	397.1	—	—	—	—
40	—	—	—	—	29.7	416.8	11.9	377.7	9.9	328.8
30	—	—	—	—	—	—	39.6	416.4	37.5	401.2

②背景部分夜间视认亮度值见表8-9。

一般公路指路标志背景部分夜间视认亮度值(cd/m²)　　表8-9

字高(cm)	视认距离(m)				
	135	120	90	70	50
60	6.5	4.8	1.5	—	—
40	—	—	2.5	1	0.8
30	—	—	—	3.4	3.4

2. 文字型标志差异性分析

对于标志版面信息主要为文字的文字型标志而言,除了得到标志的文字大小、视认距离会对驾驶人的视认产生影响外,标志的底板颜色、文字笔画等因素是否也会对驾驶人的视认产生影响需要进一步的分析,因此,本节以文字型标志为研究对象,分析标志的底板颜色、文字笔画等因素对驾驶人视认性的影响。

(1)标志底板颜色对驾驶人夜间视认性的影响分析。

对于标志底板颜色对驾驶人夜间视认性的影响分析,将底板颜色作为自变量,将驾驶人的夜间视认亮度值作为因变量,控制文字字高、文字笔画、视认距离等变量进行分析。以60cm字高的文字型标志在120m处的夜间视认性亮度为例,选取60cm字高的高速公路指路标志、一般公路指路标志和旅游指路标志的夜间视认性数据。

首先对驾驶人的夜间视认亮度值进行方差齐性检验,表明数据服从正态分布($p=0.170>0.05$),再进行单因素方差分析,见表8-10和表8-11,数据结果显示标志的底板颜色对驾驶人的夜间视认性影响没有显著性差异,即文字型LED标志底板的颜色不会对驾驶人的夜间视认性产生影响[$F(2,156)=20.148, p=0.908>0.05$]。

不同组别下方差齐性检验　　表8-10

Levene统计量	$df1$	$df2$	显　著　性
1.813	2	156	0.170

不同组别下单因素方差分析　表 8-11

组　别	平 方 和	df	均　方	F	显 著 性
组间	108918.512	2	54459	20.148	0.908
组内	213532.591	156	2702	—	—
总数	322451.103	158	—	—	—

(2)文字笔画对驾驶人视认性的影响分析。

对于标志版面的文字笔画对驾驶人视认性的影响分析,将标志的文字笔画作为自变量,驾驶人的夜间视认亮度值为因变量,控制文字字高、底板颜色、视认距离等变量进行分析。以 60cm 字高的文字型标志在 120m 处的夜间视认性亮度为例,选取 60cm 字高的高速公路指路标志“鼓楼”的夜间视认值。

首先对驾驶人的夜间视认亮度值进行方差齐性检验,表 8-12 表明数据服从正态分布($p = 0.142 > 0.05$),再进行单因素方差分析(表 8-13)。数据结果显示标志的文字笔画对驾驶人的视认性没有显著性差异,即文字型 LED 标志文字笔画的多少(笔画大于 6 划)不会对驾驶人的视认性产生影响[$F(1,149) = 8.073, p = 0.083 > 0.05$]。

不同组别下方差齐性检验　表 8-12

Levene 统计量	$df1$	$df2$	显 著 性
1.222	1	149	0.142

不同组别下单因素方差分析　表 8-13

组　别	平 方 和	df	均　方	F	显 著 性
组间	17402.058	1	8701.029	8.073	0.083
组内	81914.624	149	1077.824	—	—
总数	99316.683	150	—	—	—

本节对 LED 标志夜间视认实验数据进行处理与分析,采用 3σ 准则分别对采集的 LED 标志最小和最大视认亮度中的异常数据进行剔除,并对文字型标志的实验数据分别进行描述性分析与差异性分析,总结出驾驶人在不同视认影响参数条件下的视认特性及视认规律,为 LED 交通标志亮度的设置提供合理的依据。

第三节　LED 标志夜间视认性水平量化与评价

一、LED 标志夜间视认水平

LED 标志的夜间视认水平反映出驾驶人对 LED 标志夜间视认的程度,但是只以标志视认性的“好”与“坏”来评价,难以让人信服。因此,引入视认性水平计算模型(Visibility Legibility 模型,简称 VL 模型)量化 LED 标志的视认性,通过具体的数值体现出驾驶人在夜间视认 LED 标志的程度。

夜间视认水平 VL 模型以 Adrian 提出的视认性模型和欧洲学者对交通标线的研究理论为

基础，通过计算视认亮度差值和视认亮度阈值，得到目标物的视认水平数值。本章中的视认目标则为 LED 标志，结合对交通标志的夜间视认影响因素，将视认时间参数与视认人员的年龄因素考虑进去，最终得到 LED 标志的夜间视认性水平计算模型，选取前文在 LED 标志的夜间实地视认实验中获取的驾驶人最小和最大夜间视认亮度值，计算得到夜间视认性水平阈值。

视认性水平计算模型如下：

$$VL = \frac{\Delta L_{\text{actual}}}{\Delta L_{\text{threshold}}} \tag{8-4}$$

$$\Delta L_{\text{actual}} = L_{\text{t}} - L_{\text{b}} \tag{8-5}$$

式中：ΔL_{actual}——实际测量的目标亮度与背景亮度的差值，cd/m^2；

$\Delta L_{\text{threshold}}$——目标亮度与背景亮度之差的理论极限值；

L_{t}——LED 标志中的目标单元亮度，cd/m^2；

L_{b}——LED 标志中的背景单元亮度，cd/m^2。

在本文中，LED 标志的发光部分作为主要的视认目标，剩余的标志面板则作为背景部分由车辆前照灯照射产生逆反射光线，从而为驾驶人所视认。驾驶人在夜间行车的视觉搜索过程中，明暗对比是一项关键的视觉线索。驾驶人在视认 LED 标志过程中，由于目标部分与背景部分光亮程度不一致而产生正向对比和反向对比，反映出了标志的亮度差，正向对比即标志的目标部分亮度高于背景部分亮度，反向对比即标志的目标部分亮度低于背景部分亮度，如图 8-12 所示。

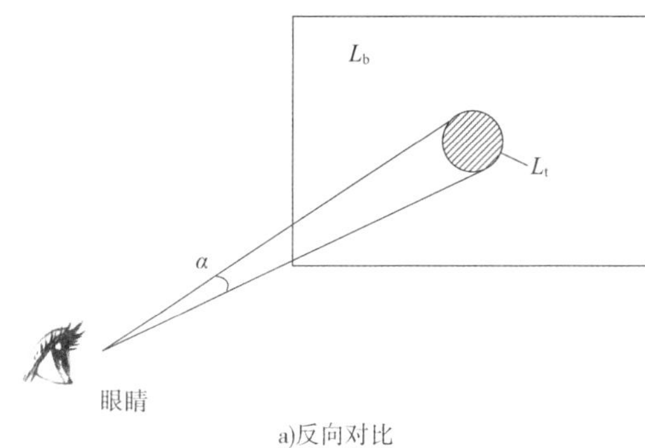

图 8-12　正向对比与反向对比

$\Delta L_{\text{threshold}}$是 LED 标志中目标单元与背景单元亮度差的理论极限值，可以理解为是人们发现目标的最低亮度差，用来说明一个规定尺寸的 LED 标志接近 100% 可见时的亮度差。这一亮度差值会受驾驶人年龄与视认时间的影响，因此，将驾驶人的年龄因素与驾驶人在视认 LED 标志过程中的视认时间因素考虑进来，$\Delta L_{\text{threshold}}$的计算方法如下：

$$\Delta L_{\text{threshold}} = \Delta L \times F_{\text{t}} \times AF \tag{8-6}$$

式中：ΔL——极限亮度差标准值；

F_{t}——LED 标志视认时间参数；

AF——驾驶人年龄因素参数。

(1)极限亮度差标准值 ΔL 的计算。

$$\Delta L = 2.6\left(\frac{\phi^{\frac{1}{2}}}{\alpha} + L^{\frac{1}{2}}\right)^2 \tag{8-7}$$

式中：ϕ——光通量函数；

L——亮度函数；

α——标志的单位视认面积。

其中，$\phi^{1/2}$与$L^{1/2}$函数可以通过以下公式计算：

当$L_b \geqslant 0.6\text{cd}\cdot\text{m}^{-2}$时，

$$\phi^{\frac{1}{2}} = \log(4.1925\ L_b^{0.1556}) + 0.1684\ L_b^{0.5867} \tag{8-8}$$

$$L^{\frac{1}{2}} = 0.05946\ L_b^{0.466} \tag{8-9}$$

当$L_b \leqslant 0.00418\text{cd}\cdot\text{m}^{-2}$时，

$$\phi^{\frac{1}{2}} = 10^{0.028 + 0.173\log L_b} \tag{8-10}$$

$$L^{\frac{1}{2}} = 10^{-0.891 + 0.5275\log L_b + 0.0227(\log L_b)^2} \tag{8-11}$$

当$0.00418\text{cd}\cdot\text{m}^{-2} < L_b < 0.6\text{cd}\cdot\text{m}^{-2}$时，

$$\phi^{\frac{1}{2}} = 10^{-0.072 + 0.3372\log L_b + 0.0866(\log L_b)^2} \tag{8-12}$$

$$L^{\frac{1}{2}} = 10^{-1.256 + 0.319\log L_b} \tag{8-13}$$

式中：L_b——LED 标志的背景亮度值。

如图 8-13 所示，标志单位视认面积 α 计算方法由最小弧原理得到。

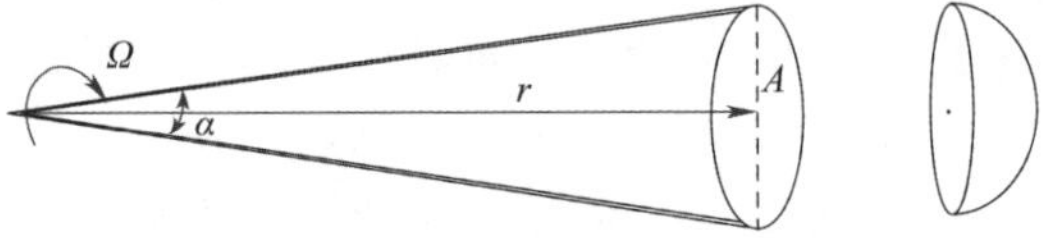

图 8-13　视认立体角与目标尺寸之间的关系

$$\alpha = \frac{180 \times 60 \times 2}{\pi}\cos^{-1}\left(1 - \frac{\Omega}{2\pi}\right) \tag{8-14}$$

式中：Ω——视认立体角，单位为立体弧度。

考虑到视认标志面积远小于视认距离，式(8-14)中球面亮度可以简化为：

$$\Omega = H_0 \times \frac{A}{D_0^3} \tag{8-15}$$

式中：H_0——驾驶人视线高；

D_0——驾驶人到交通标志的距离；

A——视认的 LED 标志面积。

(2)视认时间参数F_t的计算。

驾驶人在视认过程中的视认时间会受标志亮度的影响，标志的亮度更亮，驾驶人对交通标志的视认时间往往相对较短，引入视认时间参数F_t来计算少于 2s 的视认时间的影响。视认时间参数根据以下公式计算：

$$F_t = \frac{f(\alpha, L_b) + t}{t} \tag{8-16}$$

$$f(\alpha, L_b) = \frac{[f(\alpha)^2 + f(L_b)^2]^{\frac{3}{2}}}{2} \tag{8-17}$$

$$f(\alpha) = 0.36 - 0.0972 \times \frac{(\log\alpha + 0.523)^2}{(\log\alpha + 0.523)^2 - 2.513(\log\alpha + 0.523) + 2.7895} \tag{8-18}$$

$$f(L_b)=0.335-0.1217\times\frac{(\log L_b+6)^2}{(\log L_b+6)^2-10.4(\log L_b+6)+52.28} \tag{8-19}$$

式中：t——视认时间，取值为2s；

α——标志的单位视认面积；

L_b——LED 标志的背景亮度值。

(3)驾驶人年龄因素参数 AF 的计算。

驾驶人的年龄会对其视力有所影响，眼睛的透光率随年龄的增长而下降，导致视力也会随年龄的增大而降低，对于年龄较大的驾驶人而言，需要更高的亮度差才能被有效视认，因此，应考虑驾驶人年龄因素造成的影响，驾驶人年龄因素计算模型计算如下。

$$AF=\frac{(Age-19)^2}{2160}+0.99 \tag{8-20}$$

式中：Age——驾驶人的年龄。

二、实地案例分析与评价

为了验证得到的夜间视认水平值是否能够满足实际道路交通标志的使用，选取南京市秦淮区白下高新开发区(以下简称高新区)部分路段的在用交通标志进行实地分析与评价。

1. 实地测试概述

为检验评估本实验中得到的夜间最低视认亮度值以及视认水平的适用情况，选取高新区的一般公路和高速公路上各类在用交通标志，分别在车辆开启近光灯与远光灯的条件下，使用亮度计对不同类型的交通标志夜间视认亮度值进行测量，如图 8-14 所示。

图 8-14　夜间视认亮度值的测量

选取南京市高新区的一般公路和与之毗邻的高速公路为实地测试地点，所选取的实地测试标志类型包括 5 类：警告标志、禁令标志、指示标志、一般道路指路标志和高速公路指路标志。

测量各类交通标志夜间视认亮度时所选取的视认距离，将其作为各类交通标志所对应的最小视认距离。在本次实际选取的实验路段中，高速公路上指路标志的视认距离为 120m，一般公路上指路标志的视认距离为 70m，一般公路上禁令标志(禁止右转)的视认距离为 90m，一般公路上禁令标志(停车让行)、警告标志、指示标志的视认距离为 70m。所选取的实验车辆为车况良好的普通小型轿车，实地测量使用的亮度计设备与前文中夜间实地视认实验所使用的一致。

图 8-15　实地测量的一般公路指路标志

2. 测试结果分析

(1)距离一般公路指路标志 90m 处测试结果。

标志类型为字高 40cm 的蓝底白字指路标志；测试路段为高新区一般公路；标志样式如图 8-15 所示；亮度值测试结果见表 8-14。

距离一般公路指路标志 90m 处测试结果　　表 8-14

序号	科　目	灯光条件	测试或计算值				
			①	②	③	平均值	计算值
1	白色部分亮度测量值(cd/m^2)	近光	13.04	10.37	12.46	11.96	22～476
		远光	85.74	75.85	79.92	80.50	
2	蓝色部分亮度测量值(cd/m^2)	近光	4.39	3.69	3.52	3.87	1.8～40
		远光	30.67	26.39	25.34	27.47	
3	视认性水平计算值	近光	—			0.331	0.691～1.4
		远光	—			0.744	

测量结果表明,在车辆近光灯照射的条件下,一般公路指路标志的实测亮度值低于理论计算的最小视认亮度值,说明近光灯照射的条件下,现有车辆的灯光无法满足最小的视认亮度需求;在车辆远光灯照射的条件下,实地测量的亮度值则低于最大视认亮度值,说明远光灯照射的条件下,标志提供的视认亮度能够满足驾驶人的夜间视认需求。

图 8-16　实地测量的高速公路指路标志

(2)距离高速公路指路标志 120m 处测试结果。

标志类型为字高 60cm 绿底白字指路标志;测试路段为南京市绕城高速公路南京南站入口;标志样式如图 8-16 所示;亮度值测试结果见表 8-15。

距离高速公路指路标志 120m 处测试结果　　表 8-15

序号	科　目	灯光条件	测试或计算值				
			①	②	③	平均值	计算值
1	白色部分亮度测量值(cd/m^2)	近光	12.1	13.54	19.51	15.05	69～527
		远光	81.88	81.89	99.96	88.97	
2	绿色部分亮度测量值(cd/m^2)	近光	9.38	10.44	9.22	9.68	9～66
		远光	20.1	20.44	21.5	24.38	

测量结果表明,在车辆近光灯照射的条件下,高速公路指路标志的实测亮度值低于理论计算的最小视认亮度值,说明近光灯照射的条件下,现有车辆的灯光无法满足最小的视认亮度需求;在车辆远光灯照射的条件下,实地测量的亮度值则高于最小视认亮度值且低于最大视认亮度值,说明远光灯照射的条件下,标志提供的视认亮度能够满足驾驶人的夜间视认需求。

第九章　VMS 交通信息下驾驶人路径选择行为研究

第一节　VMS 交通信息下驾驶人路径选择行为分析

以快速路交通事故为背景，研究 VMS❶ 发布的交通信息对驾驶人路径选择行为的影响因素。当快速路发生交通事故时，事故点产生拥堵并沿道路上游方向扩散，对上游车辆的正常行驶造成影响。交通管理部门通过 VMS 对事故上游的驾驶人提供事故信息以及路径诱导信息，驾驶人接收到 VMS 发布的信息后，基于自身的驾驶经验以及对道路交通环境的感知水平，选择行驶路径，具体过程如图 9-1 所示。

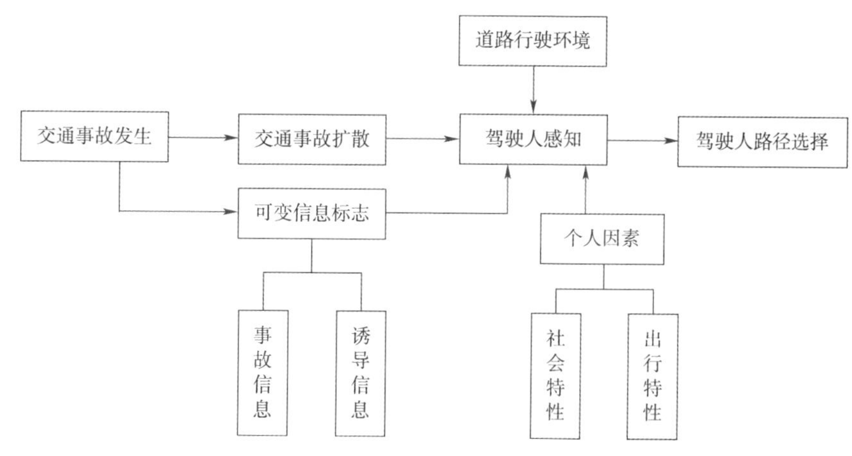

图 9-1　交通事故下驾驶人路径选择过程分析

一、快速路交通事故特性研究

对从发生快速路交通事故到其扩散这一动态过程进行分析。

1. 交通事故发生

当发生交通事故时，最直接的影响是事故点部分车道被占用。车道占用会造成道路通行能力下降，而为了避让事故点，事故点附近的驾驶人会降低行驶速度，进行车道变换，这不仅对自身正常行驶造成影响，同时也会使道路通行能力下降。

---

❶ 可变信息标志的缩写，本章提到的 VMS 都表示可变信息标志。

2. 交通事故扩散

随着事故占用车道数量以及需要换道车辆数量的增加，事故点上游交通流在事故点的通行效率进一步降低，当拥堵路段通行能力小于上游到达的交通流量时，事故点上游的车辆在事故点形成拥堵，并且拥堵现象在上游路段快速传播。

3. 快速路交通事故影响范围分析

对快速路交通事故影响范围进行分析。在其他等级道路上，道路之间采用平面交叉，道路上的车辆可以自由更换车道，当事故发生时，事故点周围的路网会受到影响。而快速路相对封闭的特点，交通事故主要对上游的快速路以及进出快速路上的驾驶人产生影响，快速路对向道路上的车辆不受事故影响。由于快速路交通流量大、车速快，一旦事故点产生拥堵，拥堵会迅速沿事故点上游传播。通过对快速路的影响区域进行划分，发布不同强度的交通信息组合，可以对各个区域的驾驶人进行合理诱导。

(1)控制区。控制区是包括事故点以及上游最近有效节点在内的区域。在事故点，通行能力降低而产生的拥堵会迅速传递到事故上游路段。在该区域内，驾驶人受到事故的影响程度大，是交通信息诱导的关键区域，有效诱导该区域的驾驶人驶离快速路，能缓解下游的交通拥堵压力。

(2)预警区。预警区处于控制区上游，且预计在事故持续时间内会出现拥堵状态(但不能达到重度拥堵状态)的区域。该区域的车辆受事故影响程度相对较小，但如果控制区的车辆诱导比例下降或该区域车流量增加，事故点的拥堵会蔓延到该区域。对该区域的车辆进行合理诱导，能有效改善下游交通拥堵的扩散情况。

二、驾驶人路径选择影响因素分析

本章从驾驶人社会经济特性、出行特性、驾驶人对各类交通信息内容的主观认知、出行时间对驾驶人路径选择的主观影响以及各种交通信息内容下驾驶人的选择结果五个方面研究驾驶人路径选择行为。这些影响因素中既有主观因素也有客观因素。

1. 影响驾驶人路径选择行为的客观因素

(1)驾驶人社会经济特性。

驾驶人社会经济特性包括驾驶人的性别、年龄、驾龄、学历水平以及收入水平，其能反映出驾驶人对各类事故信息的敏感程度。不同的人对交通信息会做出不同的判断，其中性别、年龄主要体现在驾驶人对外界事物感知程度的不同，从而使最后的路径选择结果出现差异；驾龄主要体现在驾驶人的驾驶水平以及道路行驶经验水平；收入、学历的影响主要体现在驾驶人对时间价值的感知上，不同收入、不同学历的人群对事故造成延误地忍耐程度有所区别。

(2)驾驶人出行特性。

出行特性包括驾驶人的驾驶频率、驾驶风格、出行时段、出行目的以及对路网的熟悉程度。驾驶人的出行特性能够反映驾驶人道路行驶经验以及驾驶人的驾驶水平。发生交通事故时，在同样的道路交通信息环境下，不同的驾驶人会做出不同的路径选择。

(3)VMS 发布的实时交通信息。

交通信息是影响驾驶人路径选择最重要的因素。对于 VMS 发布交通信息内容的研究，大多数学者研究时间和费用信息下,驾驶人的路径选择行为。在交通事故下,除了时间信息对驾驶人的路径选择行为造成影响,事故状态信息同样也对驾驶人的选择行为造成影响。结合快速路事故特性,将 VMS 发布的交通信息分为事故信息和诱导信息。其中事故信息用于告知驾驶人交通事故状况,包括事故点的车道占用信息、事故点拥堵程度信息、事故点与当前路段的距离信息以及事故预计持续时间信息。诱导信息用于告知驾驶人在当前事故影响下,更换路径得到的时间收益情况,即更换辅路节省时间信息。

交通事故对上游的影响程度随着距离的增加而降低,在事故影响不同的区域内,其诱导需求也不同,而单一的交通信息发布方案对各影响区域内驾驶人的诱导效果相同。因此通过设置不同交通信息组合方案,为不同事故影响区域的驾驶人提供合理的诱导,以提高事故影响区域的整体诱导效果。考虑到 VMS 的版面限制、驾驶人在驾驶过程中信息的视认接受限制以及不同交通事故影响区域内的诱导策略需求,本文将研究的五种交通信息设计为两种组合方案。第一种方案发布的交通信息包括事故占用车道、事故路段拥堵状况以及更换辅路节省时间。第二种方案发布的交通信息包括当前路段距离事故点的路口数、事故占用车道以及事故预计持续时间。

2. 影响驾驶人路径选择行为的主观因素

(1)驾驶人对交通信息组合方案的主观认知。

受驾驶人的社会经济特性、出行特性影响,驾驶人对不同类型交通信息的认可程度不同。有的驾驶人会对时间类的信息感知敏感,有的驾驶人会对空间类的信息感知敏感。本节第一部分中确定了五类 VMS 发布的交通信息中既包含时间信息也包含空间信息。驾驶人对各类交通信息内容的主观认可度会影响其对 VMS 发布的信息方案的认知程度,最终影响驾驶人的路径选择行为。

(2)驾驶人在交通信息影响下的路径选择意愿。

出行时间对于驾驶人路径选择有重要的影响。本章将驾驶人的出行分为两种,一种是驾驶人到达目的地有时间限制,例如开会、接送人等,在该条件下,为准时到达目的地,驾驶人会更倾向选择时间最短的路径;另一种是驾驶人到达目的地没有时间限制,例如休闲购物,在该条件下,驾驶人不再以时间为唯一的路径选择衡量标准,而是根据自身情况选择路径。

三、研究方法

基于 Nazari 等人对出行模式的研究,本章采用基于效用理论的 Logit 模型来分析交通信息组合下驾驶人的路径选择行为。本节第一部分中通过对影响驾驶人路径选择行为的因素分析,选取了 3 类客观因素变量和 2 类主观因素变量。从 VMS 发布交通信息,到驾驶人接收到交通信息,再到驾驶人做出路径选择,最关键的一点就是驾驶人对交通信息的主观认知接受意愿情况。它影响驾驶人对 VMS 发布的交通信息组合的判断,进而影响到驾驶人的路径选择结果。而 Logit 模型不能对主观变量直接进行标定,需要通过结构方程模型将主观不可观测的潜变量用客观可观测的显变量表达,然后带入 Logit 模型中进行标定,构建交通信息下驾驶人路径选择 SEM-Logit 模型。具体的模型构建流程如图 9-2 所示。

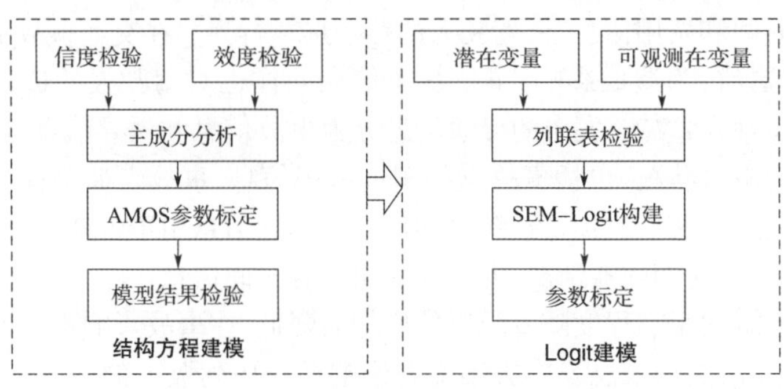

图 9-2 模型构建流程

第二节 驾驶人路径选择行为调查设计与分析

为了获取交通信息下驾驶人的路径选择行为数据,本节基于上一节确定的驾驶人路径选择行为影响因素,设计调查问卷对数据进行采集处理,为后续的模型标定提供数据支撑。

一、调查目的与调查方法

1. 调查目的

本次调查的主要目的为以下三个方面:第一,获得驾驶人的社会经济特性与出行特性数据,即驾驶人的基础信息;第二,获得驾驶人对交通信息内容的主观评分数据以及驾驶人对交通信息组合的接受意愿数据;第三,获得驾驶人对 VMS 发布的交通信息组合的选择结果数据。获得的各类数据将用于驾驶人路径选择模型标定。

2. 调查方法

本文采用行为调查(RP)与意愿调查(SP)相结合的问卷调查方法来获取驾驶人的各项数据。RP 调查是针对驾驶人实际已发生的道路驾驶行为进行调查,其中包含驾驶人的出行频率、驾驶风格、出行时段以及出行目的,其最大特点在于调查内容为已经发生过的事情,对于未发生的 VMS 交通信息发布情景,无法使用 RP 调查。而在 SP 调查的最大特点在于调查的内容是尚未发生的事情,通过 SP 调查假设 VMS 发布不同交通信息方案情景,驾驶人根据驾驶经验对驾驶的不同交通信息方案进行选择。基于调查目的,本章选择在北京市有驾驶经验的驾驶人为调查对象。

二、问卷设计

问卷内容分为五个方面:驾驶人社会经济特性、驾驶人出行特性、驾驶人对交通信息内容的主观评分、驾驶人对交通信息的接受意愿以及不同交通信息内容下驾驶人的路径选择结果。

驾驶人对交通信息内容的主观评分主要调查驾驶人对事故持续时间、当前路段与事故点相距路口数、事故占用车道数、事故路段拥堵程度以及更换辅路节省时间这五种交通信息的主观评分。驾驶人对交通信息组合的接受意愿主要调查在有无出行时间限制条件下,驾驶人接受交通信息的意愿。主观题采用李克特打分法来设计问卷,取值范围为 1 ~5 分。

通过 SP 意愿调查设置情景题，获取不同交通信息组合下驾驶人的路径选择结果数据。第一节总结出五类影响驾驶人选择行为的交通信息。受 VMS 版面发布信息条数、行驶过程中驾驶人视认水平以及事故上游不同区域诱导强度的影响，将五种交通信息分成两组方案进行发布，故在 SP 调查中分为两个场景对驾驶人进行路径选择行为调查。第一个场景中 VMS 发布事故信息和诱导信息，发布信息内容包括：事故占用车道数、事故路段的拥堵情况及更换辅路预计节省时间信息，根据每类信息的取值范围以及考虑信息组合内容符合现实道路交通环境，共设置 10 组信息组合情景题，对驾驶人路径选择结果进行调查；第二个场景中 VMS 发布事故信息，发布信息内容包括：当前路段距事故点的路口、事故占用车道数、事故预计持续时间，同样根据每种信息的取值范围以及考虑信息组合内容符合现实道路交通环境，共设置了组信息组合情景题，对驾驶人路径选择结果进行调查。根据 Lai 的研究，当 VMS 用两种颜色发布内容时，驾驶人的响应时间最快，同时根据信息内容的重点，结合实际道路 VMS 发布样式，对问卷情景题中 VMS 发布内容进行设计，设计样式如图 9-3 所示。

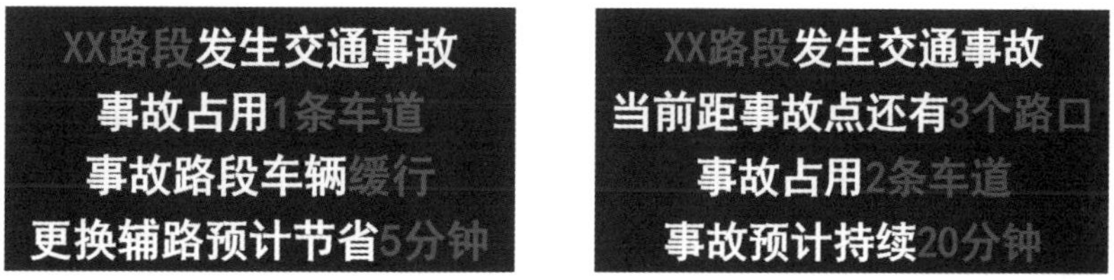

图 9-3　问卷中 VMS 发布内容设计样式

三、问卷统计分析

对收集到的问卷进行初步筛选，去除无效问卷后，本次调查总共收集了 300 有效份问卷。其中针对第一种交通信息组合发布方案的调查问卷为 147 份，针对第二种交通信息组合发布方案的调查问卷为 153 份。

1. 驾驶人社会经济特性统计分析

对驾驶人的社会经济特性数据统计见表 9-1。

驾驶人社会经济特性统计　　表 9-1

调查内容	分类选项	人数(人)	比例(%)
性别	男	170	56.67
	女	130	43.33
年龄	18～29 岁	82	27.33
	30～45 岁	188	62.67
	46～55 岁	28	9.33
	55 岁以上	2	0.67
驾龄	0～2 年	38	12.67
	3～6 年	132	44.00
	7～10 年	81	27.00
	10 年以上	49	16.33

续上表

调查内容	分类选项	人数(人)	比例(%)
年收入	0~5万	31	10.33
	6~12万	110	36.67
	13~20万	98	32.67
	20万以上	61	20.33
学历	高中及以下	18	6.00
	本科	207	69.00
	硕士	71	23.67
	博士及以上	4	1.33

由该表格可知,本次调查的驾驶人性别比例中,男性样本占比为56.67%,女性样本占比为43.33%。在女性驾驶人日益增加的情况下,样本性别比例选取较合理。

驾驶人年龄分布上,30~45岁的样本占比最高,达到62.67%,18~29岁的样本占比为27.33%,45~55岁的样本占比为9.33%。调查样本主要由青年和中年组成,与实际道路状况基本一致。

驾驶人驾龄分布上,3~6年的样本所占比例最高,达到44.00%,7~10年的样本占比为27.00%,10年以上的样本占比为16.33%,而小于3年的样本仅占比12.67%。样本中绝大多数驾驶人驾龄大于3年。

驾驶人年收入分布上,6~12万的样本所占比例最高,达到36.67%,13~20万的样本占比为32.67%,20万以上的样本占比为20.33%,0~5万的样本占比10.33%。样本整体上符合北京基本薪资趋势。

驾驶人学历分布上,本科学历的样本占比最高,达到69.00%,硕士学历的样本占比为23.67%,高中及以下学历的样本占比为6.00%,博士及以上学历的样本占比为1.33%。

2. 驾驶人出行特性统计分析

对驾驶人的出行特性数据,进行统计(表9-2)。

驾驶人出行特性统计 表9-2

调查内容	分类选项	人数(人)	比例(%)
驾驶频率	极少(1天及以下)	32	10.67
	一般(2~4天)	174	58.00
	经常(5~7天)	94	31.33
风格	谨慎	142	47.33
	普通	152	50.67
	激进	6	2.00
出行时段	平峰	170	56.67
	高峰	130	43.33
出行目的	刚性出行	158	52.67
	弹性出行	142	47.33

续上表

调查内容	分类选项	人数(人)	比例(%)
路网熟悉程度	熟悉	154	51.33
	一般	131	43.67
	不熟悉	15	5.00

由该表中数据可知,驾驶人驾驶频率分布上,每周驾车频率在2~4天的样本占比最高,达到49.11%,5~7天的样本占比为45.54%,1天及以下的样本占比为10.71%。整体来看,调查样本中大部分驾驶人对于北京市道路有丰富的驾驶经历,这对问卷调查的有效性以及行为建模的准确性有着重要意义。

驾驶人驾驶风格分布上,普通型样本占比最高,达到50.67%,谨慎型样本占比为47.33%,激进型样本占比为2.00%。

驾驶人出行时段分布上,平峰出行与高峰出行样本相差比例不大,分别占比53.57%与46.43%。由于交通事故具有很大的随机性,所以,出行时段比例符合调查要求。

驾驶人出行目的分布上,刚性出行(上班)与弹性出行(回家、公务、个人事务、休闲娱乐购物、其他)分别占比49.11%与50.89%。

驾驶人对路网熟悉度分布上,熟悉北京市环路网路况的样本占比最高,达到51.33%,一般熟悉北京市环路网路况的样本占比为43.67%,对不熟悉北京市环路网路况的样本占比仅为5.00%。

3.驾驶人在不同交通信息组合方案下的选择结果统计分析

(1)第一种交通信息组合方案的驾驶人选择结果统计分析。

该交通信息发布方案内容为事故占用车道数信息、事故路段拥堵状况信息以及更换辅路节省时间信息。驾驶人根据每个问题设置的信息组合选择路径,最终结果见表9-3。从驾驶人的选择结果中可以看出,事故占用车道越多,事故路段拥堵状况越严重,节省时间越多,驾驶人越倾向更换路径。

第一种交通信息组合下驾驶人路径选择结果统计分析　　表9-3

事故占用车道数	事故路段拥堵状况	更换辅路节省时间(min)	改变行驶路径(%)	不改变行驶路径(%)
1	缓行	2	73.03	26.97
1	缓行	5	68.54	31.46
2	缓行	2	60.67	39.33
2	拥堵	2	62.92	37.08
2	缓行	5	68.54	31.46
2	缓行	8	75.28	24.72
3	缓行	2	68.54	31.46
3	拥堵	2	64.04	35.96
3	拥堵	5	78.65	21.35
3	缓行	8	79.78	20.22

(2)第二种交通信息组合方案驾驶人选择结果统计分析。

该交通信息发布方案内容为当前路段距离事故点的路口信息、事故占用车道数信息以及事故预计持续时间信息。问卷根据每类信息的取值梯度,并结合实际道路状况共设置了8个问题。驾驶人根据每个问题设置的信息组合进行选择,最终结果见表9-4。从驾驶人的选择结果中可以看出,事故持续时间对驾驶人的路径选择行为影响明显,当事故持续时间为20min时,驾驶人更倾向更换行驶路径。通过建立模型进一步分析当前路段距离事故点的路口数以及事故占用车道数对驾驶人路径选择的影响。

第二种交通信息组合下驾驶人路径选择结果统计分析 表9-4

当前路段距离事故点的路口数	事故占用车道数	事故预计持续时间(min)	改变行驶路径(%)	不改变行驶路径(%)
2	2	10	65.31	34.69
2	1	20	71.43	28.57
3	2	10	56.46	43.54
3	2	20	87.07	12.93
3	3	10	64.63	35.37
4	1	20	63.95	36.05
4	2	10	52.38	47.62
4	3	20	79.59	20.41

第三节　驾驶人对 VMS 交通信息组合接受意愿研究

本节用结构方程模型研究驾驶人对交通信息组合的接受意愿。首先对结构方程模型进行概述与分析,阐明模型对研究的适用性;其次,分析驾驶人路径选择客观影响因素与主观行为之间的关系,根据前文制定的两种交通信息组合方案分别构建结构方程模型路径图;最后对问卷数据进行检验,并标定两个模型,将驾驶人对交通信息组合接受意愿进行量化,为VMS 交通信息下驾驶的路径选择行为建模提供基础。

一、结构方程模型概述

1. 结构方程模型基础理论

结构方程模型是基于变量的协方差矩阵来分析变量之间关系的统计方法,是多元数据分析的重要工具。结构方程模型是一种建立、估计和检验因果关系模型的方法,其既包含可观测的显变量,也可能包含无法直接观测的潜变量。结构方程模型可以替代多重回归、通径分析、因子分析、协方差分析等方法,清晰分析单项指标对总体的作用和单项指标间的相互关系。

2. 结构方程模型的构成

结构方程模型由测量模型和结构模型两部分构成。其中测量模型用于评估不可观测的潜在变量和可观测的显在变量之间的关系,结构模型用于评估潜在变量之间的相互关系。

结构方程模型中的变量包括潜在变量、观测变量以及残差变量。潜在变量是指不能被直接测量或统计的变量，分为内生潜变量（因变量）和外生潜变量（自变量）；观测变量是指能够直接观测或测量的变量，又称显在变量，在模型中，用显在变量来测量潜在变量，内生显变量用于测量内生潜变量，外生显变量用于测量外生潜变量；残差变量包括系统误差和随机误差，前者反映指标同时有测量潜变量以外的特性，后者则反映测量上不标准的行为。

测量模型：

$$x = \Lambda_x \xi + \delta \tag{9-1}$$

$$y = \Lambda_y \eta + \varepsilon \tag{9-2}$$

式中：x——外源指标；

Λ_x——连接外源指标对外生潜变量的因子荷载矩阵；

ξ——外生潜变量；

δ——外源指标 x 的测量误差；

y——外源指标；

Λ_y——连接内生指标对内生潜变量的因子荷载矩阵；

η——内生潜变量；

ε——内生指标 y 的测量误差。

结构模型：

$$\eta = B\eta + \Gamma\xi + \zeta \tag{9-3}$$

式中：B——内生潜变量之间的关系；

Γ——外生潜变量对内生潜变量的影响；

ζ——残差项，即内生潜变量未能被解释的部分。

结构方程模型最终的表达方式为路径图，图中椭圆代表潜变量，矩形代表观测变量，圆代表残差变量。单向箭头表示因果关系，双向箭头表示相关关系。路径系数的大小表示变量之间的影响程度，路径系数越大，其影响程度越大，通过路径系数得出自变量对因变量的影响程度以及影响方向。结构方程模型路径如图 9-4 所示，其中虚线方框内为测量模型，实线方框内为结构模型。

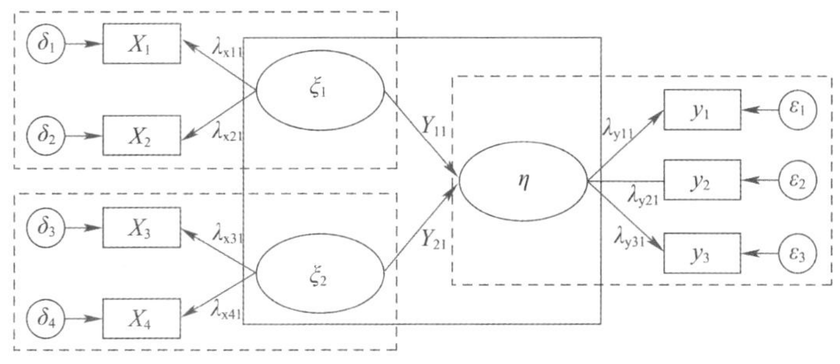

图 9-4　结构方程模型路径图

驾驶人对 VMS 发布的交通信息组合的主观感知受驾驶人的社会经济特性以及出行特性共同影响，同时驾驶人对 VMS 发布的交通信息组合内容的主观认知影响驾驶人对交通信息组合的接受意愿。其中主观感知属于内生潜变量,社会经济特性以及出行特性属于外生潜变量,潜变量无法直接被测量,本章通过问卷调查了各个潜变量对应的观测变量数据。而结构方程模型能够探究潜变量与潜变量之间、潜变量与显变量之间的关系,因此通过建立结构方程模型,探究影响驾驶人路径选择的主观因素与客观因素之间的关系,将驾驶人对交通信息组合接受意愿进行量化。

二、结构方程模型构建

1. 变量定义

结构方程模型的变量定义见表9-5。

变量定义 表9-5

潜 变 量	观 测 变 量
驾驶人社会经济特性(F1)	性别(X1)
	年龄(X2)
	驾龄(X3)
	收入(X4)
	学历(X5)
驾驶人出行特性(F2)	驾驶频率(X6)
	驾驶风格(X7)
	驾驶时段(X8)
	出行目的(X9)
	路网熟悉度(X10)
驾驶人对交通信息组合的主观认知(F3)	驾驶人对事故预计持续时间的主观评分(Y1)
	驾驶人对距事故点路口数的主观评分(Y2)
	驾驶人对事故占用车道数的主观评分(Y3)
	驾驶人对事故路段拥堵状况的主观评分(Y4)
	驾驶人对更换辅路节省时间的主观评分(Y5)
驾驶人对交通信息组合的接受意愿(F4)	出行时间有要求下的接受意愿(Y6)
	出行时间没有要求下的接受意愿(Y7)

本节制定了两种VMS交通信息组合发布方案,因此要分别研究驾驶人对交通信息组合的主观感知。根据确定的潜变量以及潜变量对应的观测变量,对结构方程模型进行初步求解计算,得出驾驶人的学历以及驾驶人的驾驶风格与各自对应的潜变量之间相关性不显著,故去除这两个观测变量。最终建立的驾驶人路径选择影响机理结构方程模型如图9-5、图9-6所示。

图中每个结构方程模型包括4个潜变量、13个观测变量以及15个残差变量。其中驾驶人社会特性(F1)以及出行特性(F2)为外生潜变量。驾驶人对交通信息组合内容的主观认知(F3)以及驾驶人路径选择意愿(F4)为内生潜变量。驾驶人社会特性的观测变量为性别、年龄、驾龄以及收入。驾驶人出行特性的观测变量为驾驶人每周驾驶频率、驾驶时段、出行目的以及路网熟悉度。第一种交通信息组合的主观认知观测变量为驾驶人对事故占用车道信息、事故拥堵信息以及更换辅路节省时间信息。第二种交通信息组合的主观认知观测变量为驾驶人对事故距离信息、持续时间信息以及事故占用车道信息的主观评分。驾驶人对交通信息组合接受意愿的观测变量为:驾驶人在出行时间有要求下的信息接受意愿以及驾驶人在出行时间没有要求下的信息接受意愿。

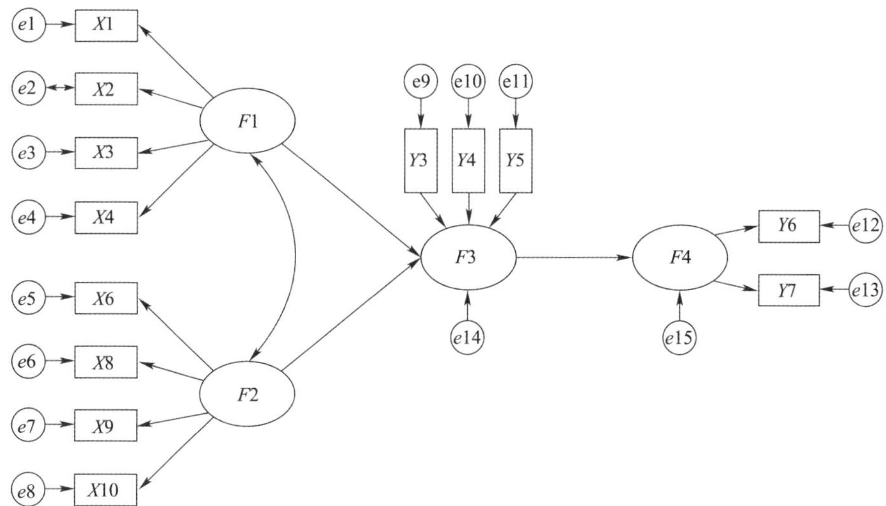

图 9-5　第一种交通信息组合的结构方程模型路径图

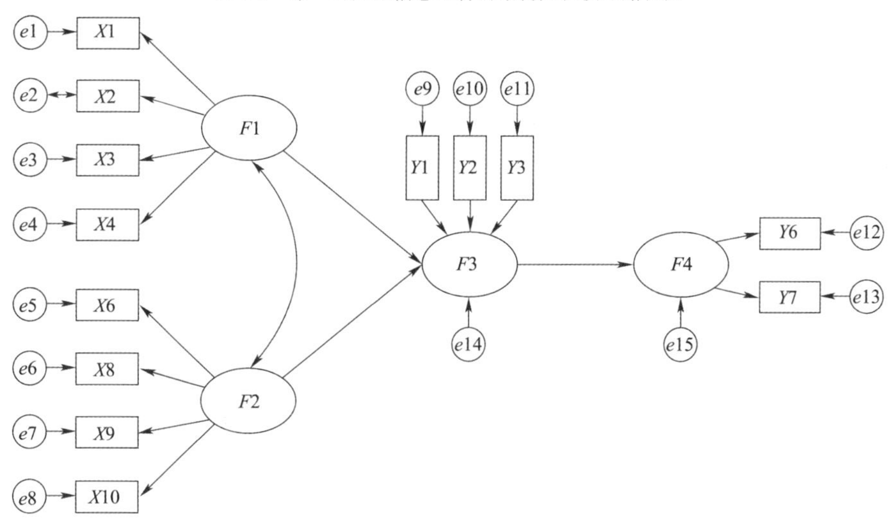

图 9-6　第二种交通信息组合的结构方程模型路径图

2. 信效度检验

在进行结构方程模型求解之前,需要对采集问卷中的主观问题进行信效度检验。来评价构建的评价体系是否可靠。

(1)信度检验。

问卷的信度分析(对问卷的可靠性进行检测)即检测问卷获得的数据结果是否一致。信度指标多以相关系数表示,大致可分为三类:稳定系数(跨时间的一致性),等值系数(跨形式的一致性)和内在一致性系数(跨项目的一致性)。本章采用信用系数 Cronbach′s alpha 进行检验。检验值 α 越大说明被检对象的信度越好,一般当 $\alpha>0.6$ 时说明问卷调查的数据结果具有较好的一致性。信度检验结果见表 9-6,可知每个潜变量的 Cronbach′s alpha 值分别为 0.628、0.635 以及 0.627,均大于 0.6,说明问卷数据具有可靠性。

信度检验结果 表 9-6

潜 变 量	测量指标数量	α 值
第一种交通信息组合的主观认知	3	0.628
第二种交通信息组合的主观认知	3	0.635
驾驶人对交通信息接受意愿	2	0.675

(2)效度检验。

效度检验是用来检验问题设置能否准确、有效反映实测问题的检验值。效度分析包含三种方法:内容效度分析、准则效度分析和结构效度分析。内容效度又称表面效度或逻辑效度,它是指所设计的题目是否能代表所要测量的内容或主题,常采用逻辑分析与统计分析相结合的方法评价内容效度。准则效度分析是根据已经得到的某种确定理论,选择一种指标或测量工具作为准则(效标),分析问卷题目与准则的联系,若二者相关显著或者问卷题目对准则的不同取值、特性表现出显著差异,则为有效的题目。评价准则效度的方法是相关分析或差异显著性检验。结构效度分析是指测量结果体现的某种结构与测值之间的对应程度,其所采用的方法是因子分析。

本节选用 *KMO* 值、Bartlett 球形检验值和因子载荷量来检验调查数据的效度。根据经验可知,*KMO* 值越接近于 1.0,变量间的相关性就越强。KMO 和巴特利特球度检验见表 9-7,本研究中潜变量的 *KMO* 值大于 0.6,Bartlett 球形检验的 *sig*. 值为 0.00。同时各因子的载荷值都大于 0.5,因此,调查问卷中各指标效度较好。

KMO 和巴特利特球度检验 表 9-7

KMO	*Bartlett's*	测 量 指 标	因 子 荷 载
0.839	280.180	事故持续时间	0.6563
		当前路段距事故点的路口数	0.507
		事故占用车道数	0.626
		事故路段拥堵状况	0.675
		更换辅路节省时间	0.627
		有出行时间限制	0.813
		无出行时间限制	0.733

三、结构方程模型参数估计与分析

本文利用 AMOS21.0 软件对构建的两个结构方程模型进行求解,首先在 AMOS 中分别绘制结构方程模型路径图,并通过 SPSS 将处理的问卷数据导入 AMOS 中进行计算估计,当模型拟合指标小于拟合标准时,根据模型数据修改指示进行路径修正,当输出结果中模型各拟合指标均符合拟合标准时,结构方程模型构建完成,根据计算出的路径系数估计值,得出各个变量之间的影响关系。

1. 模型修正

结构方程模型构建完成后,需要对构建的模型进行修正。根据拟合指标和修改指示,对结构方程模型的路径进行修正(增添相关路径或者因果路径)。首先对模型输出结果中的拟合指标进行检验,当部分拟合指标不符合标准值范围时,需要根据模型输出结果中的修改指示对结构方程模型路径图进行修正。本章选取卡方自由度比(*CMIN/DF*)、拟合优度指数(*GFI*)、调整后的拟合优度指数(*AGFI*)、Tucker-Lewis 指数(*TLI*)、比较拟合指数(*CFI*)以及近似误差的均方根(*RMSEA*)六项拟合指标来评价结构方程模型构建效果。两个结构方程模型配适度检验结果见表 9-8。

结构方程模型配适度检验结果 表 9-8

拟合指标	拟合标准	结构方程模型1 初次拟合指标	结构方程模型2 初次拟合指标
CMIN/DF	<3.00	1.582	1.526
GFI	>0.90	0.949	0.953
AGFI	>0.90	0.924	0.929
TLI	>0.90	0.877	0.891
CFI	>0.90	0.903	0.922
RMSEA	<0.08	0.046	0.044

通过对比,在两个结构方程模型拟合指标中 *CMIN/DF*、*GFI*、*AGFI*、*CFI* 以及 *RMSEA* 的拟合结果符合要求,而 *TLI* 的拟合结果不符合要求,因此需要对结构方程模型路径图进行修正。结构方程模型通过增加残差变量之间的路径(即相关关系)或者变量之间的路径(即因果关系)来提高模型的拟合精确性,但是要注意增加路径时需考虑模型变量实际之间的关系,而不能随意增加路径。AMOS 模型输出结果中的修改建议见表 9-9、表 9-10。

结构方程模型 1 修改指标 表 9-9

模型修改次数	增加的相关路径	*M. I.*	*Par Change*
第一次	*e*8 < - - - - - > *F*1	10.173	0.009
第二次	*e*2 < - - - - - > *F*2	9.974	-0.175
第三次	*e*4 < - - - - - > *e*8	5.950	-0.590
第四次	*e*5 < - - - - - > *F*1	5.804	-0.017

结构方程模型 2 修改指标 表 9-10

模型修改次数	增加的相关路径	*M. I.*	*Par Change*
第一次	*e*8 < - - - - - > *F*1	11.108	0.009
第二次	*e*6 < - - - - - > *e*12	9.961	0.061
第三次	*e*2 < - - - - - > *F*2	8.185	0.096
第四次	*e*4 < - - - - - > *e*8	6.235	0.604

在表9-9、表9-10中，*M. I.* 值代表增加该条相关路径时，模型拟合的卡方减少值。在结构方程模型中，卡方值越小越好。因此选择增加最大的 *M. I.* 值时，所对应的相关路径，并且在实际中，该条路径所对应的变量之间存在相关关系。每次增加 *M. I.* 值最大的一条路径，然后对模型求解后的拟合指标进行对比，如果模型拟合指标不符合拟合标准，再次增加 *M. I.* 值最大的一条路径，直到所有拟合指标符合拟合标准。最终修正的结构方程模型各项拟合指标值见表9-11。

结构方程模型修正后的拟合指数 表9-11

拟合指标	*CMIN/DF*	*GFI*	*AGFI*	*TLI*	*CFI*	*RMSEA*
结构方程模型1修正后的值	1.038	0.968	0.950	0.993	0.993	0.012
结构方程模型2修正后的值	1.117	0.965	0.945	0.975	0.982	0.021

通过对比，修正后的结构方程模型各项拟合指标均符合拟合标准，其中 *CMIN/DF*、*RMSEA*的拟合效果优，结构方程模型构建完毕，最终修正的结构方程模型路径如图9-7、图9-8所示。

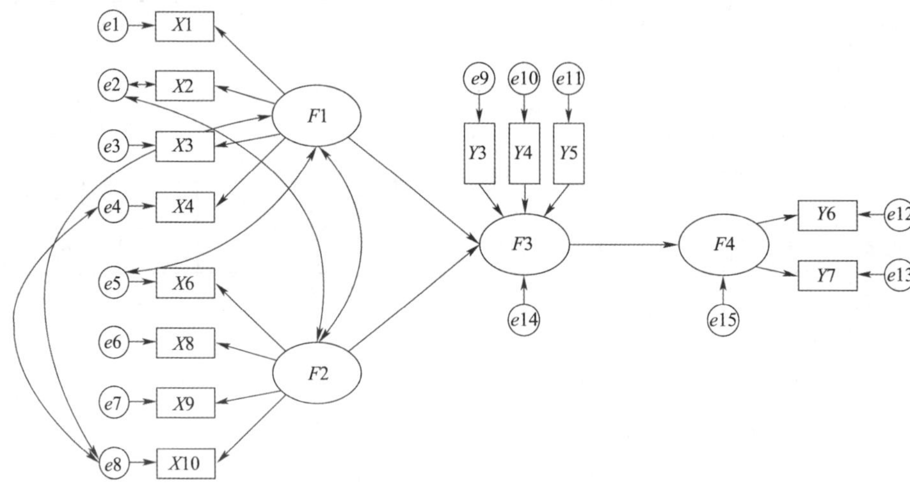

图9-7 结构方程模型1最终修正的路径图

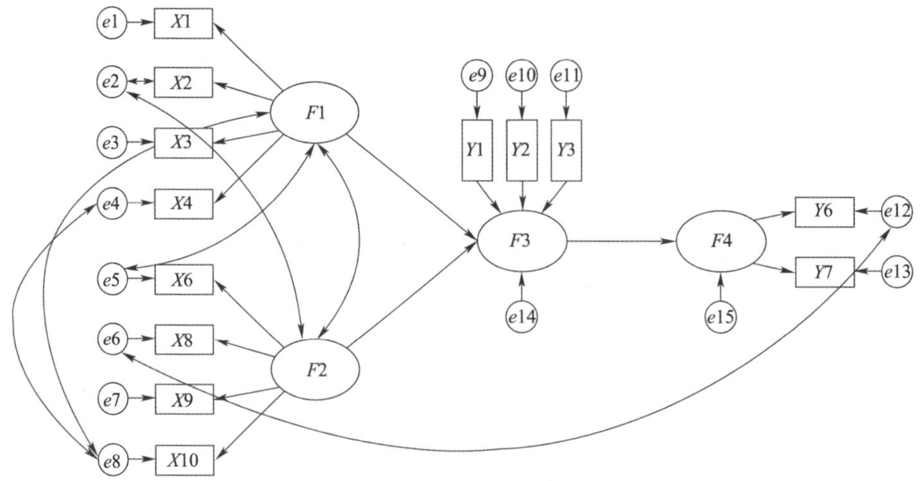

图9-8 结构方程模型2最终修正的路径图

对最终修正的结构方程模型进行求解,并检验各条路径系数估计值的显著性水平。两个结构方程模型标准化路径系数见表9-12、表9-13。两个模型的所有路径显著性检验结果小于0.05,结构模型构建完毕。

结构方程模型1标准化路径系数值分析表　　表9-12

观测变量与潜变量之间关系	*Estimate*	*P*
*F*3 < - - - *F*1	-0.234	0.036
*F*3 < - - - *F*2	-0.191	0.012
*F*4 < - - - *F*3	0.921	* * *
*X*1 < - - - *F*1	0.168	—
*X*2 < - - - *F*1	-0.519	0.005
*X*3 < - - - *F*1	-0.931	0.009
*X*4 < - - - *F*1	-0.380	0.007
*X*6 < - - - *F*2	-0.326	0.017
*X*8 < - - - *F*2	-0.481	0.009
*X*9 < - - - *F*2	0.796	0.013
*X*10 < - - - *F*2	0.197	—
*Y*3 < - - - *F*3	0.455	—
*Y*4 < - - - *F*3	0.622	* * *
*Y*5 < - - - *F*3	0.520	* * *
*Y*6 < - - - *F*4	0.678	—
*Y*7 < - - - *F*4	0.435	* * *

注:*代表*P*值小于0.05,* * *代表*P*值小于0.001

结构方程模型2标准化路径系数值分析表　　表9-13

观测变量与潜变量之间关系	*Estimate*	*P*
*F*3 < - - - *F*1	-0.176	0.045
*F*3 < - - - *F*2	-0.102	0.023
*F*4 < - - - *F*3	0.804	* * *
*X*1 < - - - *F*1	0.164	—
*X*2 < - - - *F*1	-0.513	0.006
*X*3 < - - - *F*1	-0.945	0.011
*X*4 < - - - *F*1	-0.373	0.008
*X*6 < - - - *F*2	-0.307	0.012
*X*8 < - - - *F*2	-0.463	0.005
*X*9 < - - - *F*2	0.834	0.011
*X*10 < - - - *F*2	0.209	—
*Y*1 < - - - *F*3	0.469	—

续上表

观测变量与潜变量之间关系	*Estimate*	*P*
$Y2 <---F3$	0.473	* * *
$Y3 <---F3$	0.497	* * *
$Y6 <---F4$	0.769	—
$Y7 <---F4$	0.390	* * *

注：* 代表 P 值小于 0.05，* * * 代表 P 值小于 0.001

由路径参数估计结果对结构方程模型潜变量与显变量、潜变量与潜变量之间的关系进行数学表达。

结构方程模型测量模型：

$$F1 = 0.168X1 - 0.519X2 - 0.931X3 - 0.380X4 \tag{9-4}$$

$$F2 = -0.326X6 - 0.481X8 + 0.796X9 + 0.197X10 \tag{9-5}$$

结构方程模型结构模型：

$$F3 = -0.234F1 - 0.191F2 + 0.344 \tag{9-6}$$

$$F4 = 0.921F3 + 0.745 \tag{9-7}$$

同理，对结构方程模型各变量之间的关系进行数学表达。

结构方程模型测量模型：

$$F1 = 0.164X1 - 0.513X2 - 0.945X3 - 0.373X4 \tag{9-8}$$

$$F2 = -0.307X6 - 0.463X8 + 0.834X9 + 0.209X10 \tag{9-9}$$

结构方程模型结构模型：

$$F3 = -0.176F1 - 0.102F2 + 0.262 \tag{9-10}$$

$$F4 = 0.804F3 + 0.779 \tag{9-11}$$

2. 模型分析

根据标准化的路径系数表，对结构方程模型标定结果进行分析。在两种交通信息组合方案下的结构方程模型数学表达式中，各个变量之间的相关关系一致，仅标定的相关系数有所差异。具体的模型分析如下。

(1)潜变量与潜变量之间的关系。

根据结构模型式(9-6)、式(9-7)、式(9-10)以及式(9-11)可知，外生潜变量(驾驶人社会经济特性、出行特性)与内生潜变量(驾驶人对交通信息的主观认知)为负相关关系。两个模型中外生潜变量的影响系数绝对值分别为 0.234、0.191 和 0.176、0.102，即驾驶人社会经济特性是影响驾驶人对交通信息组合的主观认知以及接受意愿的关键因素。对内生潜变量，驾驶人对交通信息组合的主观认知与驾驶人对交通信息组合的接受意愿为正相关关系。驾驶人对交通信息组合的主观认知越高，则驾驶人对交通信息组合的接受意愿越大。其中结构方程模型 1 中，驾驶人对交通信息组合的主观认知对信息接受意愿的影响系数为 0.921，而结构方程模型 2 的影响系数为 0.804。这说明驾驶人对第一种交通信息组合方案的认知效果优于第二种交通信息组合方案。

(2)潜变量与观测变量之间的关系。

根据测量模型式(9-4)、式(9-5)、式(9-8)以及式(9-9)可知，由驾驶人社会经济特性对应的观测变量,得出年龄、驾龄以及收入对驾驶人交通信息组合的主观认知为正向影响,进而对交通信息组合的接受意愿为正向影响,而性别对这两个主观变量为负向影响。对于驾驶人出行特性对应的观测变量,驾驶人的驾驶频率以及出行时段对驾驶人交通信息组合的主观认知为正向影响,进而对交通信息组合的接受意愿为正向影响,而出行目的以及路网熟悉程度对这两个主观变量为负向影响。在两个模型外生潜变对应的观测变量中,驾驶人驾龄和出行目的的影响系数绝对值相对其他变量较大,分别为0.931、0.796和0.945、0.834。即驾龄与出行目的是影响驾驶人对交通信息组合的主观认知以及驾驶人对交通信息组合的接受意愿的关键因素,即驾驶人驾龄越大,其对交通信息的主观认知度越大,驾驶人对交通信息组合的接受意愿越强烈。驾驶人的驾驶目的分为弹性出行目的与非弹性出行目的,标定结果表明驾驶人在弹性出行时对交通信息组合的主观认知高于非弹性出行,且对交通信息组合的接受意愿较强烈。

第四节　VMS交通信息下驾驶人路径选择行为模型

本节研究驾驶人在交通信息下的路径选择行为。首先对SEM-Logit模型进行概述;其次根据在本章第三节构建的结构方程模型,将驾驶人对交通信息组合的接受意愿进行量化,基于本章设计的两种交通信息组合方案,结合问卷中驾驶人社会经济特性、出行特性以及每种交通信息组合下的路径选择结果数据,构建了两种交通信息组合方案下的SEM-Logit模型并进行标定;最后对构建的两个模型进行对比,分析每种交通信息组合方案下驾驶人的路径选择行为影响因素。

一、SEM-Logit模型概述

由结构方程模型,将不可观测的潜变量同其他可观测的变量一起纳入Logit模型中构成SEM－Logit模型,它解决了传统的Logit模型只能分析可观测变量对研究对象的效用关系的不足。本节研究交通信息对驾驶人路径选择行为的影响,通过问卷可以得到驾驶人的社会经济特性、出行特性以及各种交通信息组合下,驾驶人的选择结果,除了这些可观测的变量外,驾驶人对交通信息组合的接受意愿同样影响驾驶人的路径选择。因此本节使用SEM-Logit模型对驾驶人的选择行为进行求解分析。

Logit模型一种基于效用理论的非集计模型。效用是指选择者从每个选择项中所获得的满足感,非集计模型的理论基础是选择者在进行决策时遵循效用最大化假设,该理论最早在经济学中被提出。随机效用理论将效用分为两部分:可测部分和不可测部分,可测部分称为固定效用,不可测部分称为随机效用,并认为效用是一个随机变量。根据随机项密度函数的不同,把选择行为模型分为不同种类,当随机项服从Gumble极值分布时,可以得到Logit模型;基于研究的选择集合仅包含2个选择方案,本章选用BL(Binary Logit)模型。

效用函数:

$$U_{in} = V_{in} + \varepsilon_{in} \tag{9-12}$$

固定效用:

$$V_{in} = \sum_{K=1}^{K} \theta_K X_{ink} \tag{9-13}$$

式中：V_{in}——驾驶人 n 选择方案 i（取1,2）的固定效用部分；

ε_{in}——驾驶人 n 选择方案 i（取1,2）的随机效用部分；

K——影响驾驶人 n 选择方案 i（取1,2）的影响因素数量；

X_{ink}——驾驶人 n 选择方案 i（取1,2）的第 k 个因素；

θ_k——影响因素 X_{ink} 的系数。

根据效用函数，Binary Logit 模型中驾驶人 n 选择方案 i（取1,2）的概率分别为：

$$P_{1n}=\frac{e^{V_{1n}}}{e^{V_{1n}}+e^{V_{2n}}}=\frac{1}{1+e^{(V_{2n}-V_{1n})}} \tag{9-14}$$

$$P_{2n}=1-P_{1n}=\frac{e^{V_{2n}}}{e^{V_{1n}}+e^{V_{2n}}}=\frac{1}{1+e^{(V_{1n}-V_{2n})}} \tag{9-15}$$

式中：P_{in}——驾驶人 n 选择方案 i（取1,2）的概率；

V_{in}——驾驶人 n 选择方案 i（取1,2）的固定效用部分。

二、第一种交通信息组合方案的驾驶人路径选择 SEM-Logit 模型

首先通过结构方程模型，量化驾驶人对第一种交通信息组合的接受意愿，视驾驶人对交通信息组合的接受意愿为连续变量，对其量化的结果进行取整处理，根据式(9-4)、式(9-5)、式(9-6)、式(9-7)计算得出其取值范围为4～12。

1. 变量筛选

在 SEM-Logit 模型建立之前，为了简化模型标定过程，首先要对问卷的变量进行初步筛选，从而降低模型标定的难度，提高模型的准确度。对影响驾驶人路径选择行为的变量进行分类，结果见表9-14。

交通信息组合下驾驶人路径选择影响变量 表9-14

变量类型	特征变量	分类情况
社会经济属性	性别	男性，女性
	年龄	18～29岁，30～45岁，46～55岁，56岁以上
	驾龄	0～2年，3～6年，7～10年，10年以上
	收入	0～5万，6～12万，13～20万，20万以上
	学历	高中及以下，本科，硕士，博士及以上
出行特性	驾驶频率（一周内）	极少（1天及以下），一般（2～4天），经常（5～7天）
	驾驶风格	谨慎，普通，激进
	驾驶时段	平峰时段，高峰时段
	出行目的	刚性出行，弹性出行
交通信息特性	事故占用车道	1条车道，2条车道，3条车道
	事故路段拥堵状况	缓行，拥堵
	更换辅路节省时间	2min，5min，8min
驾驶人主观感知特性	驾驶人对第一种交通信息组合的接受意愿	4，5，6，7，8，9，10，11，12
选择结果	驾驶人路径选择	改变路径，不改变路径

采用列联表检验的方法对表 9-14 中的变量进行筛选，一般当相伴概率（双侧渐进 *Sig.*）值小于 0.05 时，说明该变量与选择结果之间具有显著的作用，但是一般不能仅以 95% 的置信区间对变量进行排查，可以考虑设置其他较高的置信值，置信值取值范围在 0.25 ~ 0.3 之间时，说明变量具有良好的显著性，本次研究取 0.3。经过交叉列联表检验，最终筛选出影响驾驶人路径选择行为的变量。影响变量的相伴概率值见表 9-15。

SEM-Logit 模型标定变量的相伴概率值　　表 9-15

变量属性	特征变量	相伴概率值
社会经济特性	性别	0.992
	年龄	0.110
	驾龄	0.270
	收入	0.005
	学历	0.225
出行特性	驾驶频率	0.030
	驾驶风格	0.252
	出行时段	0.180
	出行目的	0.464
情景变量	事故占用车道数	0.000
	事故拥堵状态	0.000
	更换辅路节省时间	0.000

由伴随概率表可得性别、出行目的与驾驶人的路径选择结果的相伴概率均大于 0.3，表示这两个变量与驾驶人的路径选择结果不相关，故去除这两个变量。在剩余的变量中，年龄、驾龄、收入、驾驶频率、事故占用车道数以及更换辅路节省时间为连续变量，学历、驾驶风格、出行时段、对北京市环路路网熟悉程度以及事故点拥堵状态为离散变量。

2. 模型参数标定

基于驾驶人路径选择结果调查数据，结合驾驶人对第一种交通信息组合接受意愿的结构方程模型量化结果，利用 TransCAD 软件对模型进行标定，筛除不符合 t 检验值要求的变量，最终的参数估计结果见表 9-16。

SEM-Logit 模型标定及检验结果　　表 9-16

变　量	估计值	*Std. Err.*	t 检验值
年龄（X_{ink}）	0.095	0.0338	2.808
驾龄（X_{ink}）	0.150	0.070	2.133
收入（X_{ink}）	0.043	0.027	1.761
学历（X_{ink}）	0.629	0.156	4.034
驾驶频率（X_{ink}）	0.164	0.039	4.227
驾驶风格（X_{ink}）	0.215	0.127	1.686
出行时段（X_{ink}）	-0.429	0.137	-3.136

续上表

变　量	估 计 值	*Std. Err.*	t 检 验 值
路网熟悉度	0.240	0.129	1.854
交通信息接受意愿	-0.653	0.216	-3.023
事故占用车道(X_{ink})	0.372	0.096	3.891
事故路段拥挤程度(X_{ink})	0.928	0.169	5.505
更换辅路节省时间(X_{ink})	0.369	0.034	10.857
常数项(ε_{in})	-2.819	0.732	-3.849
$L(0)$	-873.365		
$L(\theta)$	-678.157		
$-2(L(0))-L(\theta)$	390.417		
ρ^2	0.224		
$\bar{\rho}^2$	0.209		

当 t 检验绝对值高于 1.67 时，则该特征变量在 90% 置信度上对选择有显著影响；当 t 检验绝对值高于 1.96 时，则该特征变量在 95% 置信度上对选择有显著影响。从模型参数标定结果可以看出，收入、驾驶风格以及路网熟悉度 t 检验值的绝对值大于 1.67 且小于 1.96，说明收入、驾驶风格以及路网熟悉度三个变量在 90% 置信度上对驾驶人路径选择行为有显著影响，其余变量 t 检验绝对值均大于 1.96，说明这些变量在 95% 置信度上对驾驶人路径选择行为有显著影响。

ρ^2 为优度比，$\bar{\rho}^2$ 为自由度修正优度比，它们是决定模型整体拟合度的指标，当 ρ^2 达到 0.2～0.4 时，即可认为模型的精度较高。由表可得模型优度比 ρ^2 为 0.224，调整后优度比 $\bar{\rho}^2$ 为 0.209，总体来说，模型拟合程度较高，能够较好描述交通信息组合下驾驶人的路径选择行为。通过上述模型可预测驾驶人在第一种交通信息组合下的路径选择概率值。

3. 模型分析

(1)驾驶人社会经济特性对驾驶人路径选择概率的影响。

在模型最终标定结果中，驾驶人年龄、驾龄、收入、学历的影响系数分别为 0.095、0.150、0.043 和 0.629，说明各个变量与驾驶人选择改变行驶路径之间为正相关关系。年龄越大、驾龄越长、收入越高以及学历越高的驾驶人群体，在第一种交通信息组合方案下选择改变行驶路径的概率越大。在这四个影响因素中，学历对驾驶人路径选择概率的影响最大。

(2)驾驶人出行特性对驾驶人路径选择概率的影响。

驾驶人驾驶频率、驾驶风格以及路网熟悉度的影响系数分别为 0.164、0.215、0.240，说明这三个变量与驾驶人选择改变行驶路径之间为正相关关系。每周驾驶次数越多、驾驶风格越激进以及对路网熟悉度越低的驾驶人群体，在第一种交通信息组合方案下选择改变行驶路径的概率越大。驾驶人出行时段的影响系数为 -0.429，说明出行时段与驾驶人选择原有行驶路径之间为正相关关系，即驾驶人在高峰时段出行比平峰时段出行选择原有行驶路径的概率大。在这四个影响因素中，出行时段对驾驶人路径选择概率的影响最大。

(3)交通信息组合内容对驾驶人路径选择概率的影响。

事故占用车道数、事故路段拥挤程度以及更换辅路节省时间这三种信息的影响系数均分别为0.372、0.928、0.369,说明各个变量与驾驶人选择改变行驶路径之间为正相关关系。即事故占用车道数越多、事故路段越拥挤、更换辅路节省时间越长,驾驶人选择改变行驶路径的概率越大。在这三个交通信息变量中,事故路段拥挤程度信息对驾驶人路径选择影响最大。

(4)驾驶人对交通信息组合接受意愿对驾驶人路径选择概率的影响。

驾驶人对交通信息组合接受意愿的影响系数为-0.653,即接受意愿与驾驶人选择原有行驶路径之间为正相关关系。即驾驶人对第一种交通信息组合方案的接受意愿越高,其选择维持原有的行驶路径的概率越高。

三、第二种交通信息组合方案的驾驶人路径选择行为 SEM-Logit 模型

同理,通过结构方程模型,将驾驶人对第二种交通信息组合的接受意愿进行量化。将驾驶人对交通信息组合的接受意愿视为连续变量,其量化的结果进行取整处理。根据式(9-8)、式(9-9)、式(9-10)、式(9-11)计算得出取值范围为4~8。

1. 变量筛选

首先对影响驾驶人路径选择行为的变量进行分类,结果见表9-17。

交通信息组合下驾驶人路径选择影响变量　　表9-17

变量类型	特征变量	分类情况
社会经济属性	性别	男性,女性
	年龄	18~29岁,30~45岁,46~55岁,56岁以上
	驾龄	0~2年,3~6年,7~10年,10年以上
	收入	0~5万,6~12万,13~20万,20万以上
	学历	高中及以下,本科,硕士,博士及以上
出行特性	驾驶频率(一周内)	极少(1天及以下),一般(2~4天),经常(5~7天)
	驾驶风格	谨慎,普通,激进
	驾驶时段	平峰时段,高峰时段
	出行目的	刚性出行,弹性出行
交通信息特性	当前路段据事故的路口数	2个路口,3个路口,4个路口
	事故占用车道	1条车道,2条车道,3条车道
	事故预计持续时间	10min,20min
驾驶人主观感知特性	驾驶人对交通信息组合内容的接受意愿	4,5,6,7,8
选择结果	驾驶人路径选择	改变路径,不改变路径

同样,采用列联表检验的方法对表9-17中的变量进行筛选。本检验的置信值取0.3,当各变量的相伴概率(双侧渐进 *Sig.*)值小于0.3时就说明该变量与驾驶人路径选择结果之间

具有显著的作用。经过交叉联表检验最终筛选出影响驾驶人路径选择行为的变量。影响变量的相伴概率值见表9-18。

模型标定变量的相伴概率值 表9-18

变量属性	特征变量	相伴概率值
社会经济特性	性别	0.491
	年龄	0.074
	驾龄	0.240
	收入	0.136
	学历	0.530
出行特性	驾驶频率	0.276
	驾驶风格	0.693
	出行时段	0.265
	出行目的	0.063
	路网熟悉度	0.119
情景变量	当前路段距事故的路口数	0.037
	事故占用车道数	0.000
	事故预计持续时间	0.000

由表9-18可得驾驶人性别、学历与驾驶风格与驾驶人的路径选择结果的相伴概率均大于0.3,表示这些变量与驾驶人的路径选择行为不相关,故去除这三个变量。在剩余的变量中,年龄、驾龄、收入、驾驶频率、当前路段距事故点的路口数、事故占用车道数以及事故预计持续时间为连续变量,出行时段、对出行目的以及北京市环路路网熟悉程度为离散变量。

2. 模型参数标定

基于驾驶人路径选择结果,结合驾驶人对第二种交通信息组合接受意愿的结构方程模型量化结果,同样利用TransCAD软件对模型进行标定,最终的参数估计结果见表9-19。

SEM-Logit 模型标定及检验结果 表9-19

变　　量	估 计 值	*Std. Err.*	*t* 检验值
年龄(X_{ink})	0.099	0.041	2.400
收入(X_{ink})	0.058	0.030	1.969
驾驶频率(X_{ink})	0.139	0.063	2.217
交通信息主观认知(X_{ink})	-0.664	0.385	-1.726
事故持续时间(X_{ink})	0.211	0.028	7.490
当前路段距事故点路口数(X_{ink})	-0.479	0.135	-3.545
事故占用车道数(X_{ink})	1.398	0.210	6.667
常数项(ε_{in})	-5.659	1.094	-5.174

续上表

变　量	估 计 值	*Std. Err.*	t 检验值
$L(0)$	-332.711		
$L(\theta)$	-261.727		
$-2(L(0))-L(\theta)$	141.968		
ρ^2	0.213		
$\bar{p}^2$	0.186		

同理,从表9-19可以看出,驾驶人对交通信息的接受意愿的 t 检验绝对值大于1.67,说明该变量在90%置信度上对驾驶人路径选择行为有显著影响,其余变量 t 检验绝对值均大于1.96,说明这些变量在95%置信度上对驾驶人路径选择有显著影响。

由表9-19可得模型优度比为ρ^2为0.213,调整后优度比$\bar{\rho}^2$为0.186,总体来说模型拟合程度较高,能够较好描述交通信息下驾驶人的路径选择行为。通过上述模型,可预测驾驶人在第二种交通信息组合下的路径选择概率值。

3.模型分析

(1)驾驶人社会经济特性对驾驶人路径选择概率的影响。

在模型最终标定结果中,驾驶人的年龄以及收入的影响系数为0.099与0.058,即两个变量与驾驶人选择改变行驶路径之间为正相关关系。在这两个变量中,年龄对驾驶人路径选择概率的影响大于收入。

(2)驾驶人出行特性对驾驶人路径选择概率的影响。

驾驶人驾驶频率的影响系数为0.139,即驾驶频率与驾驶人选择改变行驶路径之间为正相关关系,每周驾驶次越多的驾驶人在第二种交通信息组合方案下选择改变行驶路径的概率越大。

(3)交通信息组合内容对驾驶人路径选择概率的影响程度。

当前路段距事故点路口数的影响系数为-0.479,即该信息变量与驾驶人选择原有行驶路径之间为正相关关系,驾驶人行驶路段距事故点越远,驾驶人选择继续在原有行驶路径的概率越大。而事故占用车道数、事故持续时间的影响系数分别为1.398、0.211,两个变量与驾驶人选择改变行驶路径之间为正相关关系,即事故占用车道越多,事故持续时间越长,驾驶人选择改变行驶路径的概率越大。在这三个变量中事故占用车道数对驾驶人路径选择影响最大。

四、模型对比

通过对比,得出第一种交通信息组合方案模型标定结果的驾驶人路径选择影响变量多于第二种交通信息组合方案,其中第一个驾驶人路径选择SEM-Logit模型受年龄、驾龄、收入、学历、驾驶频率、驾驶风格、出行时段、路网熟悉度、驾驶人对交通信息组合的接受意愿以及具体发布的交通信息内容影响,第二个驾驶人路径选择SEM-Logit模型受年龄、收入、驾驶频率、驾驶人对交通信息组合的接受意愿以及具体发布的交通信息内容影响。这表明在第一种交通信息组合方案下,不同类型的驾驶人在接收到VMS发布的交通信息后,路径选择概率差异明显;而在第二种交通信息组合方案下,由于 SEM-Logit 模型标定结果的影响变量相对较少,不同类型的驾驶人在接收到 VMS 发布的交通信息后,路径选择概率差异相对较小。并且第一个模型中驾驶人对交通信息组合接受意愿的影响系数为 0.921,大于第二个模型的 0.804,说明驾驶人对第一种交通信息组合方案的认知效果优于第二种交通信息组合方案。

两个驾驶人路径选择 SEM-Logit 模型中共同的影响因素为驾驶人的年龄、收入、驾驶频率以及驾驶人对交通信息组合的接受意愿,具体路径选择概率的大小受交通信息发布的具体内容影响。通过对两种交通信息发布方案的 SEM-Logit 模型进行对比分析,为 VMS 交通信息发布策略研究提供理论支撑。

第五节　VMS 交通信息发布策略研究

当快速路上发生交通事故时,应当对事故上游的车辆进行合理诱导,VMS 是道路实时诱导的重要方式,本节对北京市 VMS 的现状进行调查研究,了解 VMS 的布设情况和标志版面显示情况,同时结合上文中对驾驶人路径选择行为的研究分析,对快速路事故下 VMS 交通信息发布策略进行初步探究。

一、VMS 现状调查

VMS 布设的位置、标志版面信息的类型以及 VMS 在道路上布设的频率影响驾驶人对信息的接受和认知理解。通过北京市公安局公安交通管理局政府网站提供的 VMS 数据,对北京市 VMS 布设现状以及版面类型现状进行统计,总结出北京市 VMS 现状,如图 9-9 所示。

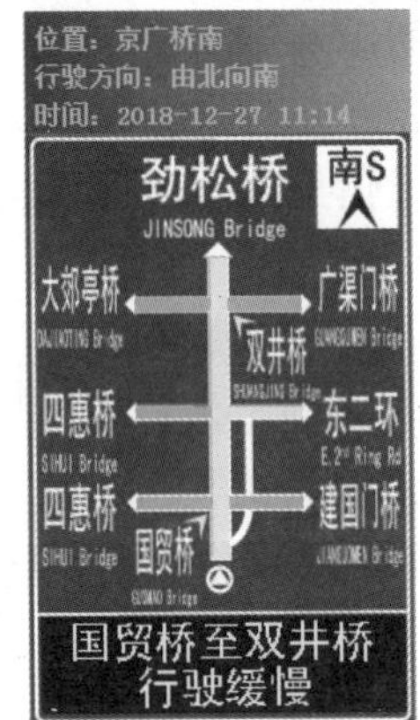

图 9-9　北京市 VMS 布设现状

1. VMS 布设区域与布设数量

北京市 VMS 布设的宏观情况见表 9-20。由表可得,北京市总共布设了 228 块 VMS,其中二环内(包括二环)布设 46 块 VMS,二环至三环内(包括三环)布设了 58 块 VMS,三环至四环内(包括四环)布设了 56 块 VMS,其他区域布设了 68 块 VMS。总体来看,北京市 VMS 主要布设在环线附近以及进出京高速路上。

北京市 VMS 布设数量统计　　表 9-20

VMS 布设情况	二环内	二环至三环内	三环至四环内	其他区域
布设数量(块)	46	58	56	68

2. VMS 布设道路等级以及标志版面类型

根据北京市公安局公安交通管理局政府网站标定的 VMS 位置,结合百度地图实景查询,对北京市 VMS 布设位置的道路等级情况以及标志版面类型进行总结。

北京市 VMS 布设位置情况统计见表 9-21,总体来看,VMS 主要布设在快速路,而主干路与次干路布设的比例小于快速路，其中VMS在城市二环内、二环至三环、三环至四环区域内的快速路布设比例均高于70%。相较于其他等级的道路，快速路主要是承担城市中长距离的交通出行，有独立的入口与出口，快速路上的车辆行驶速度相对较快，容易发生交通事故并且事发后拥堵传播速度快。因此本节主要研究快速路交通事故下VMS信息发布策略。

北京市VMS布设道路等级统计　　　　表9-21

区　域	道路等级	布设数(块)	占比(%)
二环内	快速路	33	71.74
	其他等级道路	13	28.26
二环至三环内	快速路	45	77.59
	其他等级道路	13	22.41
三环至四环内	快速路	41	73.21
	其他等级道路	15	26.79
其他区域	快速路	32	47.06
	其他等级道路	36	52.94
合计	快速路	151	66.23
	其他等级道路	77	33.77

按照版面类型，VMS可分为点阵式、嵌入式、复合式，VMS信息可分为文字类与图形类。其中点阵式VMS既能发布图形类信息，也能发布文字类的信息，版面内容显示灵活且适用于绝大部分交通信息；嵌入式VMS用于发布重要路段和分流点的道路交通流状，显示为图形类信息；复合式VMS上部显示图形信息，多为嵌入式，下部显示文字信息，为点阵式，如图9-10、图9-11所示。

朝阳门桥至
建国门桥
行驶缓慢

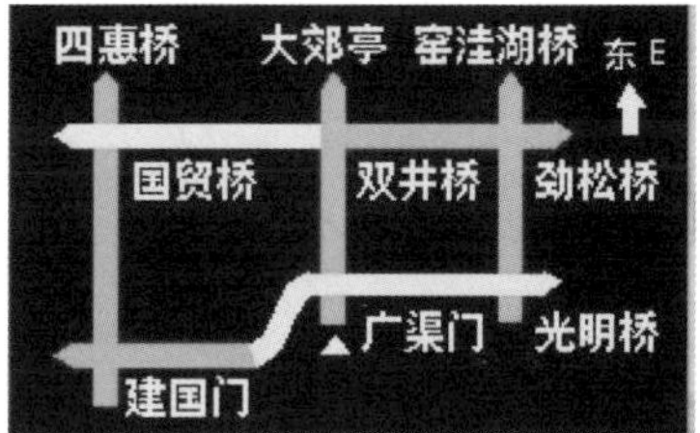

a)点阵式VMS

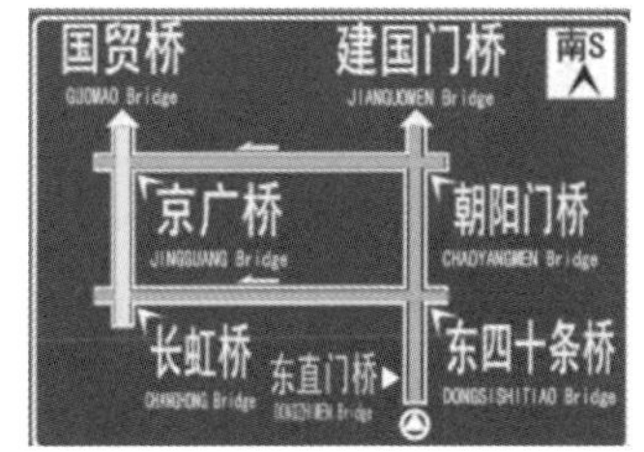

b)嵌入式VMS

图9-10　点阵式VMS和嵌入式VMS

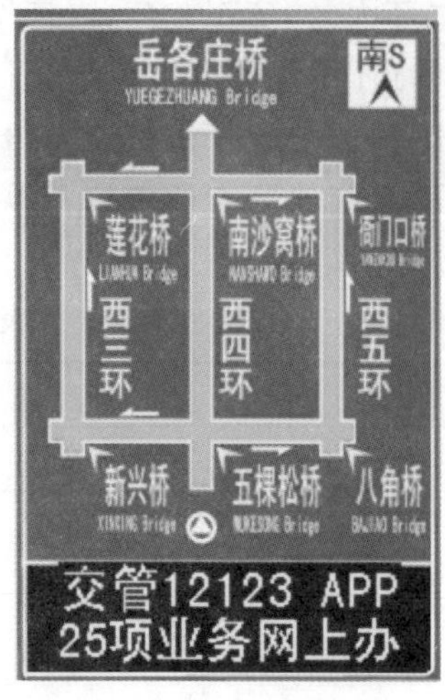

图 9-11　复合式 VMS

对北京市的 VMS 版面类型进行统计(表 9-22),可得北京市的 VMS 版面类型主要为点阵式,总体占比为 74.12%,嵌入式以及复合式 VMS 占比分别为 12.28% 和 13.60%。每个区域点阵式 VMS 占比均大于 55%。在道路发生交通事故时,相较于其他类型的标志,点阵式 VMS 能够根据发布文字信息,更适用事故下交通信息发布。

北京市 VMS 版面类型统计　　表 9-22

区　　域	版面布设形式	布设数(块)	占比(%)
二环内	点阵式	36	78.26
	嵌入式	6	13.04
	复合式	4	8.70
二环至三环内	点阵式	32	55.17
	嵌入式	14	24.14
	复合式	12	20.69
三环至四环内	点阵式	39	69.64
	嵌入式	3	5.36
	复合式	14	25.00
其他区域	点阵式	62	91.18
	嵌入式	5	7.35
	复合式	1	1.47
合计	点阵式	169	74.12
	嵌入式	28	12.28
	复合式	31	13.60

3. 相邻 VMS 之间的布设距离调查

受路段事件发生率、道路等级、交通流状态、土地利用布局、资金投入等因素制约，VMS 不会在每一段快速道路上布设。当交通事故发生时，事故上游路段最近的 VMS 与事故点的距离信息对驾驶人的选择会有一定影响。交通事故发生的时间和地点具有随机性，导致每次事故发生时距最近 VMS 的距离同样具有随机性。在驾驶过程中，驾驶人对距离信息的感知水平参差不齐，而快速路相对封闭，每段路有固定的出入口，驾驶人不能随意驶离快速路，因此本文对相邻 VMS 之间的路口数进行统计。

以北京市三环快速路上 VMS 逆时针的布设情况为例，根据北京市公安局公安交通管理局政府网站标定的 VMS 位置，结合百度地图实景查询，对 VMS 进行调查统计。调查内容包括 VMS 的实际布设位置、发布内容，相邻 VMS 相隔的路口数，调查结果见表 9-23。

三环 VMS 逆时针布设现状　　表 9-23

布设位置	相隔路口	版面形式	布设位置	相隔路口	版面形式
刘家窖桥西	3	点阵式	联想桥西	1	点阵式
分钟寺	4	点阵式	紫竹桥北	4	点阵式
潘家园桥北	4	点阵式	花园桥北	1	点阵式
双井桥北	2	复合式	航天桥南	2	点阵式
长虹桥南	3	复合式	莲花桥南	3	点阵式
三元桥东	3	点阵式	六里桥南	1	点阵式
三元桥南	1	复合式	玉泉营桥西	3	复合式
安贞桥东	3	点阵式	洋桥西	3	嵌入式

由表 9-23 可得三环快速路上 VMS 布设间隔不超过四个路口，即交通事故发生时事故点据最近的 VMS 不超过四个路口。而针对交通事故发布文字类信息的要求，安贞桥东至联想桥西相隔 5 个路口，玉泉营桥西至刘家窑桥西相隔 6 个路口。

通过对北京市 VMS 的调查，获得了 VMS 在布设位置、布设数量、布设道路等级、布设类型以及布设间隔的现状情况，目前北京市快速路上 VMS 布设的最多类型为点阵式 VMS。

二、交通事故下 VMS 信息发布策略初步探究

本节从 VMS 和交通信息发布内容两个方面探讨 VMS 交通信息发布策略。从 VMS 方面讨论布设位置、版面形式；从交通信息方面讨论不同事故影响区域的交通信息发布方案。

1. VMS

对于交通事故而言，文字类信息能更准确对事故状态进行描述，点阵式 VMS 可以按照需求灵活发布多种形式的交通信息，既可以为文字类信息，也可以为图形类信息。不仅满足事故状况下交通管理部门对道路驾驶人的诱导，同时满足常规交通状况下对道路驾驶人的路段指引。而且从布设现状上，北京市点阵式 VMS 占比达到 74.12%，远大于其他类型的 VMS，因此，采用点阵式 VMS 发布交通信息。根据北京市 VMS 布设现状的调查，

快速路上相邻的两块 VMS 最多间隔 4 个,而相邻点阵式 VMS 最多相隔 6 个路口。建议相关部门合理地增加快速路点阵式 VMS 数量,以保证 VMS 交通信息发布的连续性。在交通事故发生时,每个事故影响区域内至少需要一块 VMS 来发布与事故相关的交通信息。在驾驶人有效视认 VMS 方面,建议将 VMS 布设到道路中心位置,使得各条车道上的驾驶人能够有效接收到交通信息,并且在其他时段时,VMS 尽量减少发布与道路交通不相关的信息。

2. 不同事故影响区域的交通信息发布策略

基于本章第二节的问卷结果,驾驶人对五种交通信息的主观评分从高到低依次为事故拥堵信息、更换辅路节省时间信息、事故占用车道信息、事故持续时间信息以及事故距离信息。根据结构方程模型标定结果分析,研究得出驾驶人对第一种交通信息组合方案的接受意向为 0.921 优于第二种交通信息组合方案的 0.804。根据 SEM-Logit 模型标定结果分析,第一种交通信息组合方案对驾驶人群体的诱导效果优于第二种交通信息组合方案。本章对快速路交通事故影响范围划分,对于事故点上游影响的控制区内驾驶人群,由于距离事故路段相对较近,受事故点影响程度大,该区域内交通流量大且拥堵情况相对严重,在发生交通事故后应加强对该区域内驾驶人的路径诱导,通过第一种交通信息发布方案(包括事故信息和诱导信息),能够有效地对各种类型的驾驶人群体进行诱导,缓解路段交通压力。对于事故点上游影响的预警区内的驾驶人群,他们距离事故路段较远,受事故影响程度小于控制区,对于该区域的驾驶人,应当以预警为主,为驾驶人提供第二种信息发布方案,由于第二种信息发布方案的模型影响因素相对较少,其对驾驶人的路径选择影响相对第一种交通信息发布方案较小,符合预警区的驾驶人诱导原则,避免预警区因诱导强度大而对周围路网带来交通压力。

第十章　驾驶模拟器视认特性的有效性研究

随着城市化进程的加快,城市交通出现的问题越来越多。良好的交通诱导系统可以有效引导交通路径,增加安全性,减少车辆的绕行,进而减缓交通拥堵。交通诱导系统是国内外关注的焦点之一,目前主要是基于理论推导,从宏观角度研究交通诱导系统设计,通过实验研究单个交通诱导标志的设计,而如何使交通诱导系统的研究和评价更加有效是一大难题。基于虚拟现实技术,在驾驶模拟器中建立交通诱导系统模型,可以有效解决相关研究过程中的难点。

虚拟现实空间中的场景模型是对真实场景的模拟。已有研究表明,在虚拟和实地场景中所得到的实验结论之间有一定差异,即虚拟空间场景模型不具有真实性,为了确保在虚拟场景中实验的有效性,需要对驾驶模拟器进行有效性验证。

第一节　国内外研究进展

一、驾驶模拟系统简介

驾驶模拟系统是虚拟现实技术的重要应用。驾驶模拟系统利用虚拟现实仿真技术,营造一个虚拟的驾驶训练环境,通过模拟器的操作部件,用户与虚拟的环境进行交互,从而实现驾驶训练。

驾驶模拟系统由动力学仿真系统、视景仿真系统、声频仿真系统、运行操作系统和数据记录系统组成,用户在驾驶舱中驾驶模拟器,计算机实时产生行驶过程中的虚拟视景、音响效果和运动感觉,使用户沉浸在虚拟环境中,给予其真实的驾驶感受。由于汽车已经是一种非常普通的代步和运输工具,相对于其他驾驶模拟器,其驾驶模拟器是虚拟现实技术的最重要应用。驾驶模拟器可以分为简易汽车驾驶模拟器、简单计算机汽车驾驶模拟器、真实车辆驾驶模拟器、液压伺服体感模拟器四类,如图 10-1 所示。

(1)简易汽车驾驶模拟器。简易汽车模拟器安装有转向盘、离合器、加速踏板、驻车制动、停车制动、挡位、转向灯等操控部件,但是没有配置计算机,也没有显示器,用户可以利用这种模拟器熟悉转向盘等部件的操作,属于最简单的汽车驾驶模拟器。

(2)简单计算机汽车驾驶模拟器。简单计算机汽车驾驶模拟器上安装有一台或者几台计算机和屏幕、转向盘、离合器、挡位等部件,操作部件上还安装有传感器,通过传感器采集系统采集获取用户动作,然后输入计算机处理,再通过显示器和传感器反馈给用户,其主要应用于汽车和飞机驾驶人的训练等。

a)简单电脑驾驶模拟器

b)真实车辆驾驶模拟器

c)液压伺服体感模拟器

图 10-1　驾驶模拟器分类

(3)真实车辆驾驶模拟器。真实车辆驾驶模拟器以真实车辆作为驾驶模拟器,采用多个屏幕或者环形屏幕来提供视角大于 140°的水平视野和大于 40°的垂直视野。模拟器通过音频设备模拟喇叭、发动机、车辆运行过程中的振动以及道路上其他声音,同时还能模拟车辆制动、鸣笛、转弯侧滑时发出的声音。通过振动发生器产生纵向振动。增强驾驶模拟器的真实有效模拟性能。

目前,国外高校和科研机构大都采用此类模拟器进行交通安全方向的科学研究。

(4)液压伺服体感模拟器。液压伺服体感模拟器也称六自由度模拟器,这种模拟器基于液压伺服装置,其运动系统(体感模拟系统)可以模拟六自由度姿态,动力学模型非常完善,视景仿真系统复杂逼真。在该模拟器中,用户可以体验与真实车辆完全相同的驾驶感受。六自由度模拟器主要用于研制和开发车辆以及交通安全科学研究,价格比较昂贵、精度高、功能全。我国第一台驾驶模拟器 ADSL 由吉林大学研制,属于六自由度模拟器,采用圆形座舱,视景系统采用三个投影仪投影模拟驾驶环境,座舱底部的三个大行程液压装置联动控制,可以实现汽车的平纵横运动感。1995 年,日本汽车研究所成功研制了具有体感模拟系统的模拟器。美国通用公司成功研制的第二代驾驶模拟器,其各项性能指标居世界领先水平。美国 IWOA 大学的液压伺服体感模拟系统被称作"美国国家高级驾驶模拟器(NDAS)"。在科学研究中多采用固定式驾驶模拟器和六自由度驾驶模拟器。虽然随着计算机系统和硬件设备飞速发展,驾驶模拟系统有了跨越式进步,但是,驾驶模拟系统依然存在与虚拟现实技术相同的问题,即模型的可信性度问题。驾驶模拟空间的真实性,以及驾驶模拟器的有效性有待进一步研究证实。

二、物理验证和行为验证

将驾驶模拟器应用于科学研究,需要验证在其研究范围内是否具有一致性,由此才能证明基于驾驶模拟器的实验结论的有效性和准确性。目前,国外对驾驶模拟器的有效性研究较多,但我国鲜有。

驾驶模拟器的有效性研究是通过对比真实场景和虚拟场景中相关评价指标,对驾驶模拟器的一致性做出判断。Jamsom 提出驾驶模拟器的有效性验证分为物理验证和行为验证;物理验证是对模拟器复制真实环境的物理学和光学系统的有效度评价;行为验证是以驾驶人的驾驶行为特性为评价指标,对真实和虚拟场景的相似度进行评价。

1. 物理验证

NDAS 是全球最复杂的驾驶模拟器,部分学者对其高精准度的动力学仿真能力进行了评估。Salaani 以 1997JeepCherokee 为模型,对 NADS 进行物理验证,评价内容包括动态和静态条件下的横向位移、加速和制动条件下的纵向位移,以及瞬态和频率响应,得出驾驶模拟器在物理验证方面具有绝对有效水平的结论。由于液压伺服体感模拟器能够模拟 6 自由度运动姿态,其物理验证结论较好,文献综述表明其具有物理验证有效性。固定式驾驶模拟器由于无法模拟多自由度运动姿态,其不具有物理验证有效性。

2. 行为验证

(1)绝对与相对有效性。

Blaauw 针对固定式驾驶模拟器,进一步提出行为验证的两种结论:相对有效性和绝对有效性。Blaauw 认为综合性评价驾驶模拟有效性的方法是对比真实和虚拟场景下的驾驶人行为指标,两种场景中的驾驶任务要尽量相似,如果两种环境中的评价指标数值相等,即认为驾驶模拟器具有绝对有效性。由此可以得到绝对有效性是指在相同驾驶任务条件下,真实和虚拟环境中的评价指标数值相等。针对绝对有效性概念提出相对有效性概念,相对有效性是指两种环境中的评价指标数值具有相同的变化趋势和相似的数值。

(2)不同评价指标下的行为验证。

以驾驶人的行为评价指标验证驾驶模拟器有效性,可以证明驾驶模拟器在以特定评价指标为研究参数的实验中是真实有效的研究工具。在驾驶模拟器的有效性验证中,以驾驶人行车速度为评价指标的研究较多,通过对比虚拟和实际场景中驾驶人行车速度来评价驾驶模拟器模拟真实环境的一致水平。

Godley 在蒙纳士大学事故研究中心(MUARC)研究了固定式驾驶模拟器的有效性,24 名(12 名男性,12 名女性,年龄范围为 22 ~ 52 岁)志愿者参加了虚拟和真实场景中的实验,实验以行车速度为评价指标,实验控制条件为振动减速标线、停车减速标志、左转和右转警告标志,结论认为:振动减速标线条件下,驾驶模拟器具有相对有效性,虚拟场景中的行车速度大于真实场景中的行车速度;停车减速标志条件下,驾驶模拟器具有相对有效性;左转和右转警告标志条件下,驾驶模拟器不具有有效性。

Bella 在驾驶模拟器中进行了行为验证,实地场景为高速公路上的一个施工区,测量施工警告标志提示区、施工过渡区、施工区、施工结束区的车辆速度,利用双侧 Z 检验统计分析方法对比虚拟和真实场景中的速度均值,结论认为:在实地和虚拟场景中,施工区各部分的车辆运行速度均值统计差异不显著,以车辆运行速度为评价指标,驾驶模拟器对高速公路施工区的模拟具有绝对有效性。

Yan 研究了基于交叉口安全综合评价指数的驾驶模拟器有效性,有效性验证分为交通参数(行车速度)和安全参数(历史事故数据)两部分,通过驾驶模拟器研究交叉口的安全问题。研究者将真实场景中的某一典型交叉口在驾驶模拟器中进行相关数据的完整复制,通过对比真实和虚拟场景中的速度数据,发现统计检验差异不显著,两组速度数据具有相同的正态分布,驾驶模拟具有绝对有效性。在此基础上,基于交叉口综合评价指数研究驾驶模拟器的有效性,评价指数的基层指标为右转车道事故率、右转车道减速率、右转停车率、右转车速、车头间距和撞尾率,基于综合评价指数显示驾驶模拟器具有相对有效性,综合评价指数可以用来在驾驶模拟器中评价交叉口的安全性。

Reed 研究了考虑驾驶任务干扰因素的驾驶模拟器行为验证。驾驶模拟为固定式,12 名(6 名男性、6 名女性)志愿者参加实验,实验考虑白天和夜晚两个场景,驾驶任务干扰因素为接听移动电话,评价指标为行车速度、车辆横向位置和方向轮转角,结论认为:接听电话造成车辆侧向速度增加43%(真实环境)和158%(虚拟环境);在虚拟和真实环境中,受接听电话因素的影响,老年组(大于60 岁)比青年组(20~30 岁)的驾驶能力下降值大。

以上文献可以很好地证明驾驶模拟器可以对行车速度进行研究,还有其他文献以不同评价指标对驾驶模拟器的真实性和有效性应用进行了证明,评价指标有:车辆行驶时的侧向位置、驾驶人视觉需求、特殊天气条件下的驾驶人行为等,基于多种评价指标,可以有效评价并验证驾驶模拟器在某个应用研究领域是否具有有效性。

三、驾驶模拟器应用

驾驶模拟器的优点较多,能够简化实验影响因素、易于检测数据、安全性好、实验场景可重复和成本效益较高。因此,相比实地实验,交通工程研究人员多选择驾驶模拟器进行相关研究。目前利用驾驶模拟器进行的研究集中于交通安全研究领域,如:车内辅助系统对驾驶人行为的影响、酒精和药物对驾驶人的影响、驾驶人注意力分散、交叉口安全评价、道路安全设施设计、道路景观、疲劳驾驶等。

Charlton 在驾驶模拟器中研究道路转弯段交通标线对驾驶人行为的影响,结论认为:路面人字形标线对车辆行驶速度没有显著影响,而对车辆行驶轨迹的横向位置有显著影响。Cox 在驾驶模拟器中,研究了渐进式低血糖病症对驾驶人行为能力的影响。驾驶人驾驶能力的评价因素为驾驶行为和正确驾驶行为。

综上所述,基于驾驶模拟器的交通安全领域研究已取得了一定的成果,但在驾驶模拟器中的交通标志研究较少。交通标志研究是交通安全研究方面的重要组成部分,为了更好利用驾驶模拟器研究交通标志,有必要对交通标志在驾驶模拟器中的有效性进行研究。

第二节　数据采集与处理

采用实证研究方法,探索驾驶人视认指路标志时的视觉特征。实验中需要考虑和控制的因素很多,分为驾驶人和指路标志两方面。驾驶人方面的因素有性别、教育背景、工资收入，而年龄、驾驶经验、婚姻状况和个人事故率与驾驶人理解交通标志的能力无统计显著性。影响驾驶人视认指路标志的因素有文字大小、文字宽高比、字频、笔画粗细、笔画数、背景颜色和版面亮度。

实证研究的重点为在同一条件下，实验结论能够重复实现。在分析实验过程影响因素的基础上，考虑实验过程的可操作性，保证数据的精确性，完成论文所需数据的采集与处理。

按照研究的总体思路，完成以下几项数据采集与处理工作。

(1)设计虚拟实验场景，在驾驶模拟器中测得被测人员视认特定指路标志的时间，得到虚拟场景中对应指路标志视认时间点的虚拟空间三维坐标点，由此计算得到被测人员的视认距离。

(2)在实地场景中，利用车载高精度 GPS 数据采集仪测量实验车辆的实时动态经纬度坐标和高程，测量得到被测人员的视认标志完成时间点，通过公式计算得到被测人员的视认距离。

驾驶模拟视认有效性由以上两部分实验构成，通过虚拟仿真实验与实地场景实验对比研究，得到指路标志在驾驶模拟器仿真空间中需要修改的参数值，从而实现驾驶模拟器对指路标志的真实呈现。

一、虚拟场景视认距离测量

1. 视认距离定义

视认距离的测量有两种方法，一种是眼动仪测量法，另一种是被测人员主动记录法。由于测量时间点存在偏差，两种方法存在差异。利用眼动仪测量得到的视认时间点是被测人员视认完全标志内容后，注视点离开标志版面的时刻。而通过被测人员主动记录得到的视认时间点，是标志内容被完全视认，并经过一段动作执行时间后，记录得到的时间点。两种测量方法之间的时间差就是被试者视认标志内容的时间，时间差值等于注视点在标志版面上停留时间与被试者的执行时间之和。

根据实验要求，对指路标志视认距离的定义是：驾驶人能够清楚视认指路标志文字信息时，驾驶人距离标志牌的直线长度。在驾驶模拟器有效性验证实验中，视认距离测量采用被测人员主动记录法。

2. 实验设备

(1)驾驶模拟器。

①仪器简介。北京工业大学驾驶模拟实验室采用荷兰 AutoSim 公司生产的研究型驾驶模拟器。驾驶模拟平台逻辑架构如图 10-2 所示。可视化仿真平台管理控制动力学仿真系统、视景仿真系统、声频仿真系统、运行操作系统和数据记录系统，均由各自单独的服务器运行。

图 10-2　驾驶行为实验平台

研究型驾驶模拟器提供 API 接口技术，有利于研究人员根据研究目的的需要，从后台直接调取各种设备运行参数和驾驶人行为参数。北京工业大学驾驶模拟实验室在驾驶模拟器基础平台上，基于其平台提供的 API 接口，结合心理和生理(脑电、心电、眼动和皮电)检测仪器，集成了驾驶行为实验平台。本章实验采用了驾驶行为实验系统。

在实验过程中,驾驶模拟器会记录一系列数据(每秒记录30次),包括时间、汽车所在位置的坐标、车速以及加速度等多项指标。本研究主要需要的指标是时间和汽车所在位置的坐标。

②场景构建。根据实验研究目的,建立相应道路场景。本部分实验的目的是测量被测试人对指路标志的动态视认距离,天气条件是标志视认性的重要影响因素,因此设置在仿真建模时设置天气为晴朗状态。道路设计等级为城市主干路,根据《城市道路设计规范 第四章:道路横断面设计》(CJJ 37.4—90)进行设计。

实验部分研究重点是指路标志的视认距离。指路标志的主要信息是文字信息,文字的视认性是由字体、大小、宽高比、笔画粗细、字间距和行距等因素决定。因此,根据《道路交通标志和标线 第2部分》规范要求设计指路标志,指路标志字体为黑体,基本字高为30cm、宽高比为1、汉字间距为1/10h、汉字与英文字之间的行距为1/3h。实验用指路标志如图10-3所示。

图10-3 指路标志图

如图10-4所示,在驾驶模拟器中建立场景模型,建模软件为驾驶模拟仿真平台附带的Creator软件。

图10-4 模拟器场景建模

如图10-5所示,指路标志依次放大(倍率为1、5、2、4、3)。为了排除驾驶经过多次实验训练后熟悉指路标志放大倍率的影响,随机设置虚拟场景中指路标志放大倍率次序。

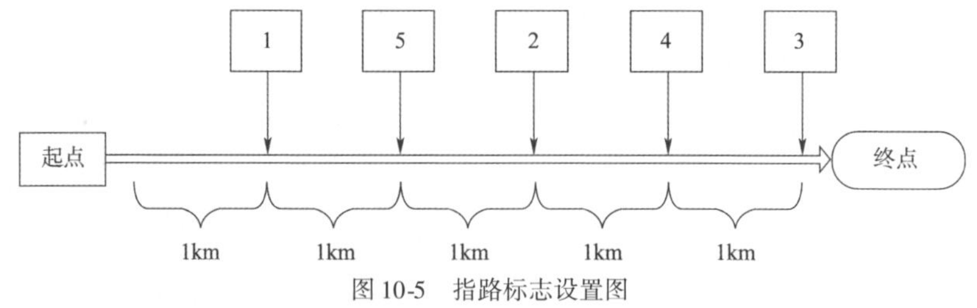

图10-5 指路标志设置图

(2)其他设备。

为保证实验的顺利进行和数据的有效性,实验中还使用了以下仪器和设备:安装有实时事件记录软件(使用VB软件编制)的笔记本电脑,随时记录实验人员的视认指路标志时间点;实时事件记录软件界面如图10-6所示,其利用程序检测电脑键盘状态和系统时间,当被测试人员按下电脑键盘回车键后,软件记录回车键被按下时刻的电脑系统时间。

3. 实验方案

本部分实验目的是在驾驶模拟器中，测量得到被测人员对特定指路标志的视认距离。在驾驶模拟器中测量被试者对指路标志的视认距离，考虑速度和标志文字尺寸两种因素对视认距离的影响。实验中考虑的驾驶速度为 20km/h、30km/h、40km/h、50km/h，考虑标志文字放大倍率为 1 ~5 倍。

每次实验中，系统控制实验速度，被试者视认 5 种不同尺寸大小的指路标志，需要按键 5 次来记录视认时间点。实验总次数为 4 次，按键总次数为 20 次。实验记录数据表见表 10-1 。

图 10-6　实时事件记录器界面图

虚拟场景视认距离记录表　　表 10-1

视认距离(m)		文字高度(cm)				
		150	120	90	60	30
速度(km/h)	20	—	—	—	—	—
	30	—	—	—	—	—
	40	—	—	—	—	—
	50	—	—	—	—	—

在其他外部环境不变的情况下，每位被试者在实验过程中所经历的驾驶环境是相同的，以控制实验影响因素，从而更有利于后期处理和分析测量得到的被试者视认距离数据。

(1)被测试人员样本。

为了排除被试者自身因素对指路标志视认距离的影响，控制实验结果影响因素，被试者的人数为 20 人(10 名男性和 10 名女性)，矫正视力均为 1.0 以上，年龄在 22 ~25 岁之间，均具有驾驶执照，全部样本来自北京工业大学在校学生群体。

(2)实验步骤。

①设置实验场景。

②驾驶人熟悉实验环境。

③实验人员向被测试者讲解注意事项。

④准备阶段。

⑤开始实验，车辆起动。

⑥开始记录。

⑦终止记录。

⑧保存实验数据。

4. 数据处理

在驾驶模拟仿真实验中，通过数据记录器输出的原始数据见表 10-2，经过数据处理后，得到的各视认点的坐标和视认距离见表 10-3。最终处理的得到一个被试者的视认距离数据表见表 10-4。

驾驶模拟系统输出的原始数据 表 10-2

系统时间(h:m:s)	实验时间(s)	三维坐标(m)		
		x	y	z
14:29:41	0	12.16	175.71	0
14:29:41.033	0.033	12.16	175.71	0
14:29:41.067	0.067	12.16	175.71	0
14:29:41.1	0.1	12.16	175.71	0
14:29:41.133	0.133	12.16	175.71	0
14:29:41.167	0.167	12.16	175.71	0
14:29:41.2	0.2	12.16	175.71	0
14:29:41.233	0.233	12.16	175.71	0
14:29:41.267	0.267	12.16	175.71	0
14:29:41.3	0.3	12.16	175.71	0
14:29:41.333	0.333	12.16	175.71	0
14:29:41.367	0.367	12.16	175.71	0

处理后得到的视认点和视认距离数据 表 10-3

时间点(h:m:s)	视认点坐标(m)		标志坐标(m)		视认距离(m)
	x	y	x	y	
14:30:06.500	0.09	304.69	-3.245	335	30.49
14:31:08.328	-31.54	646.16	-49	832	186.66
14:32:24.312	-57.46	1066.94	-54.36	1129.9	63.04
14:33:04.859	-59.77	1291.97	-62.55	1394.69	102.76
14:34:11.296	-63.39	1660.68	-65	1813	152.33

不同放大倍率和速度条件下的视认距离 表 10-4

视认距离 放大倍率	速度(km/h)			
	20	30	40	50
1	30.4929	33.6033	23.3029	28.1148
2	63.0351	57.2990	52.0198	54.5633
3	102.7603	104.8178	67.5837	83.5698
4	152.3285	149.0466	132.1010	139.1981
5	186.6584	186.2052	171.2628	172.5019

二、实地场景视认距离测量

1. 实验结论影响因素

影响指路标志视认距离的因素很多,可以分为人、车、路三方面来分析,人、车、路俗称交通系统三要素。

人是交通系统的核心部分,影响驾驶人自身属性的因素有性别、教育背景、工资收入,而年龄、驾驶经验、婚姻状况和个人事故率与驾驶人理解交通标志的能力无统计显著性。

车辆相关参数也会影响指路标志的视认距离,车型影响驾驶人的视野范围。驾驶人在不同车型中的视认高度存在差别,驾驶人在货车中的坐高高于小汽车中,由此造成驾驶人面对标志的观测角不同,在距离标志 91m(300ft)时,驾驶人的观测角为 0.5°(小车)、0.58°(中型车)和 1.16°(大卡车)。车辆前部灯光照射高度和两侧灯光之间的距离不同也会使标志版面的照明不同,由此造成标志的服务水平不同。

道路环境也会影响道路标志的视认距离,气候条件影响标志的版面能见度,黄昏和黎明时间段,道路上各种物体的色彩对比度减少,雾天将会产生对光的干扰;道路环境影响标志能否被发现,在城市道路的照明设备多,标志背景复杂,使标志不易被发现;标志本身的参数指标(字体、颜色、对比度、反光材料和信息量)也是重要的影响因素。

控制对实验结论起影响的因素,对实验结论可重复性的实现起重要作用,并且能够保证实验结论的准确性和精准性。因此本章在实验过程中限制部分可控的影响因素。

2. 实验设备

(1)车载高精度 GPS 动态数据采集仪。

全球定位系统(global positioning system,GPS)是美国第二代卫星导航系统。作为一种导航和定位系统,GPS 具有性能好、精度高、全天候、效率高、操作便捷和应用广泛等特点。随着 GPS 的不断改进,硬、软件的不断完善,其应用领域正在不断开拓,目前已遍及国民经济各部门。车载高精度 GPS 动态采集仪能够连续采集车辆的三维位置、三维速度和 UTC 时间信息,如图 10-7 所示。

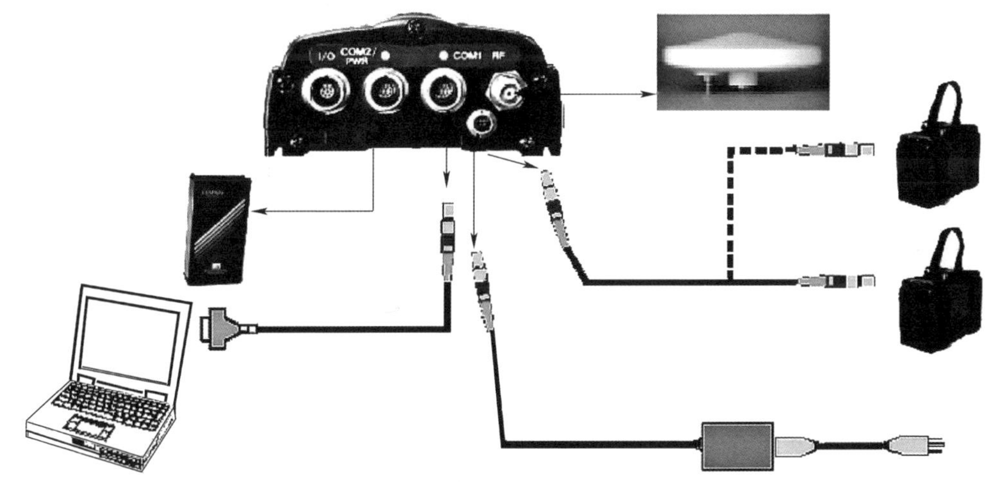

图 10-7　车载高精度 GPS 动态数据采集系统

GPS 数据采集分为单点测量和差分测量,可以将实验选取的两种产品单独作为动态基站进行单点测量,同时也可以对它们进行组合来差分测量,任选一台作为静态基站,另一台作为动态基站,将所测得数据通过 NOVATEL 公司开发的差分软件处理,数据精度能够达到 2mm。虽然差分测量处理后的数据精度高,但也有缺点,即实验过程中需要两套动态 GPS 数据采集系统,这使得实验操作过程复杂,实验前期准备时间较长,因此本实验采用单点测量。

实验中测量车辆行驶状态的各项动态定位数据,数据精度与实验结果的精确性有重要相关性。影响动态 GPS 数据采集精度的因素主要有:GPS 卫星伺服数量、信号质量、天气状况、GPS 接收机处理信号的能力和被测车辆的行驶速度。因此对两台 GPS 设备进行静态和动态误差检测。

2 台 GPS 之间的静态误差检验见表 10-5,2 台 GPS 天线中心点之间的实测距离为 1m 时,系统测量静态距离误差为 1.28m;当实测距离为 2m 时,系统测量静态距离误差为 1.05m。当 2 台 GPS 数据采集仪静止时,系统测量静态速度误差分别为 0.09km/h 和 0.11km/h 。

2 台 GPS 之间的静态误差检验 表 10-5

设备名称	静态距离检验(m)		静态速度检验(km/h)
	1	2	
+3111R	2.28	3.05	0.09
-3111R			0.11
误差	1.28	1.05	—

2 台 GPS 之间的动态误差检验见表 10-6,2 台 GPS 天线中心点之间的实测距离为 0.4m 时,GPS 系统测量得到 1.2m,误差为 0.8m。系统测量动态速度误差为 0.01km/h,误差较小。在实验中,实验车辆行驶速度范围为 20 ~ 60km/h,距离误差在时间上体现:时距误差为 0.144 ~0.048s。对比发现,动态条件下的距离误差、速度误差和时距误差较小,故动态误差可以忽略。

2 台 GPS 之间的动态误差检验 表 10-6

设备名称	动态距离检验(m)	动态速度检验(km/h)
	0.4	
+3111R	1.2	0.09
-3111R		0.11
误差	0.8	0.01

通过对 2 台动态 GPS 数据采集仪静态和动态误差实验的误差结果进行分析,认为实验室中的 2 台 GPS 的测量精度能够完全满足实地实验的要求。每次实验中只用到 1 台 GPS 数据采集仪,因此,+3111R 为首选实验仪器,-3111R 为备选实验仪器。

(2)其他设备。

为保证实验的顺利进行和数据的有效性,实验中还使用了以下仪器和设备。

①指路标志:按照《道路交通标志和标线　第 2 部分》规定,根据实验相关要求制作指路标志实物。

②笔记本计算机:笔记本计算机安装有自编实时事件记录软件,随时记录实验人员的视认指路标志时间点。

③对讲机:对讲机用来保证实验人员随时保持联络,实验总指挥发布指令,实验人员接收和传达指令。

④小汽车和熟练掌握驾驶技能的驾驶人：小汽车为大众 Polo 型，总行驶里程为 1.5 万 km；驾驶人专职负责汽车驾驶任务，其驾驶任务为将车速保持在实验控制速度范围内，驾驶人年龄为 25 ~ 40 岁，且最近一年行驶里程大于 1000km。

3. 实验方案

(1)实验场景构建。

关于交通标志的研究主要分为三种方法。第一种是真实道路场景中的实验。真实道路场景中的实验最真实，驾驶人所受影响最全面，在此条件下测得的实验结果也最符合真实情况，但是，过多的影响因素不利于对结论的分析，同时，受交通流的影响，真实道路场景下的实验具有不安全因素。第二种是实验场地中的模拟实验，实验场地内搭建实验环境来模拟真实道路场景，此种方法优点是能够控制实验影响因素，避免交通安全事故的发生。第三种方法是基于虚拟仿真技术研究交通标志，其优点较多，能够控制实验过程中的影响因素，且实验成本较低，实验可重复性较强。

本部分实验属于第二种研究方法，即在实验场地中模拟真实道路环境，通过实验场地实验测得被测人员对特定指路标志的视认距离。实验场地位于北京工业大学校园东南部，为校园新区(图 10-8)，南部路段的 285m 作为实验路段，道路宽度为 12m，现有道路无标志、标线。

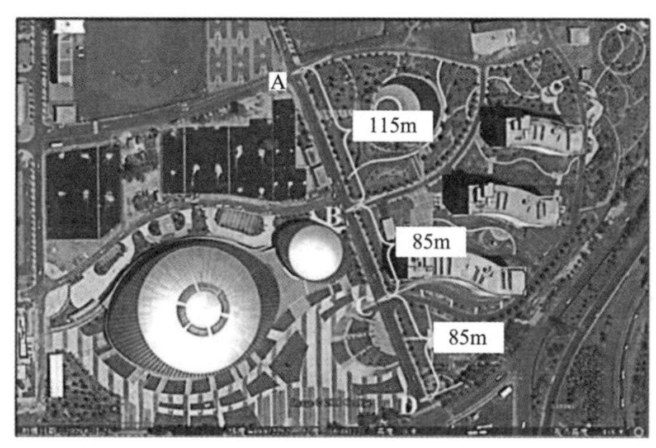

图 10-8　实验场地布置图

指路标志的设计参数与虚拟场景中相同。指路标志设置在地点 *A* 处，实验车辆从 *D* 点出发，*DC* 段为车辆加速段，*CB* 段为被测试人员视认段，实验初步估计被测试人员在此路段完成视认指路标志上的地点名信息，*BA* 段为实验车辆减速段。

实验过程考虑气候条件对实验结果的影响。实验时间控制在某天上午 8:30 - 10:30，天气条件为晴天，空气能见度高。

(2)被试者样本。

被试者与参加虚拟场景实验的人员相同，共 20 人。

(3)实验步骤。

①设置实验场景。

②被测试人熟悉实验环境。

③实验开始，车辆起动，开始记录。

④实验结束，终止记录，保存实验数据。

4. 数据处理

利用 GPS 数据采集仪得到的原始数据见表 10-7。原始数据包含 UTC 时间、经纬度坐标和车辆行驶速度,数据采样率为 10 次/s。通过数据转换,可将 UTC 时间转换为北京时间(表 10-7 第二列)。

GPS 原始数据　　表 10-7

UTC 时 s	世界时间(h:m:s)	纬　度	经　度	速度(km/h)
24756	9:47:56	39.5224009	116.2877852	29.92462
24756.1	9:47:56.1	39.5224018	116.2877848	30.4514
24756.2	9:47:56.2	39.5224027	116.2877843	30.4514
24756.3	9:47:56.3	39.5224039	116.2877837	30.47862
24756.4	9:47:56.4	39.5224051	116.2877832	30.5797
24756.5	9:47:56.5	39.5224064	116.2877825	30.82851
24756.6	9:47:56.6	39.5224078	116.2877819	31.46415
24756.7	9:47:56.7	39.5224093	116.2877810	31.73823
24756.8	9:47:56.8	39.5224110	116.2877802	31.74017
24756.9	9:47:56.9	39.5224127	116.2877793	33.93866

视认距离与车辆行驶速度之间的关系如图 10-9 所示。利用北京地区经纬度近似距离计算公式可以得到被测试人的视认距离,由 GPS 记录车辆实时车速。

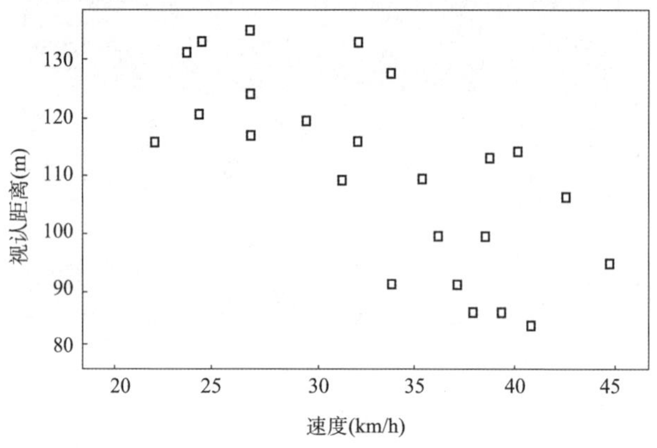

图 10-9　视认距离与车辆行驶速度之间的关系图

第三节　驾驶模拟器有效性验证

驾驶模拟器采用虚拟仿真技术对真实道路环境进行仿真,其作为一种不断完善的新技术正逐渐被应用于交通安全等方面的研究。驾驶模拟器具有较多优点:能够高逼真模拟驾驶环境;在实验过程中保证驾驶人的安全;可以灵活设置实验场景,从而控制实验影响因素;利用数字化系统数据接口获取多种数据,有利于问题分析。

驾驶模拟器越来越多应用于交通科学研究,为了证明在模拟空间中进行实验的有效性和实验结论的可靠性,有必要对模拟器模拟真实环境的能力进行评价,通过对比在真实环境和模拟环境得到的实验数据,以视认距离为评价指标,验证驾驶模拟器的有效性。

一、虚拟场景数据分析

在实验数据分析过程中，主要采用方差分析、相关性分析和回归分析三种常用的数理统计分析方法。方差分析检验两个或多个样本均数间差异的显著性；相关性分析用来分析两个随机变量之间是否存在一定的关系；回归分析是研究一个或多个因变量与一个自变量之间是否存在某种线性或非线性关系的一种统计学分析方法。

1. 性别因素统计分析

利用独立样本 t 检验分析样本实验数据。利用 spss 软件进行独立样本 t 检验，对数据进行分析。

对不同速度和文字高度实验条件下的样本数据进行独立样本 t 检验，分析性别因素对实验结论的影响。统计分析结论见表 10-8。

不同速度条件下视认距离统计数据　　表 10-8

速度(km/h)	文字高度(cm)	t	df	$Sig.$(双侧)	差异显著性
20	30	1.413	17	0.176	不显著
	60	-0.090	17	0.929	不显著
	90	0.272	17	0.789	不显著
	120	0.272	17	0.789	不显著
	150	0.921	17	0.370	不显著
30	30	1.897	17	0.075	不显著
	60	-0.251	17	0.805	不显著
	90	-0.064	17	0.950	不显著
	120	-0.358	17	0.725	不显著
	150	-0.170	17	0.867	不显著
40	30	0.480	17	0.638	不显著
	60	0.200	17	0.844	不显著
	90	-0.843	17	0.411	不显著
	120	0.105	17	0.917	不显著
	150	0.050	17	0.961	不显著
50	30	-0.191	17	0.851	不显著
	60	-1.132	17	0.273	不显著
	90	-0.060	17	0.953	不显著
	120	0.032	17	0.975	不显著
	150	-0.867	17	0.398	不显著

统计分析结论中，行车速度范围为 20 ~ 50km/h，文字高度放大倍率为 1 ~ 5 倍。在此条件下，男性与女性视认距离之间的差异不显著。因此，可以认为性别因素对实验结果没有显著影响，在接下来的数据分析中不考虑性别因素。

2. 综合模型建立

利用单因变量多因素方差分析，对虚拟场景中的实验数据进行分析。利用 spss 数据分析软件分析数据,并建立线型关系模型,数据分析结论见表10-9~表10-11。

模型汇总　　表10-9

模　型	R	R^2	调　整　R^2	标准估计的误差
1	0.922	0.850	0.850	18.94604

方差分析　　表10-10

模　型	相关系数	平　方　和	df	均　方	F	$Sig.$
1	回归	768840.570	2	384420.285	1070.950	0.000
	残差	135325.100	377	358.953	—	—
	总计	904165.670	379	—	—	—

模型系数　　表10-11

模型	非标准化系数		标准系数试用版	t	$Sig.$	B 的95.0%置信区间	
	B	标准误差				下限	上限
(常量)	8.987	3.802	—	2.364	0.019	1.512	16.462
速度	-0.456	0.087	-0.104	-5.241	0.000	-0.627	-0.285
大小	1.053	0.023	0.916	45.983	0.000	1.008	1.098

通过线性回归得到视认距离与行车速度和文字高度之间的多元线型回归模型。相关性系数 R 方数值为0.85,相关性高。关系模型为:

$$Y = 8.987 - 0.456X_1 + 1.053X_2 \quad (R^2 = 0.85) \tag{10-1}$$

式中:X_1——车辆行车速度,km/h;

X_2——文字高度,cm;

Y——驾驶人视认距离,m。

在综合模型中,车辆行驶速度与视认距离呈负相关,文字高度与视认距呈正相关,线型拟合度较高。

3.结论分析

实验过程中未考虑视认标志过程中的理解时间。驾驶人面对指路标志由远至近不断行进时,驾驶人首先发现标志,其次看清楚标志内容,再次理解标志信息,最后根据标志内容进行相关操作。在本章的实地和虚拟场景中,视认距离的测量值是以驾驶人执行操作点为参考,驾驶人对于标志视认距离的理论值应该是以看清楚标志的那一时间点,测量值与理论值之间存在时间差值,这个差值对视认距离与行车速度负相关关系的建立有弱化作用。但是,由于实地和虚拟场景实验中测得的视认距离是用来进行对比研究,且两种场景中的视认距离测量过程和实验控制条件相同,所以,时间差值的存在对最终的参数修正值不造成影响。

驾驶模拟器中影响视认距离的因素有投影仪的分辨率、标志颜色和标志本身的亮度等。本章实验中投影仪的分辨率为1024×768,虚拟场景中标志颜色为蓝底白字,在虚拟空间中为正常晴朗天气。考虑投影仪老化因素,本章研究所得指路标志的文字放大倍率只适用于北京工业大学驾驶模拟实验室。由此可见,实验仪器本身的不同状态对其有效性也有影响,研究这一问题对于改进试验设备以及设备的适用条件等具有重要意义。

二、实地场景数据分析

1. 模型建立

在实地场景中,测量得到被测试人员在不同速度下对指路标志汉字的视认距离。利用线形回归统计建立关系模型,拟合数据得到视认距离与行车速度之间的关系图(图 10-10)。

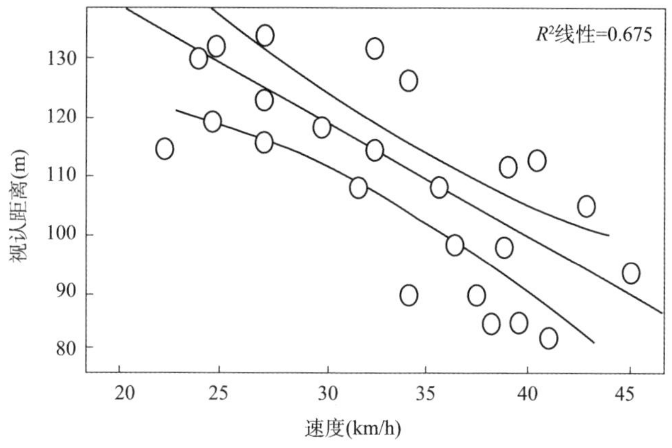

图 10-10 视认距离与速度之间的关系图

利用单变量多因素方差对虚拟场景中的实验数据进行分析。利用 spss 数据分析软件分析数据,并建立线型关系模型,数据分析结论见表 10-12 ~ 表 10-14。

模型汇总 表 10-12

模　型	R	R^2	调整 R^2	标准估计的误差
2	0.784	0.615	0.598	7.87273

方差分析 表 10-13

模　型	相关系数	平方和	df	均　方	F	$Sig.$
2	回归	2180.745	1	2180.745	35.185	0.000
	残差	1363.559	22	61.980	—	—
	总计	3544.303	23	—	—	—

模型系数 表 10-14

模型	非标准化系数		标准系数试用版	t	$Sig.$	B 的 95.0% 置信区间	
	B	标准误差				下限	上限
(常量)	171.865	10.725	—	16.024	0.000	149.622	194.108
speed	-1.884	0.318	-0.784	-5.932	0.000	-2.542	-1.225

通过线性回归得到视认距离与行车速度之间的关系模型,相关性系数 R 方数值为 0.615 ,相关性适中的样本量较少的缘故,增加样本量可以提高相关性系数。关系模型为:

$$Y = 171.86 - 1.884X \quad (R^2 = 0.615) \tag{10-2}$$

式中:X——车辆行车速度,km/h;

Y——驾驶人视认距离,m。

在实地实验中,指路标志的汉字高度为30cm,被测试人员对指路标志汉字的视认距离随着速度增加而减小,递减比率为1.884。

2.结论分析

在实地实验中,人的因素是造成视认距离与行车速度关系模型拟合度小的主要原因。驾驶人的年龄、有效行车年数、有效行车时间、最近驾驶时间、驾驶频率和非当地驾驶经验对交通标志的影响不显著。对人的因素控制条件为被测试人员都为青年组(22~25岁)、矫正视力均为1.0以上、均具有驾驶执照。

三、有效性验证

在有效性验证过程中,结合虚拟场景和实地场景数据进行对比分析,以被测试人员对标志文字的视认距离为评价指标,对比分析两种场景条件下的差异,验证驾驶模拟器的有效性,结果见表10-15。

两种场景下的视认距离对比 表10-15

速度(km/h)	20	25	30	35	40	45	50
虚拟(m)	30.73	28.56	26.38	24.97	23.56	21.68	19.79
实地(m)	134.18	124.76	115.34	105.92	96.50	87.08	77.66
差值(m)	103.45	96.20	88.96	80.947	72.937	65.4015	57.866
比率	4.37	4.37	4.37	4.24	4.10	4.02	3.92

通过对比发现,文字高度为30m,在不同速度条件下,实地场景中测得的视认距离比虚拟场景中测得的值大,计算其比率,实地场景中的视认距离为虚拟场景中的3.92~4.37倍。

图10-11为两种场景下的视认距离对比可以发现,实地场景和虚拟场景中,视认距离与行车速度都为负相关,视认距离随着速度的增加而降低。通过在虚拟仿真空间中放大指路标志文字的高度,可以提高被测试人员对指路标志文字的视认距离,得到与实地场景中相同的视认距离。

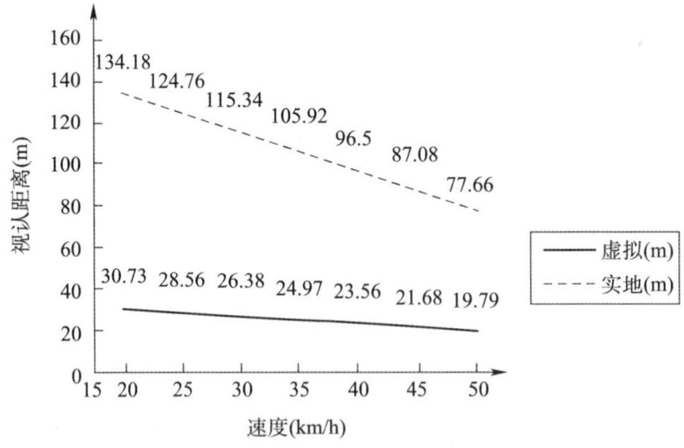

图10-11 两种场景下的视认距离对比

由于实地和虚拟场景中的视认距离差值较大,虽然两场景中视认距离与行车速度都具有相同变化规律,即都是负相关,但负相关系数差值较大,因此,可以得到结论:在实地和虚拟场景中采用相同尺寸指路标志文字得到的视认距离具有相对有效性。

附　录

附录 A　指路标志视认实验图示

实验人员编号____________________　　实验组别____________________

指路标志理解性实验

假设我们正沿箭头方向向北行进,即将到达圆圈所示交叉口,看到交叉口指路标志(长方形为标志示意,具体见附图)。请你根据对这一标志的理解,将其版面上指示的各信息(包括道路名、地点名、方向)标识在空白路网相应位置上(附图1)。

附图1　空白路网结构图

附录 B 被试信息统计表

被试信息统计表见附表 1。

被试信息统计表　　附表 1

编　号	姓　名	性　别	年　龄	驾　龄	视　力
1					
2					
3					
…					
29					

附录 C LED 标志背景部分视认亮度统计表

LED 标志背景部分视认亮度统计表见附表 2。

LED 标志背景部分视认亮度统计表　　附表 2

被试编号____________________

视认距离(m)	标志编号		
	1	2	3
135			
120			
90			
70			
50			

(按照实际视认顺序对 LED 标志依次进行编号)

附录 D LED 标志目标部分视认亮度统计表

LED 标志目标部分视认亮度统计表见附表 3。

LED 标志目标部分视认亮度统计表　　附表 3

被试编号__________________

标志编号	1		2		3	
视认距离(m)	最小	最大	最小	最大	最小	最大
135						
120						
90						
70						
50						

(按照实际视认顺序对 LED 标志依次进行编号)

参考文献

[1] 任福田.交通工程学[M].3 版.北京:人民交通出版社股份有限公司,2017.

[2] 任福田.交通工程心理学[M].北京:北京工业大学出版社,1993.

[3] 彭聃龄.普通心理学[M].3 版.北京:北京师范大学出版社, 2001.

[4] Harmsa I M, C Dijksterhuisb, B Jelijsb, D de Waardb, K A. Brookhuisb. Don't shoot the messenger: Traffic – irrelevant messages on variable message signs (VMSs) might not interfere with traffic management[J]. Transportation Research Part F, 2019, 65: 564-575.

[5] Nazari F, A Mohammadian, T Stephens. Modeling electric vehicle adoption considering a latent travel pattern construct and charging infrastructure[J]. Transportation Research Part D, 2019, 72: 65-82.

[6] Zhou Y F, S PJia, Wei Guan, S Liu. Evaluation on Traffic Congestion Mitigation in Beijing with Variable Message Signs[J]. Journal of Transportation Systems Engineering and Information Technology,2014, 14(6): 201-206.

[7] 唐琤琤,侯德藻,姜明.道路交通标志和标线手册[Z].北京:人民交通出版社, 2009.

[8] 陈阳,付锐,吴初娜,等.驾驶人对交通标志认知水平的试验研究[J].人类工效学, 2010(01): 24-26.

[9] 王培,饶培伦.驾驶人对北京市道路交通标志的感知和理解[J].工业工程,2011(01): 114-117.

[10] Kucharski. R, G Gentile. Simulation of rerouting phenomena in Dynamic Traffic Assignment with the Information Comply Model[J]. Transportation Research Part B,2019, 126: 414-441.

[11] 狄胜德,杨曼娟,等.中国驾驶人对联合国《道路标志与信号公约》图形类标志理解情况的调查研究[J].中外公路,2010(06): 241-245.

[12] 蒋尚文.标志设计[Z].长沙:湖南美术出版社, 2002.

[13] 隽志才,曹鹏,吴文静.基于认知心理学的驾驶人交通标志视认性理论分析[J].中国安全科学学报,2005,15(8):8-11.

[14] Saxena N, T. H. Rashidi, V V Dixit, S T Waller. Modelling the route choice behaviour under stop-&-go traffic for different car driver segments[J]. Transportation Research Part A, 2019, 119: 62-72.

[15] 潘晓东,林雨, 郭雪斌,等.逆光条件下交通标志的可视距离研究[J]. 公路交通科技, 2006,23(5): 118-120.

[16] 任延涛.视觉搜索中的空间位置效益[D].大连:辽宁师范大学, 2006.

[17] 叶广兰.平滑眼动跟踪条件下对视觉空间敏感性的研究[D].成都:电子科技大学,2010.

[18] Ashkrof P, A Correia, B A Arem. Analysis of the effect of charging needs on battery elec-

tric vehicle drivers' route choice behaviour: A case study in the Netherlands[J]. Transportation Research Part D, 2019, 78: 1-11.

[19] 王晶,刘小明,李德慧. 驾驶模拟器现状及应用研究[J]. 交通标准化,2008(11):160-163.

[20] 冯贵全,刘力田. 浅谈汽车驾驶模拟视景系统[J]. 汽车运用,2006(07):33.

[21] 熊坚,曾纪国. 面向道路交通的汽车驾驶模拟器的研究及应用[J]. 中国公路学报,2002,15(002):117-119.

[22] 盛骤,谢式千,潘承毅. 概率论与数理统计[M]. 4 版. 北京: 高等教育出版社, 2008.

[23] 中华人民共和国交通运输部,中华人民共和国公安部,全国交通工程设施(公路)标准化技术委员会. 道路交通标志和标线　第 2 部分:道路交通标志:GB 5768. 2—2009[S]. 北京:中国标准出版社,2009.

[24] 程利,杜巍. 眼动仪在广告心理学的应用研究[J]. 商业经济, 2008(02): 51-52.

[25] 关宏志. 非集计模型:交通行为分析的工具[M]. 北京:人民交通出版社, 2004.

[26] Poulopoulou M, I Spyropoulou. Active traffic management in urban areas: Is it effective for professional drivers? The case of variable message signs[J]. Transportation Research Part A,2019, 130: 412-423.

[27] 黄凯, 侯德藻, 何勇,等. 驾驶人动态视认特性初探[J]. 道路交通与安全, 2008(5): 26-29.

[28] 刘博华. 基于仿真技术的驾驶人标志视认安全性研究[D]. 北京:北京工业大学,2012.

[29] 曹星. 基于结构方程模型的北京市交通需求管理效果研究[D]. 北京:北京交通大学,2016.

[30] Rocaa J, P. Tejerob, B. Insaa. Accident ahead? Difficulties of drivers with and without reading impairment recognising words and pictograms in variable message signs[J]. Applied Ergonomics,2018, 67: 83-90.

[31] 杨久龄,刘学会.《道路交通标志和标线》应用指南[M]. 北京:中国标准出版社,1999.

[32] 刘小明,王蔚,姜明,等. 组合交通标志信息量阈值研究[J]. 交通运输工程学报, 2016, 16(1):141-148.

[33] 秦焕美, 曹静. 交通规划与仿真软件实验指导书[M]. 北京:北京工业大学出版社, 2014.

[34] Dell'Orco M, M Marinelli. Modeling the dynamic effect of information on drivers' choice behavior in the context of an Advanced Traveler Information System[J]. Transportation Research Part C,2017, 85: 168-183.